普通高等教育"十四五"规划教材
21世纪职业教育规划教材·财经商贸系列
河北省职业教育提质培优行动计划校企双元合作开发教材

新编外贸单证实操
（第二版）

主　编　蔡俊芳　黄　耕
副主编　孙彦东　杨国军
　　　　王　宁　朱　颖
参　编　孙明明　杜金满
主　审　姚大伟　薛　岱

内 容 简 介

本书是河北省教育厅贯彻落实《职业教育提质培优行动计划（2020—2023年）》的成果，是校企双元合作开发的职业教育教材。

本书以陶瓷企业出口贸易、进口贸易的单证工作资料为素材，并以外贸职场新人的职业成长为真实实践场景，设置4个模块，分别是：职场新人之外贸单证认知、职场新人之出口单证实操、职场新人之进口单证实操、职场新人之转变职场精英。针对各模块中的重难点知识，本书均提供微课视频和丰富的拓展资源。

本书可作为高等职业院校的跨境电商、国际商务、国际贸易、电子商务、国际物流等专业的教学用书，也可作为外贸单证从业人员的培训教材。

图书在版编目(CIP)数据

新编外贸单证实操 / 蔡俊芳，黄耕主编. —2版. —北京：北京大学出版社，2023.11
21世纪职业教育规划教材. 财经商贸系列
ISBN 978-7-301-34548-1

Ⅰ. ①新… Ⅱ. ①蔡… ②黄… Ⅲ. ①进出口贸易–原始凭证–高等职业教育–教材 Ⅳ. ①F740.44

中国国家版本馆CIP数据核字(2023)第192915号

书　　　　名	新编外贸单证实操（第二版） XINBIAN WAIMAO DANZHENG SHICAO（DI-ER BAN）
著作责任者	蔡俊芳　黄　耕　主编
责任编辑	温丹丹　张玮琪
标准书号	ISBN 978-7-301-34548-1
出版发行	北京大学出版社
地　　　　址	北京市海淀区成府路205号　100871
网　　　　址	http://www.pup.cn　新浪微博：@ 北京大学出版社
电子邮箱	编辑部 zyjy@pup.cn　总编室 zpup@pup.cn
电　　　　话	邮购部 010-62752015　发行部 010-62750672　编辑部 010-62754934
印　刷　者	河北文福旺印刷有限公司
经　销　者	新华书店 787毫米×1092毫米　16开本　19.25印张　440千字 2015年3月第1版 2023年11月第2版　2023年11月第1次印刷
定　　　　价	68.00元

未经许可，不得以任何方式复制或抄袭本书之部分或全部内容。
版权所有，侵权必究
举报电话：010-62752024　电子邮箱：fd@pup.cn
图书如有印装质量问题，请与出版部联系，电话：010-62756370

第二版前言

对外贸易是联通国际国内市场、面向世界优化资源配置的有效途径，是国民经济增长的发动机和助推器。建设贸易强国，是增强我国综合国力、提升国际经济地位、建设世界强国的必然选择。我国外贸进出口市场的向好带动相关人才，尤其是作为国际贸易先行官的外贸单证员需求的上升。因此，为培养满足社会发展和企业需求的优秀外贸人才，我们修订了《新编外贸单证实操》。

本书深入贯彻党的二十大精神，坚持以"立德树人"为根本任务，融入社会主义核心价值观、法治教育、契约精神、工匠精神等课程思政元素，旨在拓宽学生的国际视野，提高学生的风险防范意识，培养满足银行国际结算部、进出口公司、货运代理公司、生产性企业外贸部门及诸多国际物流公司需求的外贸单证员。

本书以外贸职场新人的职业成长为真实实践场景，设置4个模块，共包括14个项目。各项目以出口贸易流程为主线，将相关业务作为案例，引出"必备知识"，并设置"实操指导"和"技能训练"，训练学生的单证制作能力，培养学生专于术业、精于执行的职业素养，提高学生的外贸单证岗位适应能力。

本书主要具有以下特色：

1. 坚持"岗课赛证"融通，精准对接企业需求。

本书率先将"岗——外贸单证员岗位，课——外贸单证课程，赛——互联网+国际贸易综合技能赛项，证——外贸单证员证书"合理融入教材，按照企业对外贸单证员岗位的要求设置内容，以培养企业急需的人才。在此基础上，本书还针对培养学生的外贸从业能力适当增加了内容。

2. 搭建"模块—项目"阶梯，实现学生的职场蜕变。

本书分为4个模块：职场新人之外贸单证认知、职场新人之出口单证实操、职场新人之进口单证实操、职场新人之转变职场精英。每个模块由若干项目组成，各模块独立进阶，逐步提升学生技能。

3. 融入"一带一路"与RCEP（Regional Comprehensive Economic Partnership，区域全面经济伙伴关系协定），"双轮"驱动更高水平对外开放。

RCEP为"一带一路"高质量发展树立了国际规则协调典范。本书详细解读 RCEP 区域内的原产地累积规则，指导学生熟悉最新外贸规则及优惠政策，引导学生学习如何利用规则为企业获得相应优惠。

4. 紧跟外贸政策动态，同步更新内容。

本书紧跟国际贸易最新惯例以及我国最新政策，解读了最新版本的《国际贸易术语解释通则 2020》《跟单信用证统一惯例（UCP600）》等规则规范，解析了关检一体化、普惠制待遇、出口退税、进口许可证管理等多项政策的变化。

5. 坚持产教深度融合、校企双元合作开发。

本书的编写团队通过走访多家外贸企业，深入外贸单证员岗位一线，透彻了解外贸业务，以此研究外贸单证员岗位技能及要求，并以陶瓷企业的外贸单证工作为主线编写本书，实现了多形式的校企合作。

本书的编写团队均为双师型教师，具有多年外贸及相关专业教学经验，职称、年龄结构合理。本书由唐山职业技术学院蔡俊芳、黄耕担任主编，孙彦东、杨国军、王宁、朱颖担任副主编，孙明明、杜金满担任参编。具体分工如下：项目 1、附录由孙彦东、蔡俊芳共同编写，项目 2—5、项目 9—11、项目 13 由蔡俊芳、杜金满共同编写，项目 6 由朱颖编写，项目 7—8 由王宁编写，项目 12、项目 14 由黄耕、杨国军、孙明明共同编写。本书由上海思博职业技术学院党委副书记、副校长姚大伟和唐山职业技术学院薛岱担任主审。唐山博玉骨质瓷有限公司总经理李杨先生、外贸总监刘静斯女士，秦皇岛靖坤食品有限责任公司李静女士共同参与外贸单证岗位分析、教材内容研讨、外贸单证资源开发等工作。

本书在编写及修订过程中参考了大量书籍和相关资料。本书引用的单证及案例素材的来源主要有唐山博玉骨质瓷有限公司、秦皇岛靖坤食品有限责任公司。另外，本书在编写过程中得到了贾志林、李允、芦勇、何帆、孙艳舫等老师的协助和兄弟院校的支持，在此一并致以衷心的感谢。由于编者水平有限，难免有不足之处，敬请广大读者批评指正。

编　者

2023 年 10 月

本教材配有教学课件、参考答案或其他相关教学资源，如有老师需要，可扫描右边的二维码关注北京大学出版社微信公众号"未名创新大学堂"（zyjy-pku）索取。

- 课件申请
- 样书申请
- 教学服务
- 编读往来

目　录

模块一　职场新人之外贸单证认知

项目 1　外贸单证认知 Understanding Foreign Trade Documents ·············· 2
 1.1　外贸单证工作案例 ··· 3
 1.2　必备知识 ··· 6
 1.3　实操指导 ·· 14
 1.4　技能训练 ·· 16

模块二　职场新人之出口单证实操

项目 2　合同签订与审查 Contract Signing and Reviewing ················· 20
 2.1　销售合同案例 ··· 21
 2.2　必备知识 ·· 22
 2.3　实操指导 ·· 34
 2.4　技能训练 ·· 38

项目 3　信用证结算方式 Settlement by Letter of Credit ···················· 40
 3.1　信用证结算案例 ··· 41
 3.2　必备知识 ·· 42
 3.3　实操指导 ·· 60
 3.4　技能训练 ·· 62

项目 4　信用证审核与修改 Examination and Amendment of Letter of Credit ········ 66
 4.1　"软条款"信用证案例 ·· 67
 4.2　必备知识 ·· 68
 4.3　实操指导 ·· 72
 4.4　技能训练 ·· 75

项目 5　商业单据 Commercial Documents ····································· 79
 5.1　商业发票案例 ··· 80
 5.2　必备知识 ·· 81

5.3　实操指导 ……………………………………………………… 87
　　5.4　技能训练 ……………………………………………………… 90

项目 6　运输单据 Transport Documents ………………………………… 93
　　6.1　运输单据案例 ………………………………………………… 94
　　6.2　必备知识 ……………………………………………………… 95
　　6.3　实操指导 ……………………………………………………… 115
　　6.4　技能训练 ……………………………………………………… 116

项目 7　出境货物检验检疫申请 Application for Inspection and Quarantine of Outbound Cargo …………………………………………………… 118
　　7.1　出境货物检验检疫案例 ………………………………………… 119
　　7.2　必备知识 ……………………………………………………… 120
　　7.3　实操指导 ……………………………………………………… 129
　　7.4　技能训练 ……………………………………………………… 131

项目 8　出口报关单证 Export Cargo Declaration Documents …………… 134
　　8.1　出口报关案例 ………………………………………………… 135
　　8.2　必备知识 ……………………………………………………… 136
　　8.3　实操指导 ……………………………………………………… 155
　　8.4　技能训练 ……………………………………………………… 157

项目 9　出口投保单证 Export Insurance Documents …………………… 160
　　9.1　出口投保案例 ………………………………………………… 161
　　9.2　必备知识 ……………………………………………………… 162
　　9.3　实操指导 ……………………………………………………… 169
　　9.4　技能训练 ……………………………………………………… 174

项目 10　原产地证书 Certificate of Origin ……………………………… 176
　　10.1　原产地证书案例 ……………………………………………… 177
　　10.2　必备知识 ……………………………………………………… 182
　　10.3　实操指导 ……………………………………………………… 190
　　10.4　技能训练 ……………………………………………………… 191

项目 11　其他结汇单证及交单 Other Settlement Documents and Presentation … 193
　　11.1　汇票填制案例 ………………………………………………… 194
　　11.2　必备知识 ……………………………………………………… 194
　　11.3　实操指导 ……………………………………………………… 202
　　11.4　技能训练 ……………………………………………………… 204

模块三　职场新人之进口单证实操

项目 12　申请开立信用证 Application for Documentary Credit ··············208
　12.1　信用证案例 ···············209
　12.2　必备知识 ···············210
　12.3　实操指导 ···············216
　12.4　技能训练 ···············219

项目 13　进口单证 Import Documents ···············222
　13.1　进口信用证案例 ···············223
　13.2　必备知识 ···············225
　13.3　实操指导 ···············236
　13.4　技能训练 ···············238

模块四　职场新人之转变职场精英

项目 14　外贸单证职业能力提升演练 Practice for Foreign Trade Documents ········242
　14.1　审证演练 ···············242
　14.2　审单演练 ···············244
　14.3　制单演练 ···············247

附录 1　世界重要港口及航线一览表（按英文字母 A–Z 排序）···············252

附录 2　全球基本港口及航线对照表 ···············263

附录 3　ICC 跟单信用证统一惯例（UCP600）···············267

附录 4　单据案例 ···············283

参考文献 ···············298

模块一
职场新人之外贸单证认知

20××年6月,刚刚毕业的年轻大学生小陈,凭借较为扎实的专业知识和较强的语言表达能力顺利在人才市场找到工作,进入一家陶瓷公司就职。该公司生产的骨质瓷出口英国、美国、澳大利亚等多个国家。

小陈刚入职,毫无工作经验,立即接手外贸单证工作难免会出差错。为了减少工作差错,公司应该如何安排小陈学习?小陈又应该如何迈好职场第一步呢?

项目 1 外贸单证认知
Understanding Foreign Trade Documents

📖 项目导言

党的二十大报告提出，中国坚持对外开放的基本国策，坚定奉行互利共赢的开放战略，不断以中国新发展为世界提供新机遇，推动建设开放型世界经济，更好惠及各国人民。随着我国对外开放的不断深入，特别是加入世界贸易组织（WTO）后，我国的对外贸易迅速发展并不断取得新突破。我国对外贸易占国内生产总值（GDP）的比重很大，带动了中国乃至世界经济的发展。

在国际贸易中，从贸易磋商、合同签订、组织进出口货源、履约交货（接受进口货物）到货款结算，外贸单证工作贯穿于合同履行的全过程，以满足企业、承运人、银行、保险公司、商检机构、海关及政府机关管理进出口贸易等方面的需要，并成为贸易双方交接货物的依据和双方权益的保障。因此，在国际贸易中，外贸单证工作具有重要的作用。

为了做好外贸单证工作，学生必须先了解外贸单证的含义、分类，以及外贸单证缮制的要求。本项目将引导学生学习有关外贸单证的基础知识，以及作为外贸单证员应具备的各项基本素质和实际操作能力。

📖 项目目标

知识目标：
1. 了解外贸单证的含义、作用、分类。
2. 理解缮制外贸单证工作的基本要求。
3. 熟知外贸单证工作的业务流程。
4. 掌握外贸单证员的工作内容和职责。

技能目标：
1. 能够描述外贸单证的业务流程。
2. 能够独立对一家外贸企业进行外贸单证工作的调查，并根据调查的内容写一份调查报告，提出有针对性的建议和想法，并反馈给该外贸企业。

思政目标：
1. 了解与外贸单证相关的惯例、规则、政策、法律法规。
2. 树立敬畏规则、顺应政策的职业意识。
3. 认清外贸单证工作的重要性，养成务实、严谨的工作作风。

项目 1 外贸单证认知 Understanding Foreign Trade Documents

项目关键词

- 外贸单证　　　　　Foreign Trade Documents
- 金融单据　　　　　Financial Documents
- 商业单据　　　　　Commercial Documents

1.1 外贸单证工作案例

1.1.1 案情描述

20××年4月10日，JM公司与中国香港FT公司签订了一份出口合同：合同号为No. 86JM-FT115，产品名称为陶瓷智能坐便器，单价为USD 228.20/PC，CFR Hong Kong，总金额为USD 34 230.00，20××年8月底之前装运，付款方式为by 100% Confirmed irrevocable letter of credit to be available by 30 days after date of bill of lading（100%已确认的不可撤销的信用证，有效期为提单日期后30天）。

5月20日，JM公司收到由美国某旗银行（开证行）开来的信用证，信用证的开证申请人为美国SGM公司（以下简称"SGM公司"），并将目的港改为美国的洛杉矶港，最迟装运期改为20××年8月25日，同时指定承运人为BICT公司，信用证有效期为9月12日，在中国议付有效。

收到信用证后，JM公司没有对信用证内容提出异议，立即组织生产。由于生产智能坐便器芯片的公司未能按照JM公司的要求及时供应全部芯片，导致JM公司未能赶在信用证规定的8月25日的最迟装运期前装运。为此，中国香港FT公司出具了一份担保函给JM公司，保证买方在收到单据后会及时付款赎单。JM公司凭此担保函，于9月8日通过信用证指定的BICT公司装运了150套陶瓷智能坐便器（总货款为USD 34 230.00），并取得了海运提单，提单日期为20××年9月8日。

9月10日，JM公司备齐信用证所要求的全套单据，递交议付行。可是，不久之后，JM公司收到开证行的拒付通知，理由是"单证不符：①数量短缺；②提单日超过了信用证的最迟装运期"。

此后，JM公司多次与中国香港FT公司、SGM公司联系协商，但两家公司均没有给予答复。

10月14日，开证行来函要求JM公司撤销信用证，JM公司当即表示不同意撤销信用证。

10月28日，JM公司收到SGM公司的传真，声明货物存在质量问题，要求其降价15%。JM公司由此推断SGM公司已经提货，之后也从BICT公司得到证实。而且，据BICT公司称，SGM公司是凭正本提单提取的货物。因此，JM公司立即通过议付行，要求开证行退单。11月6日，开证行声称已将该信用证项下的全套正本和副本单据寄给了JM公司的议付行，但事实是议付行仅收到了一套副本单据。

JM公司立即与开证行交涉，严正指出擅自放单给买方是一种严重违反《跟单信用证统一惯例（UCP600）》及国际惯例的行为，希望该行尽快妥善处理这一事件，否则JM公司将进一步采取法律行动，以维护自身的合法权益。

11月20日，SGM公司CEO主动要求来华与JM公司协商解决贸易纠纷。12月1日，双方进行了谈判，JM公司率先确认了SGM公司已经从银行取得正本提单并提货的事实。谈判过程中，对方以数量短缺和货物存在质量问题为由要求降价，JM公司未予理睬。12月5日，JM公司收到SGM公司汇来的全部货款。

1.1.2 案例分析

上述案例中，JM公司利用信用证的"规则"，成功地追回了全部货款，这一经验值得借鉴。

在收到拒付通知后，JM公司曾与中国香港FT公司、SGM公司协商解决此事，但他们均不积极答复。进退失据之时，SGM公司一封提出货物存在质量问题并要求降价15%的传真暴露了收货人的真正意图。JM公司由此推断SGM公司已经提货。随后，JM公司与承运人BICT公司核实货物状态。最终，证实了SGM公司已经提货并且已从开证行取得正本提单。

根据《跟单信用证统一惯例（UCP600）》的相关规定，开证行如果决定拒收单据，要在不迟于自交单次日起第5个银行工作日结束前通知议付行。该通知还必须说明银行凭以拒收单据的所有不符点，以及银行是否留存单据，也就是说，开证行无权自行处理单据。因此，本案中的开证行通知JM公司拒付的事由后，应妥善保存全套单据，听从JM公司（受益人）的指示。

在确定了是开证行擅自将单据放给收货人的事实后，JM公司立即通过议付行要求开证行退单。由于已经无单可退，此时的开证行不再参与交涉，只能由收货人SGM公司自己解决这一贸易纠纷。正是抓住了开证行擅自放单的把柄，本来在履约过程中也有一定失误的JM公司才夺回话语权，最终将全部货款如数追回。

在前期履约过程中，JM公司主要有两点失误：一是在信用证改变了目的港后，未能及时提出异议，因为目的港从中国的香港改成了美国的洛杉矶港，卖方的运费成本无疑增加了许多；二是当芯片不能及时供应时，没有要求客户修改信用证，而是轻信了对方的担保函。

知识拓展

跟单信用证统一惯例（UCP600）

《跟单信用证统一惯例（UCP600）》（2007年修订版），简称《UCP600》，英文全称是 Uniform Customs and Practice for Documentary Credits。《UCP600》由国际商会（International Chamber of Commerce, ICC）起草，并在国际商会2006年10月巴

黎年会上获得通过,从2007年7月1日开始实施。虽然《UCP600》不具有强制性,但是已被世界绝大多数国家与地区的银行和贸易方接受,成为通用的国际商业惯例。

国 际 商 会

国际商会是国际民间经济组织。国际商会是由来自一百多个国家或地区的成员单位参加的经济联合会,包括商会、工业、商业、银行、交通、运输等行业协会。它也是联合国经济及社会理事会的一级咨询机构。

国际商会制定的《国际贸易术语解释通则》《托收统一规则》《联合运输单证统一规则》和《跟单信用证统一惯例(UCP600)》等,虽然是非强制性的,但实际上已被世界各国普遍接受和采用。

1.1.3 案例启示

上述案例表明,外贸单证工作直接关系到企业与国家的重大经济利益,稍有疏忽就会使企业与国家面临巨大的经济损失。这就要求外贸单证员不仅要具备扎实的理论基础和专业知识,还要积累丰富的外贸经验,同时要熟悉国际惯例和法规,掌握国际贸易规则。

1.1.4 引申问题

(1)信用证与合同有什么关系?

(2)信用证的目的港与合同的目的港,两者是否可以不同?如果两者不同,对货款结算有什么影响?如果两者必须相同,那么卖方发现两者不一致时是否应该提出异议并要求修改?

(3)付款赎单、银行提前放单分别是什么含义?两者有什么不同?银行提前放单又将承担哪些责任?

(4)为什么买方提出数量短缺的货物质量问题,却是对卖方有利的做法?

(5)为什么单证不符时银行拒绝付款?

为了回答这些问题,我们首先需要学习外贸单证的相关知识,如外贸单证的含义及作用、外贸单证的分类、外贸单证工作的基本要求、外贸单证工作的业务流程,以及外贸单证员的岗位职责。

1.2 必备知识

1.2.1 外贸单证的含义及作用

1. 外贸单证的含义

国际结算主要是通过银行利用票据、单据等结算工具转移和传递,因此货款的结算也逐步单据化。

国际进出口业务中应用的单据、文件与证书统称为外贸单证。贸易双方凭借外贸单证处理国际货物交付、运输、保险、报关、商检、结汇等业务。

外贸单证的含义有广义和狭义之分。广义的外贸单证是指各种文件和凭证,狭义的外贸单证是指单据和信用证。

2. 外贸单证的作用

(1) 外贸单证是合同履行的手段和证明。

目前国际贸易常用的三种贸易合同分别是 FOB 合同、CIF 合同和 CFR 合同,按照国际商会《国际贸易术语解释通则 2020》的解释,贸易均是以卖方提交与货物有关的单证作为交付货物的履行,而买方付款的责任是以卖方提交的单证为前提。

在国际贸易中,出口商不仅要交付货物,同时也要移交相关单证。贸易双方只有履行完相关合同所约定的义务后,才能取得相关单证,从而获得合同约定的权利。因此,外贸单证是合同履行的手段和证明。

各种单证在外贸业务的各个环节都有其特定功能,例如:出口许可证说明出口商已经向国家申请出口一定数量的某种货物,并得到相关部门的审批,允许其出口相应数量的此种货物;保险单则证明出口商已及时向保险公司投保并缴纳保险费,为货物在运输途中可能遭受的损毁和灭失承担风险。单证的类别、质量和内容证明了合同履行的实际情况。

因此,要严格把关相关单证的审核,因为单证的不规范、不完整都可能引发争议,使合同中的权利得不到保护。

> **知识拓展**

国际贸易术语解释通则 2020

《国际贸易术语解释通则 2020》(The Incoterms Rules or International Commercial Terms 2020),简称《INCOTERMS® 2020》,是国际商会根据国际货物贸易的发展,基于《国际贸易术语解释通则 2010》修订的版本。《INCOTERMS® 2020》进一步明确了国际贸易体系下买卖双方的责任。该通则于 2019 年 9 月 10 日发布,2020 年 1 月 1 日开始在全球范围内实施。

（2）外贸单证是国际货物贸易结算的基本工具。

由于国际货物贸易结算已经单据化，因此外贸商品买卖在实际业务中主要表现为单据的买卖。《跟单信用证统一惯例（UCP600）》第五条规定：银行处理的是单据，而不是单据可能涉及的货物、服务或履约行为。也就是说，尽管贸易双方在交易中买卖的是货物，但在国际货物贸易结算中，不是以货物为依据，而是以与货物有关的各种单证为依据，即单证是结算的基础和依据。在以信用证作为支付方式的情况下，卖方凭以向客户收取货款的，不是实际货物，而是与信用证要求完全相符的一整套单据。在无证托收或协定贸易支付方式的情况下，同样如此。卖方交付单据，代表交付货物；买方付款赎取单据，代表买到货物。特别是按照CIF贸易条件成交的合同，卖方凭单交货，买方凭单付款，实行单据和付款对流的原则。

因此，在进出口业务中外贸单证工作做得正确、完整、迅速，可以保证贸易安全、及时收汇。反之，就会给企业和国家带来不同程度的经济和信誉的损失。

> **小思考**
>
> 既然在以信用证作为支付方式的情况下，银行只审单，不以合同及货物的真实品质、数量为依据，那么为什么单证制作还要做到"单据与合同一致"？

（3）外贸单证工作是企业经营管理水平的重要体现。

外贸单证工作贯穿于进出口业务的各个环节。合同内容、信用证条款、货源衔接、商品品质、交货数量以及运输安排等诸多业务管理上出现的问题，最后都会在外贸单证上集中反映出来。因此，外贸单证工作是为贸易全过程服务，是外贸企业经营管理中非常重要的环节。

外贸单证工作在进出口业务中是一项十分重要的把关工作。外贸企业经营与外贸单证工作管理的关系很大。外贸单证工作管理得好，外贸单证的质量高，不仅可以有效地防止差错事故的发生，弥补企业经营管理上的缺陷，还可以节约各种费用，高效加速企业对外交易，为国家创收大量外汇。外贸单证工作管理得差，可能导致企业延迟交单，甚至给企业带来更严重的损失。从这个意义上说，外贸单证工作就是外汇收入的保证。

同时，美观、整洁、清晰的外贸单证能展现企业高品质的业务质量，是企业业务素质和良好形象的体现，有利于外贸业务的开展。反之，粗劣、杂乱、错误的外贸单证必然给企业带来负面影响。

（4）外贸单证工作是政策性很强的涉外工作。

外贸单证作为一种涉外商业文件，体现国家的对外政策，因此必须严格按照国家有关的各项法规和制度办理。例如，出口许可证关系到国家对出口商品的管理，甚至还牵涉两国之间的贸易协定。海关发票是进口国海关判断商品的销售是否构成倾销的依据。原产地证书的种类反映了进口国家给予不同国家的贸易优惠种类以及贸易优惠的范围，例如：普惠制原产地证书适用于与给予普惠制待遇的国家之间的出口贸易；一般原产地证书则适用于享受正常关税待遇的情形；区域性经济集团互惠原产地证书则适用于有区域贸易协定的集团内部成员之间的贸易。

外贸单证是重要的涉外法律文件，用于交货、结汇，并需要在国外流通。发生纠纷时，外贸单证常常是处理争议的依据。国际贸易既涉及多数国家承认和采用的法规和惯例，也涉及不同贸易国家各自的特殊法规和惯例，这些法规和惯例覆盖的面很广，如国际货物买卖、国际金融、国际结算、国际保险以及各种国际货运规则等。因此，外贸单证必须与国内外有关法律、规则、惯例等（如《中华人民共和国票据法》《托收统一规则》《跟单信用证统一惯例（UCP600）》）相适应。

1.2.2　外贸单证的分类

按照不同的标准划分，外贸单证的分类也不同。

（1）根据贸易双方涉及的单证划分，外贸单证可分为进口单证和出口单证。

进口单证是指进口国企业及有关部门涉及的单证，包括进口许可证、信用证、进口报检单、进口报关单、保险单等。

出口单证是指出口国企业及有关部门涉及的单证，包括出口许可证、出口报关单、检验证书、出口货运单据、商业发票、装箱单、保险单、产地证等。

（2）根据性质来划分，外贸单证可分为金融单据和商业单据。

金融单据是指汇票、本票、支票或其他类似的可用于取得款项支付的凭证。

商业单据是指发票、运输单据、所有权单据或其他任何非金融单据。《托收统一规则》的单据分类简明扼要，除了金融单据以外，统归为商业单据。

（3）根据用途划分，外贸单证可分为资金单据、商业单据、货运单据、官方单据和附属单据。

资金单据是指汇票、本票、支票。

商业单据是指出口商出具的单据，如发票、装箱单、重量单等。

货运单据是指各种运输单据，如海运提单、航空运单、铁路运单、公路运单等。

官方单据是指官方机构出具的单据，如许可证、产地证、检验证书等。

附属单据包括寄单证明、装运通知、船级证明、船籍证明等。

1.2.3　外贸单证工作的基本要求

外贸单证的质量直接关系到企业收汇，因此单证的缮制必须符合实际需要，并遵循有关法律和国际惯例。

外贸单证工作必须满足以下5点基本要求。

1. 正确（Correct）

正确是外贸单证工作的前提，是最重要的要求。正确包含以下两层含义：

（1）在制单中必须做到"三个一致"（Three Correspondences）。所谓"三个一致"，就是指"单证一致，单单一致，单同一致"，即"单据与信用证一致，单据与单据一致，单据与合同一致"。"单据与信用证一致"，要求单据的内容和信用证的规定保持一致，彼此不能矛盾。"单据与单据一致"，是指各种单据的相同项目的填写要保持一致，如发票上的"运输标志"栏的写法要和保险单、海运提单等单据"运输标志"栏的写法一致。"单据与合同一致"，是指单据要与合同规定一致。虽然在信用证项下，银行审单不看合同履行的情况，即不审核合同，但是卖方仍应保持单据与合同一致，否则会引起纠纷。比如，合同规定红枣的品质为"A grade"，如果卖方的发票上显示为"B grade"，买方则会提出索赔，在市场价格下降的情况下，买方有可能拒收全部货物。

（2）各种单证必须符合有关国际惯例和进出口国家的相关法律、法规，如《跟单信用证统一惯例（UCP600）》《关于审核跟单信用证项下单据的国际标准银行实务》等。

知识拓展

关于审核跟单信用证项下单据的国际标准银行实务

《关于审核跟单信用证项下单据的国际标准银行实务》（International Standard Banking Practice for the Examination of Documents under Documentary Credits，简称《ISBP》）包括引言及200个条文，共分为11个部分，包括先期问题、一般原则、汇票与到期日的计算、发票、海洋/海运提单（港到港运输）、租船合约提单、多式联运单据、空运单据、公路、铁路或内河运输单据、保险单据和原产地证明，对跟单信用证的常见条款和单据都作出了具体的规定。

《ISBP》是信用证领域的国际惯例，它不仅是各国银行、进出口公司信用证业务单据处理人员在工作中的必备工具，也是法院、仲裁机构、律师在处理信用证纠纷案件时的重要依据。它的生效对各国的金融界、企业界、法律界产生重大影响。

2. 完整（Complete）

完整的外贸单证必须符合以下两个方面的要求：

（1）份数齐全、成套。份数齐全是指提交的各种单据正本、副本都按照规定的份数制作，不可以随意减少。比如，信用证规定"Full set of marine bills of lading, commercial invoice in 3 copies"（全套海运提单，商业发票一式三份），如果我方提交的提单是2份，且提单的正本份数是2份，那么此时提单的份数不全。正确的做法应该是正本提单签发并提交全套（3份）。

（2）每一种单据本身内容完整。不同环节获得的不同单据，都有其特定的功能，而每一种单据的各项内容反映着特定的信息。如果单据格式使用不当、项目漏填、内容不完整、文字不通、签字盖章不全，就不能视为一份有效的文件，将不被银行接受。例如，进口国海关需要使用进口国本国制定的固定格式的海关发票而出口商没有使用，或者单据需要背书而没有背书、需要签字而没有签字等，都会被拒收。

3. 及时（Timely）

外贸单证工作及时，表现在以下两个方面：

（1）每一种单据的出单日期要及时、合理，并体现出贸易各环节的先后顺序。每一种单据的出单、签发日期必须符合国际惯例、商业习惯，且不能超出信用证规定的有效期。

（2）交单议付要及时。在信用证结算方式下，交单的日期不能超过信用证的有效期和交单期限，否则银行将拒绝付款。《跟单信用证统一惯例（UCP600）》第六条规定：信用证必须规定一个交单的截止日。规定的承付或议付的截止日将被视为交单的截止日。除第二十九条（a）款规定的情况外，由受益人或代表受益人提交的单据必须在截止日当日或在此之前提交。

> **小思考**
>
> 　　如果信用证的交单期限的最后一天恰逢银行法定休息日，卖方是否只能提前交单呢？

4. 简明（Concise）

简明是指外贸单证内容应按照信用证和国际惯例缮制，尽量简洁明了，避免烦琐。例如，商业发票的货物描述必须与信用证规定相符，而非镜像般一致。其他单据中的货物描述可以使用统称，简洁明了即可，但不得与信用证规定的货物描述相抵触。

5. 整洁（Clear）

外贸单证外观要美观、清晰，尽量少差错、涂改，个别涂改处需要加盖校对章；字迹要清晰明了，语句流畅；格式的设计要标准、规范；布局设计要合理、美观。

1.2.4　外贸单证工作的业务流程

1. 外贸进口单证工作的业务流程

在外贸进口过程中，进口商的主要工作流程有签订合同、确认发货信息、催单、审单、清关提货等。

（1）签订合同。

进出口双方经过多轮磋商，协商一致后签订合同。合同一经签字确认，不能随意更改。如果是采用信用证结算方式，在确认合同后，申请人要及时办理信用证开证申请。

（2）确认发货信息。

签订合同后，进口商要及时发装运指示给出口商，详细说明提单要求、单据要求、正本单据邮寄地址等，并与出口商确认装船期。

如果需要支付预付款，进口商则按要求通知财务付款（全部或部分货款），并及时通知出口商。

（3）催单和审单。

在对外贸易中，进口商要时刻关注与货物有关的各种单据，如最常见的海运提单，如果没有海运提单，进口商则无法提货。因此，催单即催货。

当进口商收到汇票、发票、提单、保险单、产地证、检验证书等单据后，要依据信用证或合同认真审核单据。如果没有问题，进口商要通知财务部门根据付款条款准备货款。付余款或全款后，传送相应结算凭证给出口商。如果发现问题，要及时与出口商进行沟通联系。

（4）清关提货。

在货物到港前7～10天，进口商要联系代理做清关准备。在收到出口商的电放确认邮件或电放提单后将其转给代理。根据到港时间填写入库单交给财务人员。关注代理清关和提货信息，确认提货的时间后安排接货，并向代理支付代理费等相关费用。

食品进口前需要提供的证明、许可文件

2. 外贸出口单证工作的业务流程

在外贸出口过程中，出口商的主要工作流程有签订合同、发货和制单、审单和交单、退税和归档等。

（1）签订合同。

签订合同工作可以划分为如下具体工作：

① 客户询盘。客户在下订单前，通常会把相关业务的询盘派发给业务部门，由业务部门与出口商进一步进行细节上的了解和沟通，如商品的品名、型号、品质、包装规格、价格折扣、交货期、运输方式以及所需产品的要求等。

② 交易磋商。客户询盘后，出口商的业务部门会及时答复相关查询，确定货物品名、型号、生产厂家、数量、价格、交货期、付款方式、包装规格等信息，并发出发盘，向客户做出正式的报价。

③ 签订合同。双方经过函电的往来洽谈，收到客户正式的订单确认，双方即可签订正式的合同或确认书。

④ 落实货源。双方签订正式的外贸合同后，出口商就可以联系生产企业，给企业下订单，签订国内购销合同，安排生产计划。在实际业务中，出口商为了防范交易风险，可以预先收取进口商一部分定金。采取信用证支付方式时，出口商要在

收到符合要求的信用证之后,再向生产企业付款,以降低自身风险。

(2)发货和制单。

发货和制单工作可以划分为如下具体工作:

① 商品检验。出口商在组织货源时,外贸业务人员一定要知道合同项下的出口商品是否属于国家法定商检产品,或合同对于该商品是否有其他的检验要求。因此,在给生产企业下订单时要说明商品检验的相关要求,提供出口合同、发票等商检所需的资料。

② 租船订舱。如果合同是按照 FOB 术语条件成交,客户通常会指定货运代理公司或船运公司,出口商应尽早与货运代理公司或船运公司联系,及时掌握相关的出口口岸、船期等情况。一般应在交货期的前两周向货运代理公司或船运公司发出书面订舱通知。

如果合同是按照 CIF/CFR 术语条件成交,出口商应尽早向货运代理公司或船运公司咨询船期、口岸、运价等信息,及时办理租船订舱工作。此时,单证员需要填写托运单,内容包括货物的名称、数量、包装情况、装卸港等,方便货运代理公司或船运公司安排运输。

③ 委托报关。出口货物装船出运前,出口商需向海关办理报关手续,可以委托报关行或货运代理公司进行报关。注意,至少要预留两天报关时间。结关放行后,出口商可获得加盖海关放行章的装货单。

④ 办理保险。按照 CIF 术语条件成交的出口合同,在货物装上运输工具前,出口商应及时向保险公司办理投保手续。投保人应缮制投保单,并随附发票等单据。为了简化投保手续,也可用出口货物明细单或货物出运分析单代替投保单。保险公司接受投保后,签发保险单或保险凭证。

按照 FOB/CFR 术语条件成交的出口合同,出口商在货物装上运输工具后,应立即将装运通知发送给进口商,以便进口商及时办理投保手续。

⑤ 收集和制作单证。外贸单证是合同履行过程的证明,也是货款结算的主要依据。因此,在对外贸易中,单证的制作和收集非常重要。出口商在合同签订后,进行单证的制作和收集,如租船订船前制作发票和装箱单;在办理商检后,收集商品检验证书;在货物起运后,制作装船通知和收集提单;在办理保险后,收集保险单。

(3)审单和交单。

采用电汇收汇时,出口商在取得提单后对提单进行审核,如无问题可以立即将提单传真给进口商付款;在确认收到余款后,再将提单正本及其他文件寄给进口商。

在付款交单方式下,出口商应根据要求备齐发票、装箱单、提单、产地证等文件,开具跟单汇票,审核无误后,待进口商付款后,再通过银行交付单据。

在信用证结算方式下,出口商应在规定时间内,备齐信用证规定的全部单证,并严格审核单据,确保无误后,去银行交单议付。

知识拓展

结算方式

电汇（Telegraphic Transfer，T/T），就是付款人通过银行将款项交付给指定收款人的付款方式。

托收（Collection），是指债权人将金融单据或随附有关货运单据委托第三者收取款项或取得债务人对汇票的承兑的行为。在国际贸易上，托收一般是指出口商将金融单据等委托银行向进口商收取货款的行为。托收可以分为光票托收和跟单托收两种。

信用证（Letter of Credit，或 L/C），是指一种由银行作出的有条件的付款承诺。在国际贸易中大量使用的商业跟单信用证，是由银行应进口商的请求和指示开具给受益人，并承诺在一定期限内，在受益人遵守信用证所有条件下，凭指定单据支付一定金额的书面凭证。

（4）退税和归档。

① 退税。办理出口退税需要的备案单据有出口报关单、出口发票、合同、提单、海关放行单、商业发票、海运费发票、国内运杂费发票、报关费发票、收汇水单等。国家规定范围内的出口货物报关离境后，经营出口货物的主体企业可以凭有关单证，向税务机关申报办理增值税、消费税的免征或退还。

② 归档。完成每单出口业务后，企业要及时进行电脑登记和书面登记，以便查询统计；同时，所有文件包括合同、信用证和议付单据等，必须留存，以备查用。

1.2.5　外贸单证员

外贸单证员，是指在国际贸易结算业务中，根据贸易合同和信用证条款，从事审核、制作、出具各种贸易结算单据和证书，以及提交银行办理议付手续或委托银行进行收款等工作的人员。外贸单证员被誉为国际贸易的先行官。

1. 岗位工作内容

外贸单证员的主要职责是处理国际贸易结算业务所需的各类单据、证书和文件，包括信用证、汇票、发票、装箱单、提单、保单等。外贸单证员负责收证、审证、制单、审单、交单和归档等工作。

2. 岗位职业能力要求

（1）良好的职业素养。

由于对外贸易工作的重要性和特殊性，外贸单证员应具备极强的思想政治素养和职业道德素养，坚持正确的政治立场，遵守外贸工作纪律，自觉维护国家和企业的利益。在对外交流的过程中，外贸单证员不仅要考虑企业的经济利益，还要认真贯彻我国的对外方针、政策,同时重合同、守信用。

日常工作中,外贸单证员还应热爱本职工作,做到严谨细致、精益求精,与其他部门、企业、机构沟通协调、团结合作。

(2)扎实的外贸知识。

外贸单证员必须具备扎实的国际贸易知识,熟知对外贸易工作的有关方针、政策、法律、惯例,以及贸易合同、信用证、单据、支付方式、贸易术语和运输方式、保险、报关、商检等外贸知识;熟悉世界主要港口、航线和主要贸易国(地区)海关对有关单据的各种特殊要求;知晓各种运价、保险及商检等费用的计算方法。

(3)熟练的职业技能。

外贸单证员应能够独立缮制箱单、汇票、商业发票、保险单等进出口收付汇单据,做到单证内容完整、数据准确、整洁美观、份数齐备,并保证单证一致、单单一致、单货一致和单同一致,还应及时收集和管理相关单据。

外贸单证员还应具备运用所学知识进行价格、运费、保险费和汇率等业务核算的能力;熟练掌握电子报关、电子报检、网上备案核销、出口退税、网上申领许可证和利用互联网进行电子商务活动的技能;除此之外,还要能够收集、筛选、分类、统计和汇总单据信息,建立客户资料档案。

> **知识链接**

全国外贸单证员岗位专业证书电子化考试

外贸单证员岗位专业培训考试中心简介

全国外贸单证员岗位专业证书电子化考试,由中国国际贸易学会主办,考试内容分为外贸单证基础理论、操作实务两部分,考试时间为3小时。

基础理论部分,主要考查外贸单证员的基本理论知识,以及外贸单证员实务处理中的专业基础知识,与从业标准、岗前培训的内容相衔接。

操作实务部分,主要考查外贸单证员在贸易过程中的单证缮制、验审等工作能力,包括收证、审证、制单、审单、交单、归档、运输、海关、商检等环节各种单证的管理和操作以及结汇、收汇等一系列与单证有关的业务操作。

1.3 实操指导

1.3.1 任务及要求

公司要求小陈调查研究当地一家外贸企业——唐山 BY 骨质瓷有限公司外贸单证工作的现状,找出存在的问题,并根据调查结果提出自己的建议,最终形成一份调研报告,小陈信心满满地开始了她的职场之路。

企业名称:唐山 BY 骨质瓷有限公司(TANGSHAN BY OSSEOUS CERAMIC

CO., LTD.）

地址：中国河北省唐山市开平区唐马路×××号（NO. ××× TANGMA ROAD, KAIPING DISTRICT, TANGSHAN CITY, HEBEI PROVINCE, CHINA）

电话/传真（TEL/FAX）：86-315-3189×××

> **小提示**
>
> 结合外贸企业实际情况设计调查问卷并形成调研报告，要求调查问卷内容能够反映突出问题，以便提出更有针对性的建议。
>
> 我们在学习时可以分小组进行，完成后每个小组以PPT的形式展示最终的调研报告。

1.3.2 任务执行与完成

（1）了解外贸企业单证工作现状，设计一份调查问卷（见表1-1），调查问卷至少包含下述6个方面的内容。

① 企业名称、地址、经营范围。
② 产品出口的主要流向，即企业的贸易伙伴国。
③ 企业的贸易伙伴国对单证有什么特殊要求。
④ 企业货款收付采用的结算方式。
⑤ 企业出口产品为特定国家缮制的单据。
⑥ 企业的单证工作情况如何？经常出现哪些问题？带来的不良影响有哪些？

（2）为改进企业单证工作及管理，给企业提出建议。

建议要针对具体的问题提出，以便企业有针对性地改进单证工作。

表1-1 企业外贸单证工作现状调查问卷参考样表

企业外贸单证工作现状调查问卷			
调查人：		调查时间：	调查方式（电话、电子邮件、面谈等）：
单位名称：		单位地址：	经营范围：
贸易伙伴国（进口来源及出口流向分别列出）：		常用的结算方式及原因（按采用频率降序列出并说明原因）：	常用的贸易术语及原因：
外贸单证工作流程（可依据不同的术语和结算方式分别列出）：		当前外贸单证工作存在哪些问题：	改进外贸单证工作的建议：

项目小结

本项目对一则关于信用证结算方式下的贸易纠纷案例进行了详尽的分析。案例分析中的闪光点是卖方找到关键证据，使自己由被动转为主动，从而避免了重大的经济损失。案例的启示是：外贸业务人员应具备扎实的外贸单证业务的理论知识，熟练掌握国际贸易惯例、法规，因为其直接影响企业与国家的经济利益。

本项目阐述了外贸单证业务的概况和基本理论，知识点主要是外贸单证的含义、作用、分类，外贸单证工作的基本要求，外贸单证的业务流程，外贸单证员岗位职业能力要求等。实操指导部分，通过提出具体任务及要求，并给予执行和完成任务的步骤和样表，使学生在"做"中学，懂得外贸单证工作的重要性，养成务实、严谨的职业习惯和工作作风。

1.4 技能训练

1. 单选题

（1）国际贸易中常用的三种贸易合同（FOB合同、CIF合同、CFR合同）中，均是以卖方提交与货物有关的（　　）作为交付货物的履行。
    A. 报表　　　　　　　　B. 印章
    C. 签字　　　　　　　　D. 单证

（2）制作单据必须做到正确、完整、及时、简明和（　　）。
    A. 真实　　　　　　　　B. 整洁
    C. 方便　　　　　　　　D. 易用

（3）外贸进口单证的业务流程通常有签订合同、确认发货信息、催单、审单和（　　）等主要工作阶段。
    A. 清关提货　　　　B. 出口退税　　　　C. 建立客户档案

（4）作为一名合格的外贸单证员，应具备良好的职业素养、扎实的外贸知识和（　　）。
    A. 空间判断能力　　　　B. 熟练的职业技能
    C. 形体知觉能力　　　　D. 联想能力

（5）一般情况下，进口货物应当在（　　）海关申报。
    A. 进境地　　　　　　　B. 启运地海关
    C. 目的地海关　　　　　D. 附近海关

2. 判断题

（1）国际贸易货物的单据化，是指商品买卖可以通过单据买卖来实现。（　　）

（2）信用证项下单证不一致，开证行可以拒付货款；托收项下单据不符，买方可以拒付货款。（　　）

（3）在单证工作的5个要求中，单据完整是前提，是最重要的要求。（　　）

（4）根据性质划分，单证可以分为资金单据、商业单据、货运单据和附属单据。

（5）根据用途划分，单证可划分为商业单据和金融单据。　　　　　（　　）

3. 问答题

结合实例，谈谈外贸单证工作的5个要求。

4. 案例分析

20××年，我国某出口公司对英国一家公司出口一批货物，国外开具的信用证的开证申请人为"ABC Co., Ltd."，而该出口公司在发票上填写为"ABC corporation"。后开证行提出单证不符，拒付货款。经过出口公司多次与买方交涉，对方最后同意议付行补交一份正确的发票再付款。但是，当补交的发票寄至开证行时，已超过了信用证有效期，开证行又以此为由拒付货款。出口公司后经多方调查，得知货物到达目的港后，市场行情发生变化，货物价格下降。买方始终抓住该出口公司的失误不放，拒付货款。最终，出口公司只能委托驻外机构代为低价处理货物。

分析案例中出口公司的不当做法。

模块二
职场新人之出口单证实操

小陈在外贸单证的调研工作中表现良好，反映出她责任心强、工作细致、专业知识扎实、英语使用熟练，具备外贸业务员的职业素养。

此时，公司与英国一家进口公司（ABC IMPORT COMPANY, THE UNITED KINGDOM）就一批出口瓷具在各个细节上达成了一致意见。公司领导决定对小陈重点培养，把草拟合同及后续的制单工作交给小陈，使其尽快熟悉业务、提升技能，成为业务骨干。

于是小陈按照要求开展了她的第一次出口单证工作。

项目 2　合同签订与审查
Contract Signing and Reviewing

项目导言

党的二十大报告提出,我们实行更加积极主动的开放战略,构建面向全球的高标准自由贸易区网络,加快推进自由贸易试验区、海南自由贸易港建设,共建"一带一路"成为深受欢迎的国际公共产品和国际合作平台。

随着开放程度的加大,我国在对外贸易业务中也更加重视外贸单证工作。外贸单证是基于某个特定的合同项下的单据缮制,因此学习外贸单证必须先学习合同的中英文条款内容,以及合同缮制方法。签订的合同内容要合理,合同中有关商品的品质、数量、装运、保险等要求必须是卖方可以做到且符合实际需要的。此外,还要综合考虑合同的价格条款、贸易术语的选择以及港口的选择等,力求正当、准确,以便顺利履行合同。

项目目标

知识目标:

1. 掌握合同的形式。
2. 理解合同中的品名、品质、数量、包装、价格、交货条件、运输、保险、付款条件、检验、索赔、不可抗力和仲裁等条款。

技能目标:

1. 能够独立缮制并准确翻译合同条款。
2. 能够根据不同背景资料、结算方式、贸易术语等独立签订英文合同。

思政目标:

1. 勤于复习已学过的有关国际贸易实务的知识,养成"温故而知新"的学习习惯。
2. 努力探索不同学科间的联系与区别,理解国际贸易实务与外贸单证课程的前后衔接,学会从宏观角度构建专业知识体系。
3. 培育公平守正的契约精神、精益求精的工匠精神以及诚信守约的职业道德,形成严谨务实的工作作风。
4. 了解家乡经济特色,增强服务意识,培育服务区域经济的责任感。

项目关键词

- 销售合同　　　　　Sales Contract
- 销售确认书　　　　Sales Confirmation
- 购买合同　　　　　Purchase Contract
- 保险　　　　　　　Insurance

2.1　销售合同案例

2.1.1　案情描述

20××年7月，G公司以CIF术语引进一套英国制造的检测仪器，因合同金额不大，双方采用简式标准格式合同，其中保险条款一项只简单规定"保险由卖方负责"。检测仪器到货后，G公司发现一部件变形且影响检测仪器正常使用，因此G公司要求外商赔偿。而外商答复检测仪器出厂经过严格检验，有质量合格证书，现存问题并非他们的责任。海关总署检验后认为部件变形是由于运输途中受到震动、挤压。G公司于是向保险公司索赔。保险公司认为此情况属"碰损、破碎险"承保范围，但G公司提供的保单上只投保了伦敦"协会货物条款（C）"，未投保"碰损、破碎险"，所以无法理赔。

G公司无奈只好重新购买此类部件，既浪费了金钱，又耽误了时间。

2.1.2　案例分析

案例中，G公司业务人员想当然地以为合同规定卖方投保，卖方一定会投保"一切险"或伦敦"协会货物条款（A）"，认为保险承保的范围包括货物碰损、破碎带来的损失。但是在国际贸易的实践中，按照《INCOTERMS® 2020》的解释，CIF术语下，卖方只需要承担运输最低险，但是买卖双方可以规定较高的保额，即中国人民保险公司的"平安险"或伦敦"协会货物条款（C）"。

2.1.3　案例启示

在签订国际贸易合同时，保险条款的表达要尽量明确。我们可以从上述案例中得出以下启示：

第一，当进口合同使用CIF术语、CIP术语时，买方一定要在合同中注明按发票金额110%投保的具体险别以及附加险。其中，险别的确定一定要综合考虑货物的特点、用途、运输方式等。买方选择的险别不当，就会造成货物受损时得不到应有的赔偿，或因为投保了不必要的险别而多支出保险费用。

第二，进口合同尽量采用 CFR 术语、CPT 术语，由买方在国内办理保险。这样发生损失可以得到赔偿。

此案例仅仅反映了合同保险条款不妥的情况，其实合同的其他条款，如货物品质、数量、价格、装运、付款等任何一个条款的疏忽都可能带来很大的经济损失，甚至影响企业与国家的声誉。

知识拓展

《INCOTERMS® 2020》CIF 术语和 CIP 术语保险解释大不同

《INCOTERMS® 2020》对 CIF 术语和 CIP 术语的保险条款分别进行了规定：CIF 术语下，卖方只需要承担运输最低险（"平安险"），但是买卖双方可以规定较高的保额；而 CIP 术语下，如果没有特别约定，卖方需要承担最高险（"一切险"减除外责任），相应的保费也会更高。CIP 术语默认保险险别调整为 ICC(A)，也就是说，在《INCOTERMS® 2020》中，使用 CIP 术语，卖方承担的保险义务增加，而买方获得的利益保障会更多。

2.1.4 引申问题

（1）案例中采用的合同是简式标准格式，除此之外，还有哪些合同形式呢？

（2）合同的内容包含哪些？每一项的含义、内容分别是什么？在签订合同时应该注意哪些问题？

（3）国际贸易合同使用的语言基本为英语，应该怎样翻译英文的合同条款且避免在翻译中出现歧义呢？

（4）怎样才能熟练地签订英文合同？

为了回答这些问题，我们需要复习"国际贸易实务"这门课程，相关教材内容详尽地讲述了合同的各项交易条件。只有掌握合同条款，尤其是英文的合同条款，我们才能学会外贸单证的缮制，因此本项目重点讲述英文合同的缮制。

2.2 必备知识

2.2.1 合同的形式

合同是指订立合同的当事人达成的协议的表现形式。合同的形式一般有三种：书面形式、口头形式和其他形式。《联合国国际货物销售合同公约》规定："销售合同无须以书面形式订立或书面证明，在形式方面不受任何其他条件的限制。"尽管如此，由于国际贸易往往交易金额大，履行时间长，容易产生纠纷，所以建议当事人尽量签订书面合同。

> **知识拓展**

联合国国际货物销售合同公约

1980年4月11日，《联合国国际货物销售合同公约》订立于奥地利维也纳，并于1988年1月1日正式生效。本公约适用于营业地在不同国家（地区）的当事人之间所订立的货物销售合同；凡本公约未明确解决的属于本公约范围的问题，应按照本公约所依据的一般原则来解决；在没有一般原则的情况下，则应按照国际私法规定适用的法律来解决。《联合国国际货物销售合同公约》共4个部分，101条，规定公约的基本原则是建立国际经济新秩序原则，平等互利原则与兼顾不同的社会、经济和法律制度原则；公约还就适用范围、合同的订立、双方的权利义务关系以及违约赔偿、免责等问题作了明确的规定。

1. 书面合同

书面合同包括格式合同书、往来函电等可以有形地表现双方协议内容的合同，是合同的一种主要形式。采用书面形式订立的合同，既可以作为合同成立的证据，也可以作为履行合同的依据，即使履约过程中发生纠纷，也可供双方举证和分清责任。

书面形式的合同名称无统一规定，其格式也繁简不一。在我国外贸实践中，书面形式的合同主要指合同（Contract）和确认书（Confirmation）两种。这两种书面形式的合同在法律效力上没有区别，只是在格式和内容的繁简上有所差异，确认书是合同的简化形式。合同或确认书通常一式两份，由双方签字后各执一份。另外，备忘录（Memorandum）、协议（Agreement）、意向书（Letter of Intent）等也是合同的书面形式。

2. 口头合同

口头合同是指当事人通过直接对话或通信设备（如电话）达成协议而订立的合同。采用口头形式订立合同，有利于节省时间、简便行事，以加速成交。但是，因双方当事人无文字依据，空口无凭，一旦产生争议，往往举证困难，不易分清责任。

3. 其他形式的合同

其他形式的合同主要是指以行为方式表示接受而订立的合同。根据当事人之间长期交往中形成的习惯做法，或发盘人在发盘中已经表明受盘人无须发出接受通知，可直接以行为作出接受而订立的合同，均属此种形式。

微课：合同的形式

2.2.2 合同的组成

书面格式的合同由 3 个部分组成：约首、主体、约尾。

1. 约首（Head of Contract）

约首一般包括合同名称、合同编号、缔约双方名称和地址、签订合同日期、签约地点、电话、传真等内容。

合同名称应醒目注明，如销售合同（Sales Contract）、销售确认书（Sales Confirmation）、采购合同（Purchase Contract）、采购确认书（Purchase Confirmation）等。通常情况下，销售合同都是由企业事先印制的，在合同书的最上方第一行是企业名称，第二行是企业详细地址。

合同编号（Contract No.）由企业自行编制，方便存档和查看。

缔约双方名称和地址是指买卖双方的名称及详细地址。卖方的名称写在"Sellers"或"Exporter"一栏，买方的名称写在"Buyers"或"Importers"一栏；地址用"Address"表示。

签订合同日期填写在"Date"一栏。

签约地点则在"Sign at"一栏填写，签约地点关系到合同法律适用的问题。

电话（Telephone）、传真（Fax）在国际贸易合同中通常是必不可少的，因为电话、传真是双方业务往来的重要联系方式。

2．主体（Body of Contract）

主体是指合同的基本条款部分，用以规定当事人的权利和义务，主要包括品名（Name of Commodity/Description of Goods）、品质（Quality）、规格（Specification）、数量（Quantity）、重量（Weight）、包装（Packing）、唛头（Shipping Mark）、单价（Unit Price）、总值（Total Value）、交货条件（Terms of Delivery）、运输（Shipment）、保险（Insurance）、付款（Terms of Payment）、检验（Inspection）、索赔（Claim）、不可抗力（Force Majeure）和仲裁（Arbitration）等内容。

> **小思考**
>
> 在"国际贸易实务"课程中我们学习了合同的各项交易条件，复习合同主体内容的一般交易条件和主要交易条件。

3．约尾（End of Contract）

约尾反映合同的效力，如合同一式两份，双方签字生效。约尾包括双方公司名称、盖章、法定代表人签字等。

2.2.3 合同的内容、常用词汇及实例

1. 品名

例如，Chinese Ink，Flower Vase，Sport Shoes，Mens Cotton Shirts，Air Conditioner。

2. 规格

例如，Colors：red，yellow and blue assorted。

3. 品质

例如：（1）Quality shall be about equal to the samples.（品质与样品大致相同。）
（2）Quality is nearly same as the samples.（品质与样品相似。）
（3）Specifications（规格）：Rapeseeds Salad Oil（菜籽色拉油）；
　　　Oil & protein: 45% up（min）（油脂、油蛋白最低 45%）；
　　　Moisture: 13% down（max）（水分最高 13%）；
　　　Sediments: without（无沉淀）；
　　　Impurity: 3% down（max）（杂质最高 3%）。

> **小思考**
> 　　同学们，你们现已掌握品名、规格、品质条款的相关知识，请尝试用英语表达一下身边事物的品名、规格、品质。

4. 数量

数量常用的计量单位有：dozen, carton, drum, case, set, piece, meter, square meter, cubic meter, yard, inch, foot, metric ton, long ton, short ton。

5. 单价

单价包括 4 个部分，按照英文规范顺序依次为：币种、金额、计量单位、贸易术语。

例如：USD 69 per dozen CFR New York；
　　　USD 15 per set CIF 4% Kobe。

> **小思考**
> 　　结合上述品名、规格、品质信息，请你再尝试确定与之对应的数量、单价等交易条件。可以互相讨论并查阅英汉词典。

知识拓展

《INCOTERMS® 2020》贸易术语增减变化

《INCOTERMS® 2020》贸易术语增减变化

最新版的《INCOTERMS® 2020》中新增了 DPU 术语，删除了原有的 DAT 术语。一增一减之后仍然保持 11 个术语，并且仍然根据适用的运输方式将术语分为两组，分别是：适用于所有运输方式的 EXW、FCA、CPT、CIP、DAP、DPU、DDP，只能适用于水上运输方式的 FAS、FOB、CFR 和 CIF。

6．总值

总值以"SAY"开头，以"ONLY"结尾，中间是币种和金额；每个单词、字母全部为大写。例如，"SAY US DOLLARS FIFTY THOUSAND FIVE HUNDRED AND FORTY-NINE ONLY"。

7．包装

包装常用的词有：packed in …, in …, in … of … each, … to …, packed in … each containing 等。

例如：packed in cartons of 12 pieces；

　　　in boxes of a dozen；

　　　in drums of 100 kgs net each；

　　　100 boxes to a wooden case；

　　　packed in cartons each containing 24 cans。

8．唛头

一般使用国际标准化组织（ISO）推荐的唛头。

例如：ABC CO., LTD.（ABC 公司）；

　　　Kobe（神户港）；

　　　Contract No. 001（合同号 001）；

　　　C/No. 1-45（件号：顺序 1-总件数 45）。

知识拓展

国际标准化组织

国际标准化组织（International Organization for Standardization），简称 ISO。ISO 的宗旨是推动全世界标准化和相关活动的发展，目的在于方便物品和服务的国际交换，进一步加强各成员团体在知识、科学、技术和经济领域的合作。ISO 形成的国际协议作为国际标准出版。

9．保险

保险常用的词有：FPA, WPA, All Risks, T.P.N.D, War Risks, cover, against。

保险条款一般构成为：to be covered（险别）... for（保险金额）...by（投保人）... against ... as per（保险公司、条款）。

例如：Insurance to be covered by the seller/buyer for 110% invoice of value against All Risks as per PICC dated 1/1/1981。

10. 运输

运输常用的语句有：with partial shipment and transhipment allowed/prohibited/not allowed。

例如：Shipment during January/February/March in three equal monthly lots from Tianjin to Copenhagen with transhipment not allowed。

11. 付款

常用的付款方式有：M/T、T/T、D/T、D/P、D/A、L/C。

例如：payment by T/T、document against payment（D/P）、document against acceptance（D/A）、L/C at sight、L/C to be available by draft at sight、L/C at 30 days after sight。

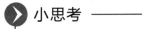
小思考

不同的支付方式风险不同，如何按照卖方风险将支付方式降序排列？

12. 销售合同的示例（见样单 2-1）

样单 2-1　销售合同

销售合同
SALES CONTRACT

Add: ×××, XIWUDAOKOU, HAIDIAN DISTRICT, BEIJING, P.R. CHINA　　合同编号（Contract No.）: CGC001
FAX: 86-10-62575×××

买方（The Buyer）：　××× International LLC　　签订日期（Date）：　July 21, 20××
卖方（The Seller）：　China ××× Co.　　签订地点（Signed at）：　Beijing, China

双方同意按下列条款由买方售出下列商品：
The Buyer agrees to buy and the Seller agrees to sell the following goods on terms and conditions as set forth below：

1. 商品名称、规格及包装：淡水养殖珍珠。

Name of Commodity, Specifications and Packing: Fresh Water Cultured Pearls.

2. 数量：170 kg。

Quantity: 170 kg（net）.

3. 单价: 50.00 美元。

Unit Price (CIF JOHN F. KENNEDY): USD 50.00.

4. 总值: 8 500.00 美元。

Total Value: USD 8 500.00.

5. 装运期限: 不晚于 2004 年 8 月 20 日。

Time of Shipment: no later than Aug. 20, 2004.

6. 装运口岸: 北京机场。

Port of Loading: BEIJING AIRPORT, CHINA.

7. 目的口岸: 美国纽约肯尼迪国际机场。

Port of Destination: JFK (JOHN F. KENNEDY) INTERNATIONAL AIRPORT, NEW YORK CITY, U.S.A.

8. 保险: 由卖方负责, 按本合同总值 110% 投保平安险。

Insurance: To be covered by the seller for 110% of the invoice value against FPA.

9. 付款: 凭保兑的、不可撤销的、可转让的、可分割的即期有电报套汇条款 / 见票 / 出票_____ 天期付款信用证, 信用证以_____ 为受益人并允许分批装运和转船。该信用证必须在_____ 前开到卖方, 信用证的有效期应为上述装船期后第 15 天, 在中国_____ 到期, 否则卖方有权取消本销售合同, 不另行通知, 并保留因此而发生的一切损失的索赔权。

Terms of Payment: By confirmed, irrevocable, transferable and divisible letter of credit in favor of _____ payable at sight with T/T reimbursement clause/_____ days'/sight/date allowing partial shipment and transhipment. The covering letter of credit must reach the Sellers before_____ and is to remain valid in_____ China until the 15th day after the aforesaid time of shipment, failing which the Sellers reserve the right to cancel this Sales Contract without further notice and to claim from the Buyers for losses resulting there from.

10. 商品检验: 以中国_____ 所签发的品质 / 数量 / 重量 / 包装 / 卫生检验合格证书作为卖方的交货依据。

Inspection: The Inspection Certificate of Quality/Quantity/Weight/Packing/Sanitation issued by _____ of China shall be regarded as evidence of the Sellers' delivery.

11. 装运唛头: N/M。

Shipping Marks: N/M.

12. 其他条款:

OTHER TERMS:

(1) 异议: 品质异议须于货到目的口岸之日起 30 天内提出, 数量异议须于货到目的口岸之日起 15 天内提出, 但均须提供经卖方同意的公证行的检验证明。如责任属于卖方, 卖方应于收到异议 20 天内答复买方并提出处理意见。

Discrepancy: In case of quality discrepancy, claim should be lodged by the Buyers within 30 days after the arrival of the goods at the port of destination, while for quantity discrepancy, claim should be lodged by the Buyers within 15 days after the arrival of the goods at the port of destination. In all cases, claims must be accompanied by Survey Reports of Recognized Public Surveyors agreed to by the Sellers.

Should the responsibility of the subject under claim be found to rest on the part of the Sellers, the Sellers shall, within 20 days after receipt of the claim, send their reply to the Buyers together with suggestion for settlement.

（2）信用证内应明确规定卖方有权多装运或少装运所注明的百分数的货物，并按实际装运数量议付。（信用证金额按本销售合同金额增加相应的百分数。）

The covering letter of credit shall stipulate the Seller's option of shipping the indicated percentage more or less than the quantity hereby contracted and be negotiated for the amount covering the value of quantity actually shipped. (The Buyers are requested to establish the letter of credit in amount with the indicated percentage over the total value of the order as per this Sales Contract.）

（3）信用证内容须严格符合本销售合同的规定，否则修改信用证的费用由买方负担，卖方并不负担因修改信用证而延误装运的责任，并保留因此而发生的一切损失的索赔权。

The contents of the covering letter of credit shall be in strict conformity with the stipulations of the Sales Contract. In case of any variation there of necessitating amendment of the letter of credit, the Buyers shall bear the expenses for effecting the amendment. The Sellers shall not be held responsible for possible delay of shipment resulting from awaiting the amendment of the letter of credit and reserve the right to claim from the Buyers for the losses resulting there from.

（4）除经约定保险归买方投保者外，由卖方向中国的保险公司投保。如买方需增加保险额及／或需加保其他险，可于装船前提出，经卖方同意后代为投保，其费用由买方负担。

Except in cases where the insurance is covered by the Buyers as arranged, insurance is to be covered by the Sellers with a Chinese insurance company. If insurance for additional amount and/or for other insurance terms is required by the Buyers, prior notice to this effect must reach the Sellers before shipment and is subject to the Sellers' agreement, and the extra insurance premium shall be for the Buyers' account.

（5）因人力不可抗拒事故使卖方不能在本销售合同规定期限内交货或不能交货，卖方不负责任，但是卖方必须立即以电报通知买方。如果买方提出要求，卖方应以挂号函向买方提供由中国国际贸易促进委员会或有关机构出具的证明，证明事故的存在。买方不能领到进口许可证，不能被认为系属人力不可抗拒范围。

The Sellers shall not be held responsible if they fail, owing to Force Majeure cause or causes, to make delivery within the time stipulated in this Sales Contract or cannot deliver the goods. However, the Sellers shall inform immediately the Buyers by cable. The Sellers shall deliver to the Buyers by registered letter, if it is requested by the Buyers, a certificate issued by the China Council for the Promotion of International Trade or by any competent authorities, attesting the existence of the said cause or causes. The Buyers' failure to obtain the relative Import License is not to be treated as Force Majeure.

（6）仲裁：凡因执行本销售合同或有关本销售合同所发生的一切争执，双方应以友好方式协商解决；如果协商不能解决，应提交中国国际经济贸易仲裁委员会，根据该会的仲裁规则进行仲裁。仲裁裁决是终局的，对双方都有约束力。

Arbitration: All disputes arising in connection with this Sales Contract or the execution thereof shall be settled by way of amicable negotiation. In case no settlement can be reached, the case at issue shall then be submitted for arbitration to the China International Economic and Trade Arbitration Commission in accordance with the provisions of the said Commission. The award by the said Commission shall be deemed as final and binding upon both parties.

（7）附加条款：本销售合同其他条款如与本附加条款有抵触时，以本附加条款为准。

Supplementary Condition (s): Should the articles stipulated in this Contract be in conflict with the following supplementary condition (s), the supplementary condition (s) should be taken as valid and binding.

卖方签字：　　　　　　　　　　　　　　　　买方签字：
The Seller's signature :　　　　　　　　　　　The Buyer's signature :

2.2.4　合同履行

1. 出口合同的履行

我国出口贸易大多采用 CIF 术语，现以 CIF 术语的出口贸易为例，说明出口合同履行的各个环节。

（1）准备货物（Goods Preparation）。根据双方签订的合同，卖方负责交货。卖方提交的货物要严格符合合同约定的品质、规格、数量、包装等要求。卖方及时准备货源，以便在指定的时间将货物交至约定的地点。

（2）催证（Urging Letter of Credit）。在发货之前，买方应该提前开具信用证，但是由于种种原因，买方有时开证不及时，卖方就需要催促买方进行开证，因此适当的提示和催促也是很必要的。

（3）审证（Examining Letter of Credit）。卖方收到信用证之后必须逐字逐条地认真审查信用证的内容，如有疑问，应立即通过各种途径、方法确认。信用证的条款大多数与合同一致，因为信用证是依据合同开立的，但有时信用证中包含一些使卖方的行为受到买方控制的文字，需要通过仔细审核及早发现，例如，"提交的检验证书须经买方签字"。

（4）改证（Amending Letter of Credit）。审查信用证之后，如果发现了一些不合理、不正确的条款或表述，就需要对信用证进行修改。修改信用证要联系买方，买方同意修改后，由买方向原开证行提出修改申请，经开证行同意后，由开证行发出修改通知书通过原通知行转告受益人，各方均接受修改通知书后，修改方为有效。

（5）租船订舱（Charter and Space Booking）。第一，托运人查看船期表，填写出口货物托运单（Booking Note, B/N）。第二，船公司或代理人签发装货单（Shipping Order, S/O）或下货纸。第三，装船完毕，由船长或大副签发大副收据（Mates Receipt）或收货单。第四，托运人凭收货单向外轮代理公司交付运费并换取正式提单（Bill of Lading, B/L）。

（6）出口检验（Export Inspection）、出口报关（Export Declaration）。出口检验检疫，指出口国政府机构依法所做的强制性商品检验，以确保出口商品能符合政府法规规定。其目的在于提高商品质量，建立国际市场信誉，促进对外贸易，保障国内外消费者的利益。目前我国的出口商品检验机构为海关。出口报关主要有4个环节：出口申报，配合查验，缴纳关税，海关放行。2018年4月20日起，原中国出入境检验检疫部门正式并入中国海关。2018年6月1日起，中华人民共和国海关总署（以下简称海关总署）全面取消通关单。

知识拓展

关检一体化

2018年4月关检合并以来，海关总署从商品类型、监管区域、贸易方式等角度改革检验检疫监管方式。在各项检验检疫监管改革政策中，虽然取消审批、简化优化监管、压缩时限等促进贸易便利化的措施是主流，但针对关乎人民健康、产品质量安全等强化企业主体责任、增加监管要求的政策也同样必要。这些改革政策凸显海关改革的两个方向：一是不断促进贸易便利化，二是筑牢国门防线。

（7）投保保险（Application for Insurance）。投保保险要按照合同约定的险种、保险金额、保险公司、条款及时办理，保险出具的日期最迟不得晚于货物起航的日期。如果合同采用CFR术语或FOB术语，则由买方自行决定是否投保。若买方投保，投保的险种、保险金额等内容也由买方自行决定。

（8）装船出运（Shipment）。货物经海关查验放行后，即可办理装船。装船完毕后，船长或大副签发收货单，托运人凭此单换取正式提单。

（9）综合制单、审单、结汇（Comprehensive Making and Examination of Document, Foreign Exchange Settlement）。

① 综合制单。卖方缮制的单据要严格遵照信用证及《跟单信用证统一惯例（UCP600）》的规定。结汇的单据主要有汇票、发票、装箱单、提单、保险单、产地证明、检验证书等。具体到某一笔业务需要的结汇单据、单据份数、单据内容及要求，要参照本笔业务的信用证的详细规定。

② 审单。单据缮制完成后必须审核并确认无误，在信用证结算方式下，出口单据说明了卖方履行合同的义务，但是制单的质量直接关系到收汇，因此制单要正确、完整、及时、简明、整洁。

③ 结汇。结汇是指外汇收入所有者将其外汇收入出售给外汇指定银行，外汇指定银行按一定汇率付给等值的本币的行为。在信用证结算方式下的国际贸易中的结汇主要指议付。议付是指议付行在审单无误的情况下，按信用证条款买入受益人（出口公司）的汇票和单据，从票面金额中扣除从议付日到估计收到票款之日的利息，将余款按议付日牌价，折成本币拨给出口公司。议付行向受益人垫付资金，买入跟单汇票后，即成为汇票持有人，可凭汇票向付款行索取票款。银行同意做出口押汇，是为了给出口公司提供资金融通，有利于出口公司的资金周转。

> **小提示**
>
> 自 2012 年 8 月起，国家外汇管理局、海关总署和国家税务总局决定取消出口收汇核销，这是外贸方面重要的政策调整，简化了出口退税流程。

（10）出口退税（Drawback of Foreign Exchange）。自 2012 年 8 月 1 日起，报关出口的货物 [具体执行时间以海关出口货物报关单（出口退税专用）注明的出口日期为准]，出口企业申报出口退税时，不再提供核销单；税务局参考国家外汇管理局提供的企业出口收汇信息和分类情况，依据相关规定审核企业出口退税。出口退税需要的备案单据有出口报关单、出口发票、合同、提单、海关放行单、商业发票、海运费发票、国内运杂费发票、报关费发票、收汇水单等。

知识拓展

出 口 退 税

出口退税是指在国际贸易业务中，对我国报关出口的货物退还其在国内各生产环节和流转环节按税法规定缴纳的增值税和消费税，即出口环节免税且退还以前纳税环节的已纳税款。出口退税一般分为两种：一是退还进口税，即出口产品企业用进口原料或半成品加工制成产品出口时，退还其已缴纳的进口税；二是退还已缴纳的国内税款，即企业在商品报关出口时，退还其生产该商品已缴纳的国内税款。出口退税，有利于增强本国商品在国际市场上的竞争力，为世界各国所采用。2022 年增值税出口退税率为 16%、13%、10%、6% 和 0，共 5 档。陶瓷产品增值税税率是 16%，出口退税率是 13%。

（11）索赔、理赔（Claim, Settlement of Claim）。在履行合同时，一方违约使另一方遭受损失，从而引起受损失的一方向违约方提出索赔，违约方根据情况进行理赔。

> **小思考**
>
> 请根据以上内容，绘制出口合同履约的流程图。

2. 进口合同的履行

根据《联合国国际货物销售合同公约》规定，买方的义务是：必须按照合同和本公约规定支付货物价款和收取货物。

在我国的进口业务中，一般 FOB 术语成交的情况较多，如果是采用即期信用证支付方式成交，履行这类进口合同的程序如下。

（1）开立信用证。进口合同签订后，按照合同规定填写开立信用证申请书，递交银行办理开证手续，并向银行交付一定比例的押金。除此之外，开证人还应按规定向开证银行支付开证手续费。

联合国国际货物销售合同公约

信用证的内容，应与合同条款一致；信用证的开证时间，应按合同规定办理。如对方收到信用证后，提出修改请求，经我方同意后即可向银行办理改证手续。

（2）派船接货。我方在接到卖方预计装运日期通知后，及时向货运代理公司办理租船订舱手续，办妥后，应按规定期限将船名及船期及时通知卖方，以便卖方备货装船。

（3）投保货运险。进口货物的保险金额，若采用FOB术语，为便于计算，在各进出口公司与保险公司签订的预约保险合同中，共同议定平均保险费和平均运费率，计算公式为：

$$保险金额 = FOB 价格 \times (1 + 平均保险费率 + 平均运费率)$$

进口货物保险费率有进口货物保险费率和特约费率两种。

（4）审单和付汇。银行收到国外寄来的汇票及单据后，对照信用证的规定，核对单据的份数和内容。如确认内容无误且份数齐全，则由银行向国外付款。同时进出口公司凭银行出具的"付款通知书"向用货部门进行结算。如发现单证不符，应作适当处理。银行在审单时如发现单据表面上与信用证规定不符，决定拒绝接受单据，按照《跟单信用证统一惯例（UCP600）》规定，指定银行、保兑行（如有）或开证行必须以电信方式发出通知，如果不能以电信方式通知，则以其他快捷方式通知，但不得迟于交单翌日起第五个银行工作日终了。

（5）报关和纳税。

① 报关。进口货物到货后，由进出口公司或委托货运代理公司或报关行根据进口单据填写进口货物报关单向海关申报，并随附发票、提单、装箱单、保险单、许可证及审批文件、进口合同、产地证和所需的其他证件。如属法定检验的进口商品，还须随附商品检验证书。货、证经海关查验无误才能放行。

② 纳税。海关按照《中华人民共和国海关进出口税则》的规定，对进口货物计征进口税，主要有进口关税、进口增值税。

（6）验收和拨交货物。

① 验收货物。进口货物运达港口卸货时，要进行卸货核对。卸货时，如发现残损，应将货物存放于海关指定仓库，待保险公司会同海关检验后作出处理；如发现货品短缺，应及时缮制短缺报告交由船方确认，应根据短缺情况向船方提出保留索赔权的书面声明。对于法定检验的进口货物，必须向卸货地或到达地的海关报检，否则，不准投产、销售和使用。

② 办理拨交手续。在办完上述手续后，如订货或用货单位在卸货港所在地，则就近转交货物；如订货或用货单位不在卸货港所在地，则委托货运代理将货物转运内地并转交给订货或用货单位。

（7）索赔。在进口业务中，有时会发生卖方不按时交货，或所交货物的品质、数量、包装与合同规定不符的情况，也可能发生由于装运保管不当造成货物损毁的情况，我方应及时进行索赔。

2.3 实操指导

2.3.1 任务及要求

唐山陶瓷

唐山BY骨质瓷有限公司（TANGSHAN BY OSSEOUS CERAMIC CO., LTD.）与英国一家进口公司（ABC IMPORT COMPANY, THE UNITED KINGDOM）就下述各项条件达成一致意见。公司要求小陈根据下面的信息草拟一份销售合同，要求各项交易条件表述准确。

合同编号：20××UK13BY073

商品：84头莲花骨质瓷餐具（84pcs lotus shape bone china dinner set），规格详情如表2-1所示。

表2-1 餐具规格详情

规格	数量/个
10寸餐盘	12
9寸甜点盘	12
9寸汤盘	12
茶杯碟	6+6
咖啡杯碟	6+6
加盖汤碗	1+1
12寸椭圆形平盘	1
10寸椭圆形平盘	2
5寸碗	12
9寸碗	1
盐瓶	1
甜椒瓶	1
带托盘的船形肉汁盘	1+1
餐巾盒	1
牙签筒	1

商品数量：270套。

目的港：LONDON。

术语：CIF。

价格：USD 250.00/SET。

包装条件：BROWN BOX, PACKING, 1 SET/ CARTON。

付款条件：即期信用证，须于20××年7月31日及之前到达卖方。

装运：装运日期不迟于20××年8月31日，港口从京唐港至伦敦港，允许转船和分批装运。

保险：卖方按照发票价值的110%投保中国人民保险公司的平安险附加破碎险。

2.3.2 任务执行与完成

小陈按照要求，查阅资料，最终完成任务，于20××年7月3日拟好了销售合同（见样单2-2）。

样单2-2 销售合同

SALES CONTRACT

S/C No. 20××UK13BY073

The Buyer: ABC IMPORT COMPANY, THE UNITED KINGDOM ××× LAWTON STREET, LONDON, ENGLAND

Signed at: Tangshan, China
Date: JULY 3, 20××

The Seller: TANGSHAN BY OSSEOUS CERAMIC CO., LTD.
No. ××× TANGMA ROAD, KAIPING DISTRICT, TANGSHAN CITY, HEBEI PROVINCE, CHINA
TEL/FAX: 86-315-3189×××

The Buyer agrees to buy and the Seller agrees to sell the following goods on terms and conditions as set forth below:

Item No.	(1) Description Specifications and Packing	(2) Quantity	(3) Unit Price/ (USD/unit)	(4) -I Amount/USD	Design Photo
1	84PCS LOTUS SHAPE BONE CHINA DINNER SET. PACKING: BROWN BOX PACKING, 1 SET/CARTON	270 SETS	USD 250.00 CIF LONDON	USD 67 500.00	
	84pcs Lotus Shape Bone China Dinner Set Composition				
	10" Dinner Plate	12			
	9" Dessert Plate	12			
	9" Soup Plate	12			
	Tea Cup & Saucer	6+6			
	Coffee Cup & Saucer	6+6			
	Soup Tureen with Cover	1+1			
	12" Oval Platter	1			
	10" Oval Platter	2			

续表

Item No.	(1) Description Specifications and Packing	(2) Quantity	(3) Unit Price/ (USD/unit)	(4) -I Amount/ USD	Design Photo
	5" Bowl	12			
	9" Bowl	1			
	Salt Shaker	1			
	Pepper Shaker	1			
	Gravy Boat with Tray	1+1			
	Napkin Holder	1			
	Tooth Sticker	1			

Total: (4) - II SAY US DOLLARS SIXTY-SEVEN THOUSAND AND FIVE HUNDRED ONLY

(5) Time of Shipment: not later than August 31,20××

(6) Port of Loading: JINGTANG, CHINA

(7) Port of Destination: LONDON

(8) Insurance: To be covered by the seller for 110% of the invoice value against FPA PLUS RISK OF CLASH & BREAKAGE as per ocean marine cargo clause of The People's Insurance Company of China dated 1/1/1981.

(9) Terms of Payment: By irrevocable letter of credit in favor of TANGSHAN BY OSSEOUS CERAMIC CO.,LTD. payable at sight with partial shipment and transhipment allowed. The covering letter of credit must reach the Sellers on or before July 31 and is to remain valid in China until the 15th day after bill of lading date.

(10) Inspection: The Inspection Certificate of Quality/Quantity/Weight/Packing/Sanitation issued by China shall be regarded as evidence of the Sellers' delivery.

(11) Shipping Marks: N/M

OTHER TERMS:

1. Discrepancy: In case of quality discrepancy, claim should be lodged by the Buyers within 30 days after the arrival of the goods at the port of destination, while for quantity discrepancy, claim should be lodged by the Buyers within 15 days after the arrival of the goods at the port of destination. In all cases, claims must be accompanied by Survey Reports of Recognized Public Surveyors agreed to by the Sellers. Should the responsibility of the subject under claim be found to rest on the part of the Sellers, the Sellers shall, within 20 days after receipt of the claim, send their reply to the Buyers together with suggestions for settlement.

2. The covering letter of credit shall stipulate the Sellers's option of shipping the indicated percentage more or less than the quantity hereby contracted and be negotiated for the amount covering the value of quantity actually shipped. (The Buyers are requested to establish the letter of credit in amount with the indicated percentage over the total value of the order as per this Sales Contract.)

3. The contents of the covering letter of credit shall be in strict conformity with the stipulations of the Sales Contract. In case of any variation there of necessitating amendment of the letter of credit, the Buyers shall bear the expenses for effecting the amendment. The Sellers shall not be held responsible for possible delay of shipment resulting from awaiting the amendment of the letter of credit and reserve the

right to claim from the Buyers for the losses resulting there from.

4. Except in cases where the insurance is covered by the Buyers as arranged, insurance is to be covered by the Sellers with a Chinese insurance company. If insurance for additional amount and/or for other insurance terms is required by the Buyers, prior notice to this effect must reach the Sellers before shipment and is subject to the Sellers' agreement, and the extra insurance premium shall be for the Buyers' account.

5. The Sellers shall not be held responsible if they fail, owing to Force Majeure cause or causes, to make delivery within the time stipulated in this Sales Contract or cannot deliver the goods. However, the Sellers shall inform immediately the Buyers by cable. The Sellers shall deliver to the Buyers by registered letter, if it is requested by the Buyers, a certificate issued by the China Council for the Promotion of International Trade or by any competent authorities, attesting the existence of the said cause or causes. The Buyers' failure to obtain the relative Import License is not to be treated as Force Majeure.

6. Arbitration: All disputes arising in connection with this Sales Contract or the execution thereof shall be settled by way of amicable negotiation. In case no settlement can be reached, the case at issue shall then be submitted for arbitration to the China International Economic and Trade Arbitration Commission in accordance with the provisions of the said Commission. The award by the said Commission shall be deemed as final and binding upon both parties.

7. Supplementary Condition(s): Should the articles stipulated in this Sales Contract be in conflict with the following supplementary condition(s), the supplementary condition(s) should be taken as valid and binding.

The Seller's signature: TANGSHAN BY OSSEOUS CERAMIC CO.,LTD. ×××	The Buyer's signature: ABC IMPORT COMPANY, THE UNITED KINGDOM ×××

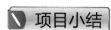

项目小结

本项目以一则因保险条款不明确导致的纠纷作为案例引入，从案例的背景资料分析出导致 G 公司损失的直接原因是 G 公司想当然地认为卖方一定会投保伦敦"协会货物条款（A）"。这反映出 G 公司工作人员缺乏基本的国际贸易惯例和实践方面的知识。此案例给我们的深刻启示是，合同条款要正确、准确、严谨、完整、具体，否则稍有疏忽就会引起纠纷并导致损失。回顾"国际贸易实务"课程所学的有关合同形式、合同组成的基础知识，以及合同常用词汇、合同样本的知识，通过草拟合同训练，帮助学生巩固相关理论知识，深刻理解合同各条款含义，并学会独立缮制合同。

2.4 技能训练

1. 翻译题

(1) 翻译下列词语。

Name of Commodity	Quality Clause
Quantity Clause	Price Clause
Packing Clause	Delivery Clause
Payment Clause	Insurance Clause
Inspection Clause	Claim Clause
Arbitration Clause	Force Majeure Clause

(2) 翻译下述条款。

卖方: Tangshan ××× Co., Ltd., Tangshan City, Hebei Province, China

买方: GT Company, New York U.S.A

商品名称：骨质瓷茶具

数量：2 000 套

包装：每套装一盒，2 盒装一纸箱

单价：每套 100 美元 CIF 伦敦

装运：20×× 年 4 月自京唐港装运，不可分批装运和转船

付款条件：即期信用证

2. 实训题

要求：以家乡一种特色产品为例，设计贸易的买卖双方，自由选择术语和货款结算方式，根据当前市场行情确定商品的价格和数量，拟定一份合同。

具体步骤：

(1) 选择一种商品，了解其名称、品质、规格并翻译成英文。

(2) 查询相关资料确定买卖双方名称（可以自己编写，注意进口国家和城市、港口的一致性）。

(3) 查询资料了解商品的国际市场价格，确定采用的贸易术语、结算方式和商品数量。

(4) 查询国际海运的价格，计算运费。

(5) 确定商品的价格条款，注意价格要合理。

(6) 查询商品品质和包装的英文描述。

(7) 设计合同装运条款。

(8) 根据国际贸易惯例设计保险条款，注意保险险别、保险金额、保险费率。

(9) 注意合同争议的预防与处理，主要有商品检验检疫、索赔、不可抗力和

仲裁等条款。

（10）完成上述任务后，记录资料来源、贸易背景并在下述合同空表中拟定合同。

SALES CONFIRMATION

S/C No.

The Buyer(name and address)：　　　　　　　Signed at：

　　　　　　　　　　　　　　　　　　　　　　Date：

The Seller(name and address)：

The Buyer agrees to buy and the Seller agrees to sell the following goods on terms and conditions as set forth below：

(1) Name of Commodity, Specifications and Packing	(2) Quantity	(3) Unit Price	(4) Total Value

(5) Time of Shipment:

(6) Port of loading:

(7) Port of Destination:

(8) Insurance: To be covered by＿＿＿for＿＿＿of the invoice value against.

(9) Terms of Payment: By confirmed, irrevocable, transferable and divisible in favor of＿＿＿payable at sight with T/T reimbursement clause/＿＿＿days'/sight/date allowing partial shipment and transhipment. The covering letter of credit must reach the Sellers before＿＿＿and is to remain valid in＿＿＿China until the 15th day after the aforesaid time of shipment, failing which the Sellers reserve the right to cancel this Sales Contract without further notice and to claim from the Buyers for losses resulting there from.

(10) Inspection: The Inspection Certificate of Quality/Quantity/Weight/Packing/Sanitation issued by＿＿＿shall be regarded as evidence of the Sellers' delivery.

(11) Shipping Marks:

The Seller's signature:　　　　　　　　The Buyer's signature:

3．简答题

（1）合同的形式有哪些？请举例说明。

（2）合同由哪几个部分组成？各组成部分有哪些内容？

（3）履行进出口合同的流程。

项目 3 信用证结算方式
Settlement by Letter of Credit

项目导言

在国际贸易的所有环节中,最关键的就是货款的收付。那么,应该采取什么结算方式实现货款的收付呢?常用的三种结算方式为汇付、托收和信用证。其中,以银行信用为基础的信用证结算方式已成为国际贸易货款结算的重要方式。

项目目标

知识目标:
1. 理解信用证的定义、特点、当事人等。
2. 掌握信用证业务程序。
3. 掌握信用证的种类及信用证的内容、开立形式。

技能目标:
1. 能够准确释读信用证条款的规定。
2. 能够翻译与信用证有关的 SWIFT 报文。
3. 能够依据合同完成信用证的缮制。

思政目标:
1. 增强风险防范意识。
2. 培养细致谨慎、敬业专注、灵活机动和善于思考的工匠精神。
3. 培养诚信至上的品格,遵守商业秘密,坚守职业道德底线。
4. 弘扬民族精神,培养爱国情怀。
5. 提高综合分析能力和问题解决能力。

项目关键词

- 信用证　　　　　　　　　Letter of Credit
- 跟单信用证　　　　　　　Documentary Credit
- 跟单信用证统一惯例　　　Uniform Customs and Practice for Documentary Credits

3.1 信用证结算案例

3.1.1 案情描述

某开证行于20××年年初开立了一张不可撤销信用证,该证中有一项条款规定:必须提供全套3/3正本清洁已装船提单。受益人提供的全套单据中包括了一套3/3清洁已装船提单,每一份均经由承运人手签,且分别标明"original""duplicate""triplicate"字样。通知行审核了受益人交来的单据,认定单据完全符合信用证规定,于是给受益人付款,并单寄开证行索偿。

开证行收到单据后认为有一处不符。全套三份正本提单上并没有如《跟单信用证统一惯例(UCP500)》第二十条b款的规定全部标上"original"字样。所以该行拒绝付款并持有单据等候处理。

议付行则认为一套三份提单全是正本单据,均由承运人手签,该正本单据的制作符合《跟单信用证统一惯例(UCP600)》第十七条b款的规定:银行应将任何带有看似出单人的原始签名、标记、印戳或标签的单据视为正本单据,除非单据本身表明其非正本。各份正本提单上的"original""duplicate""triplicate"字样由承运人手签,因此应理解为"original, original""duplicate,original""triplicate, original",即"第一联,正本""第二联,正本""第三联,正本",这一做法已被国际银行界和运输界普遍接受。

开证行坚持认为《跟单信用证统一惯例(UCP500)》第二十条b款非常清楚地规定了单据如何制作、如何签署,除非信用证另有规定,否则单据必须注明为正本。

此案最终是以受益人的胜诉而告终。因为开证行的解释是遵循《跟单信用证统一惯例(UCP500)》第二十条b款"必须注明为正本";而此案例中,信用证中明确记载"THIS CREDIT IS SUBJECT TO LATEST UCP VERSION",2008年《跟单信用证统一惯例(UCP600)》已经实施,是当时的最新版本,应遵循《跟单信用证统一惯例(UCP600)》第十七条b款的规定。

3.1.2 案例分析

由于开证行没有及时学习最新版本的《跟单信用证统一惯例(UCP600)》,导致其在新惯例已经实施的情况下,仍旧沿用旧版本的解释,最终败诉。

3.1.3 案例启示

在处理信用证业务时,应严格遵守《跟单信用证统一惯例(UCP600)》的规定,同时牢记一些公认的习惯做法。

3.1.4 引申问题

（1）信用证的定义、特点是什么？
（2）信用证包括哪些内容？
（3）如何正确解读信用证？

3.2 必备知识

3.2.1 信用证的定义

信用证是一种银行开立的有条件付款的书面文件，是开证行应申请人（通常为进口商）的要求开具给受益人（通常为出口商），保证在一定条件下支付款项的不可撤销的书面承诺。

根据《跟单信用证统一惯例（UCP600）》的定义，信用证是指一项不可撤销的安排，无论其名称或描述如何，该项安排构成开证行对相符交单予以承付的确定承诺。

"不可撤销"的意思包括两个方面：①开证行自开立信用证之时起即不可撤销地承担承付责任，也就是说，开证行开立信用证之后，即受到信用证条款约束；②在信用证有效期内，不经受益人和申请人的同意，开证行不得随意修改信用证条款，更无权私自撤销信用证。

信用证示例

▶ 小提示

信用证既然是银行承诺付款，就说明其属于银行信用，比起商业信用，银行信用更安全、更保险。

3.2.2 信用证的特点

（1）信用证是银行信用，开证行负有第一性的付款责任。

在信用证结算方式下，只要受益人提交的单据完全符合信用证的规定，开证行就必须对其或其指定人付款，而不是等进口商付款后再转交款项。可见，与汇款、托收方式不同，信用证结算方式依靠的是银行信用，是由开证行而不是进口商负第一性的付款责任。

（2）信用证是一项独立的文件。

根据《跟单信用证统一惯例（UCP600）》的规定：信用证与可能作为其开立基础的销售合同或其他合同是相互独立的交易，即使信用证含有对此类合同的援引，银行行为也与该合同无关，且不受其约束。因此银行关于承付、议付或履行信用证项下其他义务的承诺，不受申请人基于其与开证行或与受益人之间的关系而产生的任何请求或抗辩的影响。

虽然信用证以销售合同为基础，但一经开出，就成为独立于销售合同之外的另一种契约，各当事人的责任与权利均以信用证为准。销售合同只能约束进出口双方，而与信用证业务的其他当事人无关。因此，开证行只对信用证负责，只凭完全符合信用证条款的单据付款，而且一旦付款，开证行就丧失了对受益人的追索权。

（3）信用证业务是一种纯粹的单据业务。

在信用证结算方式下，银行付款的依据是"单证一致、单单一致"，而不论货物是否与单证一致。信用证交易把国际货物交易转变成了单据交易。

信用证结算方式以银行信用代替商业信用，解决了进出口商之间缺乏了解和信任的问题；另外，银行在结算过程中一边收单、一边付款，为进出口商的资金融通提供了便利。所有这些都极大地促进了国际贸易的发展，也反映了银行对国际贸易领域的影响在不断加深。

但是，信用证结算方式也有它自身的缺陷：首先是不问商品，只问单据，给欺诈活动制造了可乘之机；其次是手续复杂，耗时较长，费用也较高。尽管如此，信用证结算方式仍然是目前国际贸易中使用最多的结算方式。

 小提示

> 信用证结算方式有利有弊，我们务必在充分利用信用证积极作用的同时，防范欺诈活动。

3.2.3 信用证当事人

1. 开证申请人（Applicant）

开证申请人是指向银行申请开立信用证的人，即进口商或实际买主。

2. 开证行（Opening Bank, Issuing Bank）

开证行是指接受开证申请人的委托开立信用证的银行，它承担保证付款的责任。开证行一般是进口商所在地的银行。

3. 通知行（Advising Bank, Notifying Bank）

通知行是指受开证行的委托将信用证转交出口商的银行。通知行只证明信用证的真实性，并不承担其他义务。通知行通常是出口商所在地的银行。

4. 受益人（Beneficiary）

受益人是指信用证上指定的有权使用该证的人，即出口商或实际供货人。

5. 议付行（Negotiating Bank）

议付行是指愿意买入受益人跟单汇票的银行。议付行可以是指定的银行，也可以是非指定的银行，根据信用证的条款决定。

6. 付款行（Paying Bank）

付款行是指信用证上指定的付款银行。付款行一般是开证行，也可以由开证行指定另一家银行，根据信用证的条款决定。

7. 保兑行（Confirming Bank）

保兑行是指根据开证行的请求在信用证上加以保兑的银行。保兑行在信用证上加具保兑后，即对信用证独立负责，承担必须付款或议付的责任。

8. 偿付行（Reimbursing Bank）

偿付行是指接受开证行在信用证中的委托，代开证行偿还垫款的第三国银行，即开证行指定的对议付行或代付行进行偿付的代理人。

9. 受让人（Second Beneficiary）

受让人又称第二受益人，是指接受受益人转让使用信用证权利的人，大多是出口商。

3.2.4 信用证业务程序

1. 规定信用证结算方式付款

双方在合同中规定使用信用证结算方式付款。

2. 申请开立信用证

进口商（开证申请人）以开证申请书的形式向当地银行（开证行）申请开立信用证，缴纳押金和手续费。

3. 开立并寄交信用证

开证行依据合同开立信用证，寄交信用证给通知行。

4. 通知受益人

通知行核对印鉴后，将信用证转交受益人（出口商）。

5. 审证、备货、装运、制单、议付

出口商审核信用证无误后，按信用证规定安排装运货物，并缮制单据，开出跟单汇票，在信用证有效期内，向议付行议付。

6. 核对单证、议付

议付行审单无误后，出口商即可获得扣除利息与手续费后的货款余额。

7. 议付行向开证行索偿

议付行向开证行寄交跟单汇票，进行索偿。

8. 开证行偿付

开证行审核单据无误后，付款给议付行。

9. 通知进口商付款赎单

开证行向进口商作出付款提示，进口商付款赎单。

10. 开证申请人付款赎取单据。

开证申请人付款赎取单据，提货。

> **小思考**
>
> 请根据信用证业务程序，结合"国际贸易实务"课程所学，绘制信用证业务流程图。

3.2.5 信用证的种类

1. 根据信用证项下的汇票是否附有货运单据分类

（1）跟单信用证（Documentary Credit）。跟单信用证是指开证行凭跟单汇票或仅凭单据付款的信用证。

（2）光票信用证（Clean Credit）。光票信用证是指开证行仅凭不附单据的汇票付款的信用证。

2. 根据开证行所负的责任分类

（1）不可撤销信用证（Irrevocable Letter of Credit）。不可撤销信用证是指开证行一经开出，在有效期内未经受益人或议付行等有关当事人同意，不得随意修改或撤销的信用证。

（2）可撤销信用证（Revocable Letter of Credit）。可撤销信用证是指开证行不必征得受益人或有关当事人的同意，有权随时撤销或修改的信用证。

小提示

现在的信用证都是不可撤销的，因为在贸易中应遵循《跟单信用证统一惯例（UCP600）》的规定。

3. 根据是否有另一家银行加以保兑分类

（1）保兑信用证（Confirmed Letter of Credit）。保兑信用证是指开证行开出的，由另一家银行保证对符合信用证条款规定的单据履行付款义务的信用证。保兑行的付款责任，是以规定的单据到期日或到期日之前向保兑行提交符合信用证的条款为条件的。保兑行通常是通知行，有时也可以是出口地的其他银行或第三国银行，与开证行一样承担第一性的付款责任。

（2）不保兑信用证（Unconfirmed Letter of Credit）。不保兑信用证是指开证行开出的没有经过另一家银行保兑的信用证。

4. 根据付款时间的不同分类

（1）即期信用证（Sight Letter of Credit）。即期信用证是指开证行或付款行收到符合信用证条款的跟单汇票及装运单据后，立即履行付款义务的信用证。

（2）远期信用证（Usance Letter of Credit）。远期信用证是指开证行或付款行收到信用证的单据时，在规定期限内履行付款义务的信用证。远期信用证包括银行承兑远期信用证和延期付款信用证。延期付款信用证不要求出口商开立汇票，所以出口商不能利用贴现市场资金，只能自行垫款或向银行借款。

5. 根据受益人对信用证的权利可否转让分类

（1）可转让信用证（Transferable Letter of Credit）。可转让信用证是指信用证的受益人（第一受益人）可以要求授权付款、承担延期付款责任、承兑或议付的银行（统称转让银行），或当信用证是自由议付时，可以要求信用证中特别授权的转让银行，将信用证全部或部分转让给一个或数个受益人（第二受益人）使用的信用证。

可转让信用证只能转让一次，即只能由第一受益人转让给第二受益人，第二受益人不得要求将信用证转让给其后的第三受益人，但若再转让给第一受益人，不属被禁止转让的范畴。

如果信用证不禁止分批装运，在总和不超过信用证金额的前提下，可分别按若干部分办理转让，该项转让的总和将被认为只构成信用证的一次转让。信用证的转让不等于买卖合同的转让。

（2）不可转让信用证（Non-transferable Letter of Credit）。不可转让信用证是指受益人不能将信用证的权利转让给他人的信用证。凡信用证中未注明"可转让"的，就是不可转让信用证。

6. 循环信用证（Revolving Letter of Credit）

循环信用证是指信用证被全部或部分使用后，其金额又恢复到原金额，可再次使用，直至达到规定的次数或规定的金额。

（1）按时间循环信用证。受益人在一定的时间内可多次支取信用证规定的金额。

（2）按金额循环信用证。在信用证金额议付后，仍恢复到原金额，可再次使用，直至达到规定的总额。恢复到原金额的做法具体有三种。

① 自动式循环。受益人按规定时期装运货物交单议付一定金额后，信用证即自动恢复到原金额，可再次按原金额使用。

② 非自动式循环。受益人按规定时期装运货物交单议付一定金额后，必须等待开证行的通知到达，才能使信用证恢复到原金额，并可再次使用。

③ 半自动式循环。受益人每次装运货物交单议付后，在若干天内开证行未提出终止循环，信用证即自动恢复至原金额，并可再次使用。

7. 对开信用证（Reciprocal Letter of Credit）

对开信用证是指两张信用证的开证申请人互以对方为受益人而开立的信用证。

对开信用证的特点是第一张信用证的受益人（出口商）和开证申请人（进口商）就是第二张信用证的开证申请人和受益人，第一张信用证的通知行通常就是第二张信用证的开证行。

对开信用证多用于易货交易或来料加工和补偿贸易业务。

8. 背对背信用证（Back to Back Letter of Credit）

背对背信用证又称转开信用证，是指受益人要求原证的通知行或其他银行以原证为基础，另开一张内容相似的新信用证。

背对背信用证的开立通常是中间商转售他人货物从中图利，或两国不能直接办理进出口贸易时，通过第三者以此种方法来进行国际贸易。

9. 预支信用证（Anticipatory Letter of Credit）

预支信用证是指开证行授权代付行（通常是通知行）向受益人预付信用证金额的全部或一部分，由开证行保证偿还并负担利息。

10. 付款信用证、承兑信用证与议付信用证

（1）付款信用证（Payment Letter of Credit）。指定某一银行付款的信用证，称为付款信用证。

（2）承兑信用证（Acceptance Letter of Credit）。指定某一银行承兑的信用证，称为承兑信用证。当受益人向指定银行开具远期汇票并提示后，指定银行即行承兑，并于汇票到期日付款。

（3）议付信用证（Negotiation Letter of Credit）。开证行允许受益人向某一指定银行或任何银行交单议付的信用证，称为议付信用证。议付信用证包括公开议付信用证和限制议付信用证。

公开议付信用证又称自由议付信用证，是指开证行对愿意办理议付的任何银行作公开议付邀请和普遍付款承诺的信用证。限制议付信用证是指开证行指定某一银行或开证行本身自己进行议付的信用证。公开议付信用证和限制议付信用证的到期地点都在议付行所在地，这种信用证经议付后如因故不能向开证行索得票款，议付行有权对受益人行使追索权。

11. 备用信用证（Standby Letter of Credit）

备用信用证又称商业票据信用证、担保信用证或履约信用证，是指开证行根据开证申请人的请求对受益人开立的承诺承担某项义务的凭证。

备用信用证属于银行信用，开证行保证在开证申请人不履行其义务时，由开证行付款。备用信用证一般用在投标、还款或履约保证、预付货款和赊销等业务中。

3.2.6 信用证的主要内容、开立形式

微课：信用证的内容

1. 信用证的主要内容

（1）对信用证本身的说明。

信用证的种类：付款/议付/承兑信用证，即期/远期信用证，跟单/光票信用证，可转让/不可转让信用证，保兑/不可保兑信用证，等等。

信用证的号码、开证日期、到期日、到期地点、金额、交单期限等。

（2）信用证当事人。

开证人、开证行、受益人、议付行、转让行等。

（3）对货物的要求。

货物描述、规格、价格、唛头等。

（4）对运输的要求。

装运期、装运港、卸货港、部分装运、转运等。

（5）对单据的要求。

单据的种类、单据份数、单据的内容、缮制单据的具体要求等。

（6）对汇票的要求。

汇票金额、受票人、付款人、付款期限等。

（7）附加条款。

银行费用的承担，仅限某银行议付等。

（8）保证付款的责任文句。

开证行对受益人或汇票的善意持票人保证付款的责任文句。

（9）印鉴或密押。

印鉴一般由印章和签字组成，用在信开本信用证中。密押主要表现为阿拉伯数字或英文字母，用于电开本信用证中。印鉴或密押的作用体现在国际金融往来业务中，在开证行与通知行之间用于证实某份发出的金融函件的真实性。

2. 信用证开立形式

（1）信开本（To Issue by Airmail）（见样单 3-1）信用证。信开本信用证是指开证行采用印就的信函格式的信用证，开证后以空邮寄送通知行。也就是说，开证行先将信用证用纸张打印出来，再邮寄送达通知行。信开本信用证现已很少使用。

样单 3-1　信开本信用证

THE ROYAL BANK OF CANADA

BRITISH COLUMBIA INTERNATIONAL CENTRE
×××WEST GEORGIA STREET, VANCOUVER,B.C. V6E 3P3
CANADA
CONFIRMATION OF TELEX/CABLE PRE-ADVISED　　　DATE: APR 8, ××××
TELEX NO. 4720688 CA　　　　　　　　　　　　　　　PLACE: VANCOUVER

IRREVOCABLE DOCUMENTARY CREDIT	CREDIT NUMBER:××/0501-FTC	ADVISING BANKS REF. NO.
ADVISING BANK: SHANGHAI A J FINACE CORPORATION ××× HANGKONG ROAD SHANGHAI, 200002, CHINA	**APPLICANT:** JAMES BROWN & SONS #304-310 JALAN STREET, TORONTO, CANADA	
BENEFICIARY: HX CO., LTD. 14th FLOOR KINGSTAR MANSION, ×××JINLIN RD., SHANGHAI CHINA	**AMOUNT:** USD 46 980.00 (US DOLLARS FORTY SIX THOUSAND NINE HUNDRED AND EIGHTY ONLY)	
EXPIRY DATE: MAY 15, 1998　　FOR NEGOTIATION IN APPLICANTS COUNTRY		
GENTLEMEN: WE HEREBY OPEN OUR IRREVOCABLE LETTER OF CREDIT IN YOUR FAVOR WHICH IS AVAILABLE BY YOUR DRAFTS AT SIGHT FOR FULL INVOICE VALUE ON US ACCOMPANIED BY THE FOLLOWING DOCUMENTS: + SIGNED COMMERCIAL INVOICE AND 3 COPIES. + PACKING LIST AND 3 COPIES, SHOWING THE INDIVIDUAL WEIGHT AND MEASUREMENT OF EACH ITEM. + ORIGINAL CERTIFICATE OF ORIGIN AND 3 COPIES ISSUED BY THE CHAMBER OF COMMERCE. + FULL SET CLEAN ON BOARD OCEAN BILLS OF LADING SHOWING FREIGHT PREPAID CONSIGNED TO ORDER OF THE ROYAL BANK OF CANADA INDICATING THE ACTUAL DATE OF THE GOODS ON BOARD AND NOTIFY THE APPLICANT WITH FULL ADDRESS AND PHONE NO. 77009×××.		

续表

+ INSURANCE POLICY OR CERTIFICATE FOR 130 PERCENT OF INVOICE VALUE COVERING: INSURANCE CARGO CLAUSES(A) AS PER I.C.C. DATED 1/1/1982. + BENEFICIARY'S CERTIFICATE CERTIFYING THAT EACH COPY OF SHIPPING DOCUMENTS HAS BEEN FAXED TO THE APPLICANT WITHIN 48 HOURS AFTER SHIPMENT. COVERING SHIPMENT PF: 4 ITEMS OF CHINESE CERAMIC DINNERWARE INCLUDING: HX1115 544 SETS, HA2012 800 SETS, HX4405 443 SETS AND HX4510 245 SETS. DETAILS IN ACCORDANCE WITH SALES CONFIRMATION SHHX98027 DATED APR.3,××××. 〖 〗FOB/〖 〗CFR/〖X〗CIF/〖 〗FAS TORONTO CANADA.			
SHIPMENT FROM: SHANGHAI	TO: VANCOUVER	LATEST: APRIL 30, ××××	PARTIAL SHIPMENTS: PROHIBITED	TRANSHIPMENT: PROHIBITED

DRAFTS TO BE PRESENTED FOR NEGOTIATION WITHIN 15 DAYS AFTER SHIPMENT, BUT WITHIN THE VALIDITY OF CREDIT. ALL DOCUMENTS TO BE FORWARDED IN ONE COVER, BY AIRMAIL, UNLESS OTHERWISE STATED UNDER SPECIAL INSTRUCTIONS.
SPECIAL INSTRUCTIONS: ALL BANKING CHARGES OUTSIDE CANADA ARE FOR ACCOUNT OF BENEFICIARY. + ALL GOODS MUST BE SHIPPED IN ONE 20'CY TO CY CONTAINER AND B/L SHOWING THE SAME. + THE VALUE OF FREIGHT PREPAID HAS TO BE SHOWN ON BILLS OF LADING. + DOCUMENTS WHICH FAIL TO COMPLY WITH THE TERMS AND CONDITIONS IN THE LETTER OF CREDIT SUBJECT TO A SPECIAL DISCREPANCY HANDLING FEE OF USD 35.00 TO BE DEDUCTED FROM ANY PROCEEDS.
DRAFT MUST BE MARKED AS BEING DRAWN UNDER THIS CREDIT AND BEAR ITS NUMBER; THE AMOUNTS ARE TO BE ENDORSED ON THE REVERSE HERE OF BY NEG. BANK. WE HEREBY AGREE WITH THE DRAWERS, ENDORSERS AND BONA FIDE HOLDER THAT ALL DRAFTS DRAWN UNDER AND IN COMPLIANCE WITH THE TERMS OF THIS CREDIT SHALL BE DULY HONORED UPON PRESENTATION. THIS CREDIT IS SUBJECT TO THE UNIFORM CUSTOMS AND PRACTICE FOR DOCUMENTARY CREDITS (1993 REVISION) BY THE INTERNATIONAL CHAMBER OF COMMERCE PUBLICATION NO. 500.
DAVID JONE   YOURS VERY TRULY,   JOANNE SUSAN AUTHORIZED SIGNATURE   AUTHORIZED SIGNATURE

（2）电开本（To Issue by Cable, Telex, Swift）信用证。电开本信用证是指开证行使用电报、电传、传真、Swift等各种电信方法将信用证条款传达给通知行。电开本信用证又可分为简电通知、全电本信用证、Swift信用证三种。

①简电通知（Brief Cable Advice）是指银行先发出电文，说明部分信用证条款，并告知受益人全部信用证详细内容会随后送达。业务中使用简电开证只是供出口商备货和租船订舱参考。等开证行送达信用证正本后，出口商方可凭信用证正本出运货物和制单结汇。简电通知又称预先通知（Preliminary Advice）。常见的文句有: Please notify beneficiary that we issue an irrevocable letter of credit No. ××× details to follow 或 Preliminary Advice by wire to you on (date)。

项目3 信用证结算方式 Settlement by Letter of Credit

② 全电本（Full Cable/Telex）信用证（见样单 3-2）

开证行以电信方式开证，把信用证全部条款传达给通知行。全电本信用证本身是一个内容完整的信用证，因此可作为交单承付或议付的依据。有些银行在电文中注明"有效文本"（Operative Instrument），借以明确该全电本性质。未标明"详情后告"或"随寄证实书"等字样的电开本信用证或修改文本，应视为有效电开本信用证或修改文本，即全电本信用证。

样单 3-2　全电本信用证

FROM BANGKOK BANK LTD., KUALA LUMPUR

DOCUMENTARY CREDIT NO.01/12345, DATE：JUNE 12,20××

ADVISING BANK: BANK OF CHINA, JIANGSU BRANCH

APPLICANT: TAI HING LOONG SDN, BHD., P.O.B.666 KUALA LUMPUR

BENEFICIARY: INTERNATIONAL TEXTILES I/E CORP., JIANGSU BRANCH

AMOUNT: HKD 900 000.00 HONG KONG DOLLARS NINE HUNDRED THOUSAND ONLY

EXPIRY DATE: JULY 15, 20×× IN CHINA FOR NEGOTIATION

DEAR SIRS:

WE HEREBY ISSUE THIS DOCUMENTARY CREDIT IN YOUR FAVOR, WHICH IS AVAILABLE BY NEGOTIATION OF YOUR DRAFT（S）IN DUPLICATE AT SIGHT DRAWN ON OURSELVES. BEARING THE CLAUSE: "DRAWN UNDER L/C NO.01/12345 OF BANGKOK BANK LTD., KUALA LUMPUR DATED JUNE 12, 20××" ACCOMPANIED BY THE FOLLOWING DOCUMENTS:

-SIGNED INVOICE IN QUADRUPLICATE.

-FULL SET OF CLEAN ON BOARD OCEAN BILLS OF LADING MADE OUT TO ORDER, ENDORSED IN BLANK, MARKED "FREIGHT PREPAID" AND NOTIFY APPLICANT .

-MARINE INSURANCE POLICY OR CERTIFICATE FOR FULL INVOICE VALUE PLUS 10%.

　WITH CLAIMS PAYABLE IN NANJING IN THE SAME CURRENCY AS THE DRAFT COVERING WPA AND WAR RISKS FROM WAREHOUSE TO WAREHOUSE UP TO KUALA LUMPUR INCLUDING SRCC CLAUSE AS PER PICC 1/1/1981.

- PACKING LIST IN QUADRUPLICATE.

COVERING:

ABOUT 300 000.00 YARDS OF 100% COTTON GREY LAWN. AS PER BUYER'S ORDER NO.TH-108 DATED MAY 4, 20×× TO BE DELIVERED ON TWO EQUAL SHIPMENTS DURING JUNE.

ALL BANKING CHARGES OUTSIDE MALAYSIA ARE FOR THE ACCOUNT OF

BENEFICIARY. SHIPMENT FROM CHINA TO PORT KUALA LUMPUR. PARTIAL SHIPMENTS ARE ALLOWED. TRANSHIPMENT ARE PROHIBITED.

WE HEREBY ENGAGE WITH DRAWERS, ENDORSERS AND BONA FIDE HOLDERS THAT DRAFTS DRAWN AND NEGOTIATED IN CONFORMITY WITH THE TERMS OF THIS CREDIT WILL BE DULY HONORED ON PRESENTATION. SUBJECT TO *UCP600*.

THIS CREDIT IS AN OPERATIVE INSTRUMENT AND NO MAIL CONFIRMATION WILL FOLLOW.

YOURS FAITHFULLY
BANGKOK BANK LTD., KUALA LUMPUR (SIGNED)

③ SWIFT 信用证。SWIFT (Society for Worldwide Interbank Financial Telecommunication),即环球同业银行金融电信协会,成立于1973年,是国际银行同业间的国际合作组织。目前全球大多数国家大多数银行使用 SWIFT 系统。SWIFT 信用证的使用,为银行的结算提供了安全、可靠、快捷、标准化、自动化的通信业务,从而大大提高了银行的结算速度。由于 SWIFT 报文具有标准化的特性,因此目前信用证的格式主要采用 SWIFT 报文。

i. SWIFT 报文

SWIFT 报文共分为以下10类:

第1类:客户汇款与支票(Customer Payments & Checks)。
第2类:金融机构转账(Financial Institution Transfers)。
第3类:资金市场交易(Treasury Markets-FX, MM, Derivatives)。
第4类:托收与现金运送单(Collections & Cash Letters)。
第5类:证券市场(Securities Markets)。
第6类:贵金属(Treasury Market-Precious Metals)。
第7类:跟单信用证和保函(Documentary Credits and Guarantees)。
第8类:旅行支票(Traveler's Checks)。
第9类:现金管理与客户状态(Cash Management & Customer Status)。
第10类:SWIFT 系统电报(Cable Among SWIFT System)。

除上述10类报文外,SWIFT 报文还有一个特殊类,即第 N 类——公共报文组(Common Group Messages)。

ii. SWIFT 银行识别代码

每家申请加入 SWIFT 协会的银行都必须事先按照 SWIFT 协会的统一原则,制定出本行的 SWIFT 地址代码,经 SWIFT 协会批准后正式生效。银行识别代码(Bank Identifier Code, BIC)是由电脑可以自动判读的8位或11位英文字母或阿拉伯数字组成,用于在 SWIFT 报文中明确区分金融交易中相关的不同金融机构。11位的 BIC 可以拆分为银行代码、国家代码、地区代码和分行代码 4 个部分。以中国银行上海分行为例，其银行识别代码为 BKCHCNBJ300，其含义为：BKCH（银行代码）、CN（国家代码）、BJ（地区代码）、300（分行代码）。

SWIFT 银行识别代码由以下几部分构成。

a. 银行代码（Bank Code）：由 4 位英文字母组成，每家银行只有一个银行代码，并由其自定，通常是该行的行名字头缩写，适用于其所有的分支机构。

b. 国家代码（Country Code）：由两位英文字母组成，用来区分用户所在的国家和地理区域。

c. 地区代码（Location Code）：由 0、1 以外的两位阿拉伯数字或两位英文字母组成，用来区分位于所在国家的地理位置，如时区、省、州、城市等。

d. 分行代码（Branch Code）：由 3 位英文字母或阿拉伯数字组成，用来区分一个国家的银行的某一分行、组织或部门。如果银行的 BIC 只有 8 位而无分行代码，其初始值定为"×××"。

iii. 与信用证有关的部分 SWIFT 报文

a. MT700/701：跟单信用证的开立（Issue of a Documentary Credit）。
b. MT705：跟单信用证的预先通知（Pre-Advice of a Documentary Credit）。
c. MT707：跟单信用证的修改（Amendment of Documentary Credit）。
d. MT710/711：通知由第三方银行开立的跟单信用证（Advice of Third Banks Documentary Credit）。
e. MT720/721：跟单信用证的转让（Transfer of Documentary Credit）。

iv. MT700 格式的 SWIFT 信用证中常见项目

SWIFT 由项目（FIELD）组成，可以用两位阿拉伯数字表示，也可以用两位阿拉伯数字加上英文字母来表示。不同的代号，表示不同的含义。项目还规定了一定的格式，各种 SWIFT 报文都必须按照这种格式表示。如表 3-1 所示，在 SWIFT 报文中，一些项目是必选项目（MANDATORY FIELD），必选项目是必须具备的；还有一些项目是可选项目（OPTIONAL FIELD），可选项目是另外增加的项目，并不是每个信用证都有。

表3-1　MT700格式的SWIFT信用证中常见项目的表示方式

代号	项目名称	解释说明	必选/可选	备注
20	DOCUMENTARY CREDIT NUMBER	信用证号码	必选	
23	REFERENCE TO PRE-ADVICE	预先通知号码	可选	如果信用证是采取预先通知的方式，该项目内应该填入"PREADV/"，再加上预先通知的编号或日期
27	SEQUENCE OF TOTAL	电文总页及分页次	必选	

续表

代号	项目名称	解释说明	必选/可选	备注
31C	DATE OF ISSUE	开证日期	可选	如果这项没有填,则开证日期为电文的发送日期
31D	DATE AND PLACE OF EXPIRY	信用证有效期和有效地点	必选	该日期为最后交单的日期
32B	CURRENCY CODE, AMOUNT	信用证结算的货币和金额	必选	
39A	PERCENTAGE CREDIT AMOUNT TOLERANCE	信用证金额上下浮动允许的最大范围	可选	数值表示百分比的数值,如 5/5,表示上下浮动最大为 5%
39B	MAXIMUM CREDIT AMOUNT	信用证最大限制金额	可选	不能与 39A 同时出现
39C	ADDITIONAL AMOUNTS COVERED	额外金额	可选	表示信用证所涉及的保险费、利息、运费等金额
40A	FORM OF DOCUMENTARY CREDIT	跟单信用证形式	必选	不可撤销跟单信用证、可撤销跟单信用证、不可撤销可转让跟单信用证、可撤销可转让跟单信用证、不可撤销备用信用证、可撤销备用信用证
40E	APPLICABLE RULES	信用证遵循的使用规则	必选	《UCP500》《UCP600》等
41A	AVAILABLE WITH...BY...	指定的有关银行及信用证兑付的方式	必选	(1)指定银行付款、承兑、议付。(2)兑付的方式有 5 种:BY PAYMENT(即期付款);BY ACCEPTANCE(远期承兑);BY NEGOTIATION(议付);BY DEF PAYMENT(迟期付款);BY MIXED PAYMENT(混合付款)。(3)如果是自由议付信用证,对该信用证的议付地点不做限制,该项目代号为 41D,内容为 ANY BANK IN…
42A	DRAWEE	汇票付款人	可选	必须与 42C 同时出现
42C	DRAFTS AT...	汇票付款日期	可选	必须与 42A 同时出现
42M	MIXED PAYMENT DETAILS	混合付款条款	可选	
42P	DEFERRED PAYMENT DETAILS	迟期付款条款	可选	
43P	PARTIAL SHIPMENTS	分装条款	可选	表示该信用证的货物是否可以分批装运
43T	TRANSHIPMENT	转运条款	可选	表示该信用证的货物是直接到达的,还是通过转运到达的
44A	LOADING ON BOARD/DISPATCH/ TAKING IN CHARGE AT/FROM	装船、发运和接收监管的地点	可选	
44B	FOR TRANSPORTATION TO…	货物发运的最终地	可选	
44C	LATEST DATE OF SHIPMENT	最迟装船期	可选	装船的最迟日期
44D	SHIPMENT PERIOD	船期	可选	44C 与 44D 不能同时出现
45A	DESCRIPTION OF GOODS AND/ OR SERVICES	货物描述	可选	货物的情况、价格条款

续表

代号	项目名称	解释说明	必选/可选	备注
46A	DOCUMENTS REQUIRED	单据要求	可选	
47A	ADDITIONAL CONDITIONS	附加条款	可选	
48	PERIOD FOR PRESENTATION	交单期限	可选	表明开立运输单据后多少天内交单
49	CONFIRMATION INSTRUCTIONS	保兑指示	必选	其中，CONFIRM 表示要求保兑行保兑该信用证；MAY ADD 表示收报行可以对该信用证加具保兑；WITHOUT 表示不要求收报行保兑该信用证
50	APPLICANT	信用证开证申请人	必选	
51A	APPLICANT BANK	信用证开证的银行	可选	
53A	REIMBURSEMENT BANK	偿付行	可选	
57A	ADVISE THROUGH BANK	通知行	可选	
59	BENEFICIARY	信用证的受益人	必选	
71B	CHARGES	费用情况	可选	表明费用是否由受益人（出口商）负责。如果没有这一条，则表示除了议付费、转让费以外，其他各种费用由开出信用证的申请人（进口商）负责
72	SENDER TO RECEIVER INFORMATION	附言	可选	
78	INSTRUCTION TO THE PAYING/ACCEPTING/NEGOTIATING BANK	给付款行、承兑行、议付行的指示	可选	

v. SWIFT 信用证实例（含中文说明）（见样单 3-3）

样单 3-3　SWIFT 信用证

27: SEQUENCE OF TOTAL
1/1
40A: FORM OF DOCUMENTARY CREDIT（Y/N/T）
IRREVOCABLE（不可撤销信用证）
20: DOCUMENTARY CREDIT NO.
0190805
31C: DATE OF ISSUE（开证日期）
070918
40E:
UCP LATEST VERSION（依照 UCP 最新版本）
31D: DATE AND PLACE OF EXPIRY（到期日和到期地点）
071220 CHINA

51D: APPLICANT BANK（开证行）
THE HOUSING BANK
INT'L TRADE OPERATION
P.O.BOX JORDAN.
50: APPLICANT（申请人）
M/S:GD IMP. AND EXP. GROUP
P.O.BOX AMMAN 11118 JORDAN
TEL:00962-62×××
59: BENEFICIARY（受益人）
COG GROUP CO., LTD
ADD: NO.×××HUBIN SOUTH RD XIAMEN CITY
CHINA TEL: 0086-592-22222
32B: CURRENCY CODE, AMOUNT（信用证金额）
USD 35 985.00
39A: PERCENTAGE CREDIT AMOUNT TOLERANCE
05/05（金额允许5%上下浮动）
41A: AVAILABLE WITH/BY
SCBLCNSXXXX（SCBLCNS是渣打银行的代码）
BY PAYMENT（即期）
43P: PARTIAL SHIPMENTS
ALLOWED（允许分批装运）
43T: TRANSHIPMENT
ALLOWED（允许转船）
44E: TIANJIN/CHINA（装运港）
44F: PORT OF DISCHARGE
AQABA PORT
44C: LATEST DATE OF SHIPMENT（最迟装船期）
071130
45A: DESCRIPTION OF GOODS AND/OR SERVICES（货物描述）
2300 SQM OF GRANITE PRODUCT（MONGOLLAN BLACK-DEGREE OF POLISHED MORE 90 0/0）AT TOTAL AMOUNT USD 35 985.00 ALL OTHER DETAILS AS INVOICE NO.XM2007082701, DATED 25/3/2007
FOB: TIANJIN/CHINA
46A: DOCUMENTS REQUIRED
1-SIGNED BENEFICIARY'S COMMERCIAL INVOICES IN ONE ORIGINAL AND 3 COPIES, CERTIFIED BY CCPIT
AND BEARING THIS CLAUSE: "WE CERTIFY THAT INVOICES ARE IN ALL RESPECTS CORRECT AND TRUE BOTH WITH REGARD TO THE PRICE

AND DESCRIPTION OF GOODS REFERRED TO THEREIN AND AS INVOICE NO.XM2007082701 DATED 25/3/2007".
INDICATED IN THIS CREDIT AND THAT THE COUNTRY OF ORIGIN OR MANUFACTURER OF THE GOODS IS CHINA.
（签名的受益人发票正本和三份副本由中国国际贸易促进委员会盖章，并且带有这句条款："WE CERTIFY THAT INVOICES ARE IN ALL RESPECTS…THE GOODS IS CHINA"。）

2-CERTIFICATE OF ORIGIN IN ONE ORIGINAL AND 3 COPIES ISSUED OR CERTIFIED BY CCPIT TO THE EFFECT THAT THE GOODS UNDER EXPORT ARE OF CHINESE ORIGIN AND THAT SAID CERTIFICATE SHOULD SHOW THE NAME OF FACTORY OR PRODUCER OF SUCH GOODS.
（产地证一正三副由中国国际贸易促进委员会盖章，用以表明出口的该货物为中国原产，并且显示这批货物的制造商或工厂。）

3-FULL SET OF CLEAN（ON BOARD）MARINE BILLS OF LADING IN 3/3 ORIGINALS ISSUED BY SHIPPING CO'S IT'S LETTER NEAD FORMAT ISSUED TO THE ORDER OF THE HOUSING BANK SHOWING FREIGHT PAYABLE AT DESTINATION AND NOTIFY M/S:BEE IMPORT AND EXPORT GROUP AND INDICATING NAME AND ADDRESS OF THE SHIPPING COMPANY'S AGENT IN JORDAN.
[全套（三正）已装船提单由船公司出具，收货人显示"TO THE ORDER OF THE HOUSING BANK FOR TRADE AND FINANCE"，提单上显示"运费到付（即 FREIGHT PAYABLE AT DESTINATION）"，通知人为 BEE IMPORT AND EXPORT GROUP，并且注明船公司在约旦的代理的名称、地址。]

4-PACKING LIST IN 3 COPIES.（三份装箱单。）

5-CERTIFICATE OF WEIGHT IN 3 COPIES.（三份重量单。）

6-CERTIFICATE ISSUED BY THE BENEFICIARIES INDICATING THAT THE GOODS ARE BRAND NEW AND IN CONFORMITY WITH THE CREDIT.（受益人证明。）

7-CERTIFICATE ISSUED BY THE MASTER OR THE CARRIER OWNER OR THE AGENTS CERTIFYING THAT THE CARRYING VESSEL INDICATED IN THE B/L IS CLASSIFIED AND NOT OVERAGE.

8-CERTIFICATE ISSUED, SIGNED AND STAMPED BY THE OWNERS, CARRIERS, MASTER, CHARTERERS OR AGENTS OF THE VESSEL CERTIFYING THAT THE CARRYING VESSEL IS SUBJECT TO INTERNATIONAL SAFETY MANAGEMENT CODE（ISM）CARRIES VALID .
SAFETY MANAGEMENT CERTIFICATE（SMC）AND DOCUMENT OF COMPLIANCE（DOC）FOR THE PURPOSE OF PRESENTING THEM TO THE PORT AUTHORITIES.（船证明。）

47A: ADDITIONAL CONDITIONS

1-ALL DOCUMENTS SHOULD BE DATED AND INDICATE THIS L/C NUMBER AND THE HOUSING BANK FOR TRADE AND FINANCE NAME AND ISSUANCE DATE.(所有的文件要显示信用证号、开证日期及开证行。)

2-NEGOTIATION OF DOCUMENTS UNDER RESERVE/GUARANTEE IS NOT ACCEPTABLE.

3-ALL DOCUMENTS SHOULD BE ISSUED IN ENGLISH LANGUAGE.

4-SHIPMENT OF REQUIRED GOODS ON DECK ACCEPTABLE.(货装甲板提单可接受。)

5-THIRD PARTY DOCUMENTS ARE NOT ACCEPTABLE.(第三方单据不接受。)

6-B/L MUST SHOW THE CONTAINER(S) SEAL(S) NUMBER(S) ALWAYS WHENEVER SHIPMENT EFFECTED BY CONTAINER(S).(只要运输是用集装箱装运的,提单必须显示柜号、唛头。)

7-FREIGHT FORWARDER TRANSPORT DOCUMENT IS ACCEPTABLE.(货运代理提单可以接受。)

8-SHORT FORM B/L IS NOT ACCEPTABLE.(不接受简式提单。)

9-A FLAT FEES FOR USD 50.00-OR EQUIVALENT WILL BE DEDUCTED FROM EACH SET OF DISCREPANT DOCUMENTS AS DISCREPANCY FEES.(如果出现不符点,整套交单资料将扣除50美元)

10-L/C AMOUNT TO READ: +/- 5% USD THIRTY FIVE THOUSAND NINE HUNDRED EIGHTY FIVE L/C.

11-ALL DOCUMENTS SHOULD BE ISSUED IN THE NAME OF M/S BEE IMPORT AND EXPORT GROUP EXCEPT B/L TO BE ISSUED TO THE ORDER OF THE HOUSING BANK AND NOTIFY M/S BEE IMPORT AND EXPORT GROUP.(所有的文件必须以"M/S BEE IMPORT AND EXPORT GROUP"为收货人,除了提单是收货人"TO THE ORDER",通知人为"BEE"。)

12-5 % MORE OR LESS IN QUANTITY AND AMOUNT IS ACCEPTABLE.(数量正负5%可接受。)

13-DOCUMENTS RECEIVED BY US AFTER 12 OCLOCK WILL BE STAMP RECEIVED ON THE SECOND DAY DATE.(12点以后收到的交单视为第二天收到。)

14-EXCLUDE ARTICLE 14 I,J AND K SO ALL DOCUMENTS MUST BE DATED WITHIN L/C VALIDITY AND SHOW THE ADDRESS AND CONTACT DETAILS FOR BOTH APPLICANT AND BENEFICIARY AS STATED IN THE L/C SHIPPER OR CONSIGNOR OF THE GOODS INDICATE ON ANY DOX MUST BE THE BENEFICIARY OF THE CREDIT.(排除《跟单信用证统一惯例(UCP600)》的第十四条的I、J和K,所有的单据日期必须在L/C的有效期内,信用证中的申请人和受益人的地址和联络细节必须显示。单据中的发货人必须为受益人。)

15-IF THE ISSUING BANK DETERMINE THAT THE PRESENTED DOCUMENTS IS A DISCREPANT DOCUMENT. THE DISCREPANT DOCUMENTS WILL BE HELD UNDER THE PRESENTING BANK DISPOSAL UNTIL RECEIVES A WAIVER OF

THE DISCREPANCIES FROM THE APPLICANT BY AGREES TO ACCEPT THE DISCREPANT DOCUMENTS AND THE ISSUING BANK HOLD HIS RIGHTS TO DELIVER THE DOCUMENTS TO THE APPLICANT IF ACCEPTED PRIOR TO YOUR INSTRUCTIONS.（如果议付行认定提交的单据为不符点单据，此不符点单据将由议付行持有处理，直到申请人自动放弃不符点，接受不符点单据，此时议付行有权在接到你行的指示之前将单据交给申请人。）

16-ALL REQUIRED STAMPS MUST BE IN ENGLISH AND BEARS SIGNED MANUALY.（所有需要的签章必须为英文且有手签。）

17-EXCLUDE ARTICLE 18a AND b.（商业发票必须签名，参看《跟单信用证统一惯例（UCP600）》第十八条 a 款和 b 款。）

18-EXCLUDE ARTICLE 26 b.（载有诸如"托运人装载和计数"或"内容据托运人报称"条款的运输单据，参看《跟单信用证统一惯例第二十六条 b 款规定》。大多数提单上都会显示："SHIPPER'S LOAD AND COUNT""SAID TO CONTAIN"。）

71B: CHARGES

ALL BANKS CHARGES OUTSIDE JORDAN INCLUDING REIMB. AND PMT. TRANSFER CHARGES ARE ON BENEFICIARY'S A/C.（约旦以外的银行费用由受益人承担。）

49:CONFIRMATION INSTRUCTIONS

CONFIRM（加保兑）

53A: REIMBURSMENT BANK

CHASUS33XXX

78: INSTRUCTION TO THE5

PAY/ACCEP/NEG（对银行指示）

A-PLS FORWARD TO THE HOUSING BANK.

AMMAN-JORDAN THE ORIGINAL SET OF DOCUMENTS.

BY SPECIAL AIR COURIER AND THE DUPLICATE BY AIRMAIL IN STRICT CONFORMITY WITH L/C TERMS.（请将全套正本单据通过航空寄给"THE HOUSING BANK"，副本另外寄单。）

B-IN REIMBURSMENT TO DOCUMENTS NEGOTIATED IN FULL COMPLIANCE WITH L/C TERMS YOU ARE AUTHORIZED TO DRAW ON OUR USD A/C WITH JP MORGAN CHASE BANK,N.Y-USA AFTER FIVE WORKING DAYS FROM YOUR AUTH. SWIFT MSG. ADVICE TO US.

（议付单据完全符合 L/C 条款的偿付，收到你行 SWIFT 报文的五个工作日内你行将被授权从我行的美元账户中支取款项。）

57D:ADVISE THROUGH BANK

STANDARD CHARTERED BANK XIAMEN BR.

SWIFT CODE:SCBLCNSXIMN

A/C NO. USD 222222

3.3 实操指导

3.3.1 任务及要求

英国巴克莱银行（BARCLAYS COMMERCIAL BANK）在 ABC IMPORT COMPANY, THE UNITED KINGDOM 的申请下，根据编号为 20××UK13BY073 的合同开立了一份信用证，信用证编号为 23455。公司要求小陈根据信用证相关知识，以及《跟单信用证统一惯例（UCP600）》，翻译该信用证的内容，以明确其要求。

 小提示

其实，这份信用证有的部分与合同不符，细心的你发现了吗？接下来项目 4 会解答你的疑问。

3.3.2 任务执行与完成

小陈根据所学专业知识及《跟单信用证统一惯例（UCP600）》，翻译的信用证内容如样单 3-4 所示。

样单 3-4 信用证

SEQUENCE OF TOTAL	27：	1/1
FORM OF DOC. CREDIT	40A：	IRREVOCABLE
DOC. OF CREDIT NUMBER	20：	23455
DATE OF ISSUE	31C：	××0725
DATE/PLACE OF EXPIRY	31D：	××0915 PLACE:LONDON
APPLICANT	50：	ABC IMPORT COMPANY, THE UNITED KINGDOM
ISSUING BANK	52A：	BARCLAYS COMMERCIAL BANK, LEVEL 11, 1 CHURCHILL PLACE, LONDON 14 5HP, UNITED KINGDOM
BENEFICIARY	59：	TANGSHAN BY OSSEOUS CERAMIC CO.,LTD. NO.××× TANGMA ROAD,KAIPING DISTRICT, TANGSHAN CITY, HEBEI PROVINCE,CHINA
AMOUNT	32B：	CURRENCY USD AMOUNT 67 500.00

AVAILBLE WITH/BY	41D :	ANY BANK IN CHINA BY NEGOTIATION
DRAFTS AT...	42C :	AT SIGHT
DRAWEE	42D :	BARCLAYS COMMERCIAL BANK,
PARTIAL SHIPMENTS	43P :	ALLOWED
TRANSHIPMENT	43T :	ALLOWED
LOADING ON BOARD	44A :	CHINA MAIN PORT ,CHINA
FOR TRANSPORT TO...	44B :	LONDON
LATEST SHIPMENT	44C :	××0831
GOODS DESCRIPTION	45A :	84 PCS LOTUS SHAPE BONE CHINA DINNER SET
DOCUMENTS REQUIRED	46A :	+SIGNED COMMERCIAL INVOICE IN TRIPLICATE INDICATE L/C NO. AND S/C NO. +SIGNED PACKING LIST IN TRIPLICATE INDICATE L/C NO. AND S/C NO. +CERTIFICATE OF ORIGIN. +FULL SET OF 3/3 CLEAN ON BOARD OCEAN BILLS OF LOANING MADE OUT TO ORDER MARKED "FREIGHT PREPAID" AND NOTIFY APPLICANT. +INSURANCE POLICY FOR 120% INVOICE VALUE AGAINST FPA AS PER OCEAN MARINE CARGO CLAUSE OF THE PEOPLES INSURANCE COMPANY OF CHINA DATED 1/1/1981. +BENEFICIARYS CERTIFICATE CERTIFYING THAT ONE SET OF NON-NEGOTIABLE SHIPPING DOCUMENTS INCLUDING CERTIFICATE OF ORIGIN OF COPY HAS BEEN SENT DIRECTLY TO THE APPLICANT AFTER THE SHIPMENT.
ADDITIONAL CONDITION	47A :	+ALL DRAFT DRAWN HEREUNDER MUST BE MARKED "DRAWN UNDER BARCLAYS COMMERCIAL BANK, CREDIT NO. 23455, DATED ××0725". +T/T REIMBURSEMENT IS NOT ACCEPTABLE.
CHARGES	71B :	ALL BANKING CHARGES OUTSIDE LONDON ARE FOR BENEFICIARYS ACCOUNT.
PERIOD OF PRESENTATION	48 :	DOCUMENTS MUST BE PRESENTED WITHIN 15 DAYS AFTER THE DATE OF ISSUANCE

		OF THE SHIPPING DOCUMENT BUT WITHIN THE VALIDITY OF THE CREDIT.
CONFIRMATION	49：	WITHOUT
INSTRUCTION	78：	NEGOTIATING BANK THE AMOUNT AND DATE OF NEGOTIATION OF EACH DRAFT MUST BE ENDORSED ON THE REVERSE OF THIS CREDIT ALL DOCUMENTS INCLUDING BENIFICIARYS DARFTS MUST BE SENT BY COURIER SERVICE DIRECTLY TO US IN ONE LOT. UPON OUR RECEIPT OF THE DARFTS AND DOCUMENTS WE SHALL MARK PAYMENT AS INSTRUCTED BY YOU.

小陈经过分析编号为 23455 的信用证，了解到此信用证由英国巴克莱银行在 20×× 年 7 月 25 日开立。信用证金额为 USD 67 500.00，是不可撤销的自由议付信用证。信用证为即期的，开证行即为付款行。信用证中对装运的规定也与合同相符，允许分批装运与转运，目的港为伦敦港。信用证要求提交的单据有发票、装箱单、一般原产地证书、海运提单、保险单及受益人证明书。关于银行费用受益人承担的是开证行之外的费用。交单期限为装运日后 15 天。

> **小提示**
>
> 因为不同的信用证内容大同小异，所以只要学透一个信用证，其他的信用证也就能轻松掌握。

项目小结

本项目重点介绍信用证业务的基本知识，其中，与信用证有关的 SWIFT 报文是重点内容。学生可通过分析信用证条款以及练习缮制信用证提高技能，信用证内容复杂，学生在学习过程中需细致谨慎并勤于思考；同时，树立诚信至上的理念，保守商业秘密，坚守职业道德底线。整个项目融"知识传授、能力培养、价值塑造"为一体，实现了教学目标与育人目标的有机结合。

3.4 技能训练

1. 简答题

（1）什么是信用证？信用证有哪些特点？

（2）信用证有哪些当事人？

（3）信用证的种类有哪些？

2. 翻译题

翻译下列信用证条款。

（1）This L/C is available with beneficiary's draft at 30 days after sight drawn on us accompanied by the following documents。

（2）Signed commercial invoice in triplicate.

（3）Full set of clean on board ocean marine bill of lading made out to order and blank endorsed marked "freight prepaid" and notify applicant.

（4）Commercial Invoice in three originals two copies（certifying that the goods are of China origin）.

（5）This L/C is subject to *Uniform Customs and Practice for Documentary Credits*（international chamber of commerce publication No.600）.

3. 填空题

根据下述合同填制信用证相关项目。

SALES CONFIRMATION

S/C No. : <u>DAX030098</u>

DATE：APR.3,20××

The Seller: DALIAN ××× TRADING CO., LTD

Address: RED VILLA LIAOHE EAST ROAD, DALIAN DVLP ZONE, DALIAN, CHINA

The Buyer: DAIWAN ××× CO., LTD

Address:NO. ××× SEOCHO-DONG SEOCHO-GU, SEOUL, KOREA

Art. No.	Commodity	Unit	Quantity	Unit Price/USD	Amount/USD
	CHINESE CREAMIC DINNERWARE			CIF BUSAN	
HX1115	35 PCS DINNERWARE & TEA SET	SET	542	23.50	12 737.00
HX2012	20 PCS DINNERWARE SET	SET	800	20.40	16 320.00
HX4405	47 PCS DINNERWARE SET	SET	443	23.20	10 277.60
HX4510	95 PCS DINNERWARE SET	SET	254	30.10	7 654.40
					46 989.00

TOTAL CONTRACT VALUE: SAY US DOLLARS FORTY-SIX THOUSAND NINE HUNDRED AND EIGHTY-NINE ONLY.

PACKING: HX2012 IN CARTONS OF 2 SET EACH AND HX1115,HX4405 AND HX4510 TO BE PACKED IN CARTONS OF 1 SET EACH ONLY.

PORT OF LOADING & DESTINATION: FROM DALIAN TO BUSAN.

TIME OF SHIPMENT: TO BE EFFECTED BEFORE THE END OF MAY 20××

AND PARTITAL SHIPMENT AND TRANSHIPMENT NOT ALLOWED.

TERMS OF PAYMENT: THE BUYER SHALL OPEN THROUGH A BANK ACCEPTABLE TO THE SELLER AN IRREVOCABLE L/C AT SIGHT TO REACH THE SELLER BEFORE APRIL 10, 20×× VALID FOR NEGOTIATION IN CHINA UNTIL THE 15TH DAY AFTER DATE OF SHIPMENT.

INSURANCE: THE SELLER SHALL COVER INSURANCE AGAINST WPA PLUS BREAKAGE & WAR RISKS FOR 110% OF THE TOTAL INVOICE VALUE AS PER THE RELEVANT OCEAN MARINE CARGO OF PICC DATED 1/1/1981.

CONFIRMED BY:

DALIAN ××× TRADING CO., LTD.   DAIWAN ××× CO., LTD.

LETTER OF CREDIT

INDUSTRIAL BANK OF KOREA (HEAD OFFICE SEOUL) SEOUL 50, ULCHIRO 2-GA, CHUNG-GU SEOUL, KOREA, CONFIRMATION OF TELEX/CABLE PRE-ADVISED   DATE:

TELEX NO. ×××××   PLACE: BUSAN

FORM OF DOC. CREDIT:

DATE OF ISSUE:

EXPIRY :

APPLICANT :

BENEFICIARY :

AMOUNT :

AVAILABLE WITH/BY :

DRAFTS AT :

DRAWEE:

PARTIAL SHIPMENT:

TRANSHIPMENT:

LOADING IN CHARGE:

FOR TRANSPORT TO:

LATEST DATE OF SHIP:

DESCRIPTION OF GOODS:

DOCUMENT REQUIRED:

项目 4　信用证审核与修改

Examination and Amendment of Letter of Credit

项目导言

在以信用证为结算方式时,工作人员的疏忽、贸易习惯的不同、市场行情的变化以及进口商的主动权滥用等,均会造成开立的信用证条款与合同规定不符。为保障收汇安全和合同顺利执行,防止对外贸易在经济上和政治上对我方造成不应有的损失,我们应该在国家政策的指导下,依据合同仔细核对与审查不同国家、不同地区以及不同银行的信用证,必要时还需修改信用证。

项目目标

知识目标:
1. 熟悉合同及《跟单信用证统一惯例(UCP600)》等审核信用证的依据。
2. 了解信用证审核的内容。
3. 了解信用证修改的原则及注意事项。
4. 掌握信用证修改函的语句。

技能目标:
1. 能够独立审核信用证条款,找出信用证不符点。
2. 能够熟练书写信用证修改函。

思政目标:
1. 培养敬业履责、严谨务实的工作作风。
2. 培养契约精神、工匠精神。
3. 增强风险防范意识,防范并远离信用证诈骗。

项目关键词

- 信用证审核　　　Examination of Letter of Credit
- 信用证修改　　　Amendment to Letter of Credit
- 信用证不符点　　Letter of Credit Discrepancy

4.1 "软条款"信用证案例

4.1.1 案情描述

东南亚某国银行给我国Z行开立一份不可撤销自由议付信用证,在 DOCUMENTS REQUIEMENT 中关于提单的 NOTIFY PARTY 有如下条款:NOTIFY PARTY WILL BE ADVISED LATER BY MEANS OF L/C AMENDMENT THROUGH OPENING BANK UPON INSTRUCTIONS FROM THE APPLICANT(通知人稍后将根据申请人的指示通过开证行以信用证修改的方式通知)。但是在执行过程中,无论通知行如何催促,开证行迟迟不回复信用证修改指定提单的通知人。为避免信用证过期,受益人只好在信用证修改之前交单,并将提单的 NOTIFY PARTY 写成 APPLICANT 的全称。

开证行在收到单据后以"NOTIFY PARTY ON THE BILL OF LADING SHOWN AS APPLICANT WHEREAS L/C AMENDMENT HAD NOT BEEN EFFECTED(信用证修改尚未发出,提单便显示了通知人)"为由拒付。Z行多次反驳,但开证行始终坚持不符点成立。

最后开证行来电称申请人要求降价10%才肯赎单,出口商迫于各方压力不得不接受要求,以损失4万美元为代价了结此事。

4.1.2 案例分析

本案例的关注点是信用证上关于通知人的"软条款"。

信用证中的"软条款"是指开证申请人掌握主动权,而受益人无法控制的条款;或者意思含糊不清、模棱两可的条款。这种难以满足的"软条款"往往会给受益人安全收汇造成相当大的困难和损失。在本案例中,Z行作为通知行曾就此证中的"软条款"征询过受益人的意见,但因发货期临近,受益人称进口商接受不符点而坚持交单议付。但出单后进口商却以退货为由进行压价。

4.1.3 案例启示

(1)对于信用证中的"软条款",不能做到的应坚持修改,否则不要急于出货。
(2)客户之间口头的商业信用是不足为凭的,只有严格按照信用证的要求交单才是按时收汇的最佳保障。

4.1.4 引申问题

(1) 信用证审核究竟怎么审,审哪些方面,由谁来审?
(2) 信用证中的"软条款"是什么,有什么不利影响?
(3) 如何对信用证不合理、不符的条款进行修改?

4.2 必备知识

4.2.1 信用证审核

通知行收到国外开证行的信用证后,制作信用证通知书,并向受益人通知信用证内容。接下来是审证环节,在实际业务中,银行和进出口公司共同承担审证任务。

建设银行信用证通知书

1. 银行审证的重点内容

银行应着重审核开证行的政治背景、资信能力、付款责任和索汇路线等方面的内容。

(1) 政治背景的审核。

来证国家(地区)必须是与我国有贸易往来的国家(地区),银行应拒绝接受与我国无贸易往来的国家(地区)的信用证。信用证各项内容应符合我国方针政策,不得有歧视性内容,否则应根据不同情况与开证行交涉。

(2) 开证行资信的审核。

信用证安全风险提醒示例

为了保证安全收汇,必须对开证行所在国家(地区)的政治经济状况、开证行的资信、经营作风等进行审查,对于资信不佳的银行,应酌情采取适当措施。

(3) 信用证的性质与开证行付款责任的审核。

信用证应标"不可撤销"的字样,同时信用证内要载有开证行保证付款的文句。有些国家(地区)的信用证在证内对开证行付款责任方面加列"限制性"条款或"保留"条件的条款,受益人对此必须特别注意。如信用证注明"领到进口许可证后通知时方能生效",电报信用证应注明"另函详"等类似文句。信用证在接到上述生效通知书或详细条款后方能生效。

2. 企业审证的内容

对于银行审证的重点内容,企业只作复核性审查,除此之外,企业更应注重下述内容的审核。

(1) 信用证金额与货币的审核。

信用证金额应与合同金额一致。如合同订有溢短装条款,信用证金额应包括溢短装部分的金额。信用证金额中单价与总值要填写正确,大、小写并用。信用证所采用的货币应与合同规定一致。如来自与我国订有支付协定的国家（地区），使用货币应与支付协定规定相符。

（2）商品的品质、规格、数量、包装等条款的审核。

信用证中商品的品质、规格、数量、包装等条款必须与合同规定相符，特别要注意的是有无特殊条款，对此应结合合同内容认真研究，并作出能否接受或是否修改的决定。

（3）信用证规定的装运期、有效期和到期地点的审核。

装运期必须与合同规定一致，如果国外来证晚，无法按期装运，应及时电请国外买方延长装运期。信用证有效期一般应与装运期有一定的合理间隔，以便在装运货物后有足够时间办理制单结汇。关于信用证的到期地点，通常要求在中国境内，如果信用证将到期地点规定在国外或国外银行的柜台等，我们不易掌握国外银行收到单据的确切日期，这不仅影响收汇时间，而且容易引起纠纷，故一般不宜接受。

（4）单据的审核。

对于信用证中要求的单据种类、份数及缮制方法等，要仔细审核，如果发现有不正常的规定，例如要求商业发票或原产地证书须由国外第三者签证以及提单上的目的港后面加上指定码头等字样，都应慎重对待。

（5）其他特殊条款的审核。

在审证时，除对上述内容进行仔细审核外，还应对其他特殊条款尤其是"软条款"进行审核。有时信用证内加列许多特殊条款，如指定船籍、船龄等，或不允许在某个港口转船等，对于这些条款我方一般不应轻易接受。

> **知识拓展**

信用证的"软条款"

开证申请人在申请开立信用证时，故意设置若干隐蔽性的"陷阱"条款，以便在信用证运作中置受益人于被动的境地，开证申请人或开证行可以随时以单据不符为由，解除信用证项下的付款责任。信用证的"软条款"属于引而不发的炸弹，是否引发的决定权掌握在开证申请人的手中，因此信用证也就会因开证申请人的非善意行为而成为废纸一张。所以说，信用证的"软条款"的根本特征在于它赋予了开证申请人或开证银行单方面撤销付款责任的主动权。

4.2.2 跟单信用证项下制单的要求

信用证审核中应做到"单证相符、单单相符"，也就是"单据与信用证相符、单据与单据相符"。"单证相符"是指所有单据的有关规定与信用证中的要求不应矛盾，单据与信用证之间在文字体现上没有冲突，不可以机械地理解为一字不差，完全照搬照抄。"单单相符"的意思是信用证项下提供的所有单据的相关内容相符。但出口商在履行合同时为避免因所交货物与合同不符而造成违约，还要做到"单货相符"，这样单证才能真实代表出运货物，不致错发错运。

知识拓展

关于审核跟单信用证项下单据的国际标准银行实务（ISBP745）

国际商会于2002年制定了《关于审核跟单信用证项下单据的国际标准银行实务（ISBP645）》，2007年修订为《关于审核跟单信用证项下单据的国际标准银行实务（ISBP681）》，2013年修订为《关于审核跟单信用证项下单据的国际标准银行实务（ISBP745）》。修订版本提供了一套适用于审核《跟单信用证统一惯例（UCP600）》的信用证项下单据的国际惯例，对于各国正确理解和使用《跟单信用证统一惯例（UCP600）》，统一和规范各国信用证审单实务，以及减少拒付争议的发生有着重要的意义。

4.2.3 信用证修改

1. 信用证修改的规则

（1）只有开证申请人有权决定是否接受信用证修改。信用证修改只能由受益人向开证申请人提出，经开证申请人同意后再由其通知开证行。

（2）只有信用证受益人有权决定是否接受信用证修改。只有在收到开证行通过通知行转递的修改通知后，受益人对信用证的修改才有效；直接由受益人向开证行提出的改证申请是无效的。

2. 信用证修改的注意事项

（1）凡是需要修改的内容，应一次性向开证申请人提出，避免多次修改信用证，既节省时间，又避免增加双方的手续和费用。

（2）信用证中任一条款的修改，都必须取得有关当事人的同意后才能生效。

（3）收到信用证修改通知后，应及时检查修改内容是否符合要求，并分情况表示接受或重新提出修改。同一修改书的内容，要么全部接受，要么全部拒绝，对修改书的部分接受是无效的。

微课：信用证修改要点提示

（4）有关信用证修改必须通过原信用证通知行转递才真实、有效；通过买方直接寄送的修改申请书或修改申请书复印件不是有效的修改。

（5）明确修改费用的承担方。一般按照责任归属来确定修改费用由谁承担。

4.2.4 信用证修改函

1. 信用证修改函的写法

信用证修改函应该包括如下内容：
（1）感谢对方的开证行为。
（2）列明信用证中不符点、不能接受的条款，并说明如何改正。

例如，Please delete the clause "by direct steamer" and insert the clause "transhipment and partial shipment are allowed"；或者，Please extend the date and the validity of the L/C to...and...respectively.

（3）感谢对方合作，提醒对方修改后的到达时间，以便按时装运。

例如，Thank you for your kind cooperation, please see to it that the L/C amendment reaches us before "×××", in order that we can ship punctually.

2. 信用证修改函示例（见样单4-1）

样单4-1　信用证修改函

示例一

Dear Sirs,

　　We thank you for your L/C No.335599. We regret to say that we have found some discrepancies. You are requested to make the following amendments:

（1）The amount both in figures and in words should respectively read "USD 25 550.00（SAY US Dollars Twenty Five Thousand Five Hundred and Fifty Only）".

（2）"Form Rotterdam to China port" should read "from China port to Rotterdam".

（3）The Bill of Lading should be marked "Freight prepaid" instead of "Freight to Collect".

（4）Delete the clause "Partial shipments and transhipment prohibited".

（5）"The L/C is valid at our counter" should be amended to read "This L/C is valid at your counter".

　　Please confirm the amendments by fax as soon as possible.

　　　　　　　　　　　　　　　　　　　　　　　　　　　　Yours sincerely,
　　　　　　　　　　　　　　　　　　　　　　　　　　　　×××

示例二

SHANGHAI LS TRADING CO., LTD
×××　YANPING ROAD
SHANGHAI, CHINA
FAX:0086-021-5×××

APRIL 25,20××

BS CO., LTD
×××　SUNFLOWER PLAZA SINGAPORE
FAX:065-7890×××
MANAGER

Dear manager,

We have received your L/C No. BRT-LSLC07 issued by DBS BANK for the amount of USD 42 788.58 covering BRIGHT BRAND DRAFTING MACHINE.

On perusal, we find that there are some discrepancies in the L/C. Here please amend the L/C as follows:

（1）The address of Applicant is wrong, so please amend it to read "BS CO. ××× SUNFLOWER PLAZA".

（2）The total amount in words of the L/C is less than the contract, so please amend it to read "SAY US DOLLARS FORTY-TWO THOUSAND SEVEN HUNDRED EIGHTY-EIGHT AND CENTS FIFTY-EIGHT".

（3）We couldn't accept "THE PLACE OF NEGOTIATION IS IN SINGAPORE", so please amend it to read "IN CHINA".

（4）Insurance is to be covered for 110% of invoice value, so the words "FOR FULL INVOICE VALUE PLUS 110%" are to be replaced by "FOR FULL INVOICE VALUE PLUS 10%".

（5）The words "THE CREDIT COVERING ALL RISKS AND WAR RISK AS PER CIC DATED 01/01/1980" are to be replaced by "THE CREDIT COVEING ALL RISKS AND WAR RISK AS PER CIC DATED 1/1/1981".

（6）The words "PACKED IN WOODEN CASES OF ONE SET EACH" to be replaced by "PACKED IN CARTONS OF ONE SET EACH".

We think our position is very clear now and your amendment to the L/C is awaited.

Yours faithfully,
Sales manager

4.3　实操指导

4.3.1　任务及要求

公司要求小陈依据合同以及《跟单信用证统一惯例（UCP600）》认真审核信

用证，查找存在的问题及错误，书写信用证修改函，一次性向 ABC IMPORT COMPANY, THE UNITED KINGDOM 提出修改的要求，并且催促其尽快改证，以便 TANGSHAN BY OSSEOUS CERAMIC CO.,LTD. 及时履约。

4.3.2 任务执行与完成

小陈认真审核信用证，发现了三处错误，于是书写信用证修改函，并在信用证修改函中一次性提出修改要求。信用证修改函如下：

Dear manager,

　　We have received your L/C No. 23455 issued by Barclays Commercial Bank for the amount of USD 67 500.00 covering 84 PCS LOTUS SHAPE BONE CHINA DINNER SET.

　　We regret that we have found some discrepancies in the L/C. Please amend the L/C as follows:

　　（1）The name of Applicant is wrong, so please amend it to read "ABC Import Company, the United Kingdom".

　　（2）We couldn't accept the expiry place is "LONDON", so please amend it to read "China".

　　（3）Insurance is to be covered for 110% of invoice value, so amend the words "INSURANCE POLICY FOR 120% OF INVOICE VALUE AGAINST FPA PLUS RISK OF CLASH & BREAKAGE" to read "INSURANCE POLICY FOR 110% OF INVOICE VALUE AGAINST FPA PLUS RISK OF CLASH & BREAKAGE".

　　We are looking forward to your amendment to the L/C.

Yours faithfully,
×××

经过修改，TANGSHAN BY OSSEOUS CERAMIC CO.,LTD. 公司收到信用证修改书；小陈再次审核，发现信用证已经修改了这三处错误。新的信用证如下所示。

SEQUENCE OF TOTAL	27:	1/1
FORM DOC. CREDIT	40A:	IRREVOCABLE
DOC. CREDIT NUMBER	20:	23455
DATE OF ISSUE	31C:	××0725
DATE/PLACE OF EXPIRY	31D:	××0915 PLACE:CHINA
APPLICANT	50:	ABC IMPORT COMPANY, THE UNITED KINGDOM
ISSUING BANK	52A:	BARCLAYS COMMERCIAL BANK LEVEL 11, 1 CHURCHILL PLACE, LONDON E14 5HP,

		UNITED KINGDOM
BENEFICIARY	59:	TANGSHAN BY OSSEOUS CERAMIC CO., LTD. NO. ×××TANGMA ROAD,KAIPING DISTRICT, TANGSHAN CITY,HEBEI PROVINCE,CHINA
CURR CODE AMT	32B:	CODE USD AMOUNT 67 500.00
AVAILBLE WITH/BY	41D:	ANY BANK IN CHINA BY NEGOTIATION
DRAFTS AT...	42C:	AT SIGHT
DRAWEE	42D:	BARCLAYS COMMERCIAL BANK
PARTIAL SHIPMENTS	43P:	ALLOWED
TRANSHIPMENT	43T:	ALLOWED
LOADING ON BOARD	44A:	CHINA MAIN PORT, CHINA
FOR TRANSPORT TO...	44B:	LONDON
LATEST SHIPMENT	44C:	××0831
GOODS DESCRIPTION	45A:	84 PCS LOTUS SHAPE BONE CHINA DINNER SET PACKING :BROWN BOX PACKING, 1 SET/CARTON
DOCUMENTS REQUIRED	46A:	+SIGNED COMMERCIAL INVOICE IN TRIPLICATE INDICATE L/C NO. AND S/C NO. +SIGNED PACKING LIST IN TRIPLICATE INDICATE L/C NO. AND S/C NO. +CERTIFICATE OF ORIGIN. +FULL SET OF 3/3 CLEAN ON BOARD OCEAN BILLS OF LOANING MADE OUT TO ORDER MARKED "FREIGHT PREPAID" AND NOTIFY APPLICANT. +INSURANCE POLICY FOR 110% OF INVOICE VALUE AGAINST FPA PLUS RISK OF CLASH & BREAKAGE AS PER OCEAN MARINE CARGO CLAUSE OF THE PEOPLE'S INSURANCE COMPANY OF CHINA DATED 1/1/1981. +BENEFICIARY'S CERTIFICATE CERTIFYING THAT ONE SET OF NON-NEGOTIABLE SHIPPING DOCUMENTS INCLUDING CERTIFICATE OF ORIGIN OF COPY HAS BEEN SENT DIRECTLY TO THE APPLICANT AFTER THE SHIPMENT.
ADDITIONAL CONDITION	47A:	+ALL DRAFT DRAWN HEREUNDER MUST BE MARKED "DRAWN UNDER BARCLAYS COMMERCIAL BANK, CREDIT NO. 23455, DATED ××0725". +T/T REIMBURSEMENT IS NOT ACCEPTABLE.
DETAIL OF CHARGES	71B:	ALL BANKING CHARGES OUTSIDE LONDON ARE FOR BENEFICIARY'S ACCOUNT.
PRESENTATION PERIOD	48:	DOCUMENTS MUST BE PRESENTED WITHIN 15 DAYS AFTER THE DATE OF ISSUANCE OF THE SHIPPING DOCUMENT BUT WITHIN

		THE VALIDITY OF THE CREDIT.
CONFIRMATION	49:	WITHOUT
INSTRUCTION	78:	THE AMOUNT AND DATE OF NEGOTIATION OF EACH DRAFT MUST BE ENDORSED ON THE REVERSE OF THIS CREDIT. ALL DOCUMENTS INCLUDING BENEFICIARY'S DARFTS MUST BE SENT BY COURIER SERVICE DIRECTLY TO US IN ONE LOT. UPON OUR RECEIPT OF THE DARFTS AND DOCUMENTS WE SHALL MAKE PAYMENT AS INSTRUCTED BY YOU.

项目小结

信用证审核和修改是出口商单证工作的重要内容,所以学生在学习本项目内容时应该加倍细心,提升审核与修改信用证的核心技能,以便在今后的工作中,能够及时发现信用证的错误与不符点,并正确书写信用证修改函,一次性提出修改要求。

4.4 技能训练

1. 判断题

(1) 在使用可转让信用证时,受益人有权要求银行将信用证的全部或部分转让给第二受益人,但第二受益人不得再将原信用证上的全部或部分权利转让给第三受益人。 ( )

(2) 在信用证业务中,信用证的开立是以买卖合同为基础的,因此,信用证条款与买卖合同条款严格相符是开证行向受益人承担付款责任的前提条件。( )

(3) 按《跟单信用证统一惯例(UCP600)》规定,信用证的修改通知书有多项内容时,受益人可只接受同意的内容,而对不同意的内容予以拒绝。 ( )

2. 多选题

(1) 根据《跟单信用证统一惯例(UCP600)》的规定,信用证单据审核的原则有( )。

    A. 银行只负责审核单据表面上的一致性

    B. 银行对任何单据的形式、完整性、准确性、真实性、伪造或法律效力、单据上规定的或附加的一般及特殊条款,不负任何责任

    C. 在任何情况下,银行都不能接受日期早于信用证开证日期的单据

    D. 银行对于单据所代表的货物的描述、数量、重量、品质、状况、包装、交货、价格或存在等不负任何责任

E. 银行应审核单据，保证单据与合同规定相符

（2）信用证保兑行的付款是（　　）。

  A. 有追索权的   B. 无追索权的

  C. 终局性的   D. 非终局性的

  E. 开证行具有第一性的付款责任，保兑行具有第二性的付款责任

（3）根据《跟单信用证统一惯例（UCP 600）》，在下列选项中，（　　）是正确的。

  A. 银行只对单据表面真实性作形式上的审查，对单据的真实性、有效性不作实质性审查

  B. 银行对单据中货物的描述、价值及存在情况负责

  C. 银行对买卖双方的履约情况概不负责

  D. 信用证开出后，对于买卖合同的内容的变更、修改或撤销，除非通知银行，否则银行概不负责

  E. 信用证是独立于合同之外的文件，信用证条款与买卖合同内容不符时，受益人无权提出异议

（4）在信用证业务的有关当事人之间，一定存在契约关系的有（　　）。

  A. 开证申请人与开证行   B. 开证申请人与受益人

  C. 开证行与受益人   D. 开证申请人与通知行

  E. 开证行与议付行

（5）下列说法正确的是（　　）。

  A. 根据《跟单信用证统一惯例（UCP 600）》的规定，信用证如未规定有效期，则该证可视为无效

  B. 国外开来信用证规定货物数量为 3 000 箱，6/7/8月，每月平均装运。我方出口公司于6月份装运1 000箱，并收妥款项。7月份由于货未备妥，未能装运。8月份装运2 000箱。根据《跟单信用证统一惯例（UCP 600）》规定，银行不得拒付

  C. 在信用证支付方式下，受益人只要在信用证规定的有效期内向银行提交符合信用证规定的全部单据，银行就必须履行付款义务

  D. 如果受益人要求开证申请人将信用证的有效期延长一个月，在信用证未规定装运期的情况下，同一信用证上的装运期也可顺延一个月

  E. 备用信用证与跟单信用证的开证行所承担的付款义务都是第一性的

3. 实训题

根据下面的合同审核信用证，找出不对或不合理的地方，并完成信用证修改函。

项目 4　信用证审核与修改 Examination and Amendment of Letter of Credit

CHINA INTERNATIONAL TI CORP. JIANGSU BRANCH

×××　RANJIANG ROAD,NANJING,JIANGSU,CHINA

SALES　CONFIRMATION

OUR REFERENCE : IT123JS　　　　　　　　No. : CNT0219
Buyers: THL SDN, BHD, KUALA LUMPUR　　Date : MAY 10, 20××
Address: 7/F, SAILING BUILDING, NO. ×× AIDY　STREET,
KUALA LUMPUR,　　　　　　MALAYSIA
Tel : 060-3-74236×××　　　Fax : 060-3-74236×××

The undersigned sellers and buyers have agreed to close the following transaction according to the terms and conditions stipulated below :

DESCRIPTION OF GOODS	QUANTITY	UNIT PRICE	AMOUNT
100% COTTON GREY LAWN	300 000 YARDS	CIF SINGAPORE @HKD 3.00 PER YARD	HKD 900 000.00

Shipment: During June/July 20×× in transit To Malaysia
Payment: Irrevocable Sight L/C
Insurance: To be effected by sellers covering WPA and war risks for 10% over the invoice value

THE BUYER　　　　　　　　　　　　　THE SELLER
THL SDN, BHD, KUALA LUMPUR　　　　　CHINA INTERNATIONAL TI CORP.

买方开来的信用证如下所示：

FROM BANGKOK BANK LTD., KUALA　LUMPUR
DOCUMENTARY CREDIT NO. : 01/12345, DATE : JUNE 12,20××
ADVISING BANK: BANK OF CHINA, JIANGSU BRANCH
APPLICANT: THL SDN, BHD, P.O.B.666 KUALA LUMPUR
BENEFICIARY: CHINA INTERNATIONAL TI CORP., BEIJING BRANCH
AMOUNT: HKD 900 000.00（HONG KONG DOLLARS NINE HUNDRED THOUSAND ONLY）
EXPIRY DATE: JUNE 15, 20×× IN CHINA FOR NEGOTIATION
DEAR SIRS:
　　WE HEREBY ISSUE THIS DOCUMENTARY CREDIT IN YOUR FAVOR, WHICH IS AVAILABLE BY NEGOTIATION AGAINST YOUR DRAFT（S）IN DUPLICATE AT SIGHT DRAWN ON BENEFICIARY BEARING THE CLAUSE: "DRAWN UNDER L/C NO. 98/12345 OF BANGKOK BANK LTD., KUALA LUMPUR DATED JUNE 12, 20××" ACCOMPANIED BY THE FOLLOWING DOCUMENTS:
　　-SIGNED INVOICE IN QUADRUPLICATE COUNTER-SIGNED BY APPLICANT.
　　-FULL SET OF CLEAN ON BOARD OCEAN BILLS OF LADING MADE OUT TO ORDER, ENDORSED IN BLANK, MARKED "FREIGHT COLLECT" AND NOTIFY BENEFICIARY.
　　-MARINE INSURANCE POLICY OR CERTIFICATE FOR FULL INVOICE VALUE

PLUS 50% WITH CLAIMS PAYABLE IN NANJING IN THE SAME CURRENCY AS THE DRAFT COVERING ALL RISKS AND WAR RISKS FROM WAREHOUSE TO WAREHOUSE UP TO KUALA LUMPUR INCLUDING SRCC CLAUSE AS PER PICC 1/1/1981.

- PACKING LIST IN QUADRUPLICATE.
- CERTIFICATE OF ORIGIN ISSUED BY BANK OF CHINA, NANJING.
- SHIP'S CLASSIFICATION ISSUED BY LLOYDS' IN LONDON.

COVERING :

ABOUT 300 000 YARDS OF 65% POLYESTER, 35% COTTON GREY LAWN. AS PER BUYER'S ORDER NO. TH-108 DATED MAY 4, 20×× TO BE DELIVERED ON TWO EQUAL SHIPMENTS DURING MAY/ JUNE.

ALL BANKING CHARGES OUTSIDE MALAYSIA ARE FOR THE ACCOUNT OF BENEFICIARY. SHIPMENT FROM CHINA TO PORT KELANG LATEST JULY 31, 20××. PARTIAL SHIPMENTS ARE ALLOWED. TRANSHIPMENT PROHIBITED.

WE HEREBY ENGAGE WITH DRAWERS, ENDORSERS AND BONA FIDE HOLDERS THAT DRAFTS DRAWN AND NEGOTIATED IN CONFORMITY WITH THE TERMS OF THIS CREDIT WILL BE DULY HONORED ON PRESENTATION. SUBJECT TO UCP LATEST VERSION.

BANGKOK BANK LTD., KUALA LUMPUR(SIGNED)

信用证修改函参考格式：

DEAR SIRS,

WE HAVE RECEIVED YOUR L/C NO. _____ ISSUED BY _____ FOR THE AMOUNT OF_____ COVERING _____

ON PERUSAL, WE FIND THAT THE LETTER OF CREDIT HAS SOME DISCREPANCIES. PLEASE AMEND THE L/C AS FOLLOWS:

（1）
（2）
（3）
（4）
（5）
（6）
……

WE THINK OUR POSITION IS VERY CLEAR NOW AND YOUR AMENDMENT TO THE L/C IS AWAITED.

YOURS FAITHFULLY,
×××

商业单据 项目 5
Commercial Documents

项目导言

常用的商业单据主要有发票、装箱单、重量单等，这些单据的缮制也是出口结汇工作的重要内容。

项目目标

知识目标：
1. 掌握发票、装箱单的分类。
2. 掌握发票、装箱单的主要内容及缮制方法。
3. 熟悉《跟单信用证统一惯例(UCP600)》中关于商业发票的条款。

技能目标：
1. 根据信用证条款和合同规定以及贸易资料和背景，独立缮制正确、完整的商业发票、海关发票和装箱单。

思政目标：
1. 培养敬业履责、严谨务实的工作作风。
2. 培养契约精神、工匠精神。
3. 培养一丝不苟的职业素养。
4. 拓宽国际视野，熟悉国际贸易规则，提高外贸职业素养。

项目关键词

- 商业发票　　　Commercial Invoice
- 海关发票　　　Customs Invoice
- 装箱单　　　　Packing List

5.1 商业发票案例

5.1.1 案情描述

某年 10 月,上海某公司怀疑境外卖方装运了不合格的矿产品,但开证行又找不出实际的进口信用证项下单据的不符点。由于《跟单信用证统一惯例(UCP600)》对出口商更为有利,也就是说,进口商一般援引《跟单信用证统一惯例(UCP600)》是难以提出有效而合理的拒付理由的。所以,在审核完信用证和单据后,上海某公司对于一些不足以构成不符点的细小的瑕疵予以放弃,把注意力集中在以下几点。

商业发票上有描述 "Weights of the cargo ascertained by Certificates of Weight issued by AHK, moisture ascertained by Certificates of Weight issued by SGS";并且信用证 46A 项要求 "Certificates of Weight issued by AHK or SGS"。但是根据受益人提交的所有单据,重量单是由 SGS 提供的,并不是 AHK,也就是说受益人是委托 SGS 而非 AHK 检验的。因此,商业发票上的描述与信用证矛盾,申请人和开证行都不能接受。

上海某公司于是立即要求开证行照此向议付行提出拒付。但议付行迅即回电驳斥:"We wish to point out that the letter of credit calls for a Certificate of Weight issued by AHK or SGS. Obviously the certificate issued by SGS meets that condition." 但第二封反驳电文提出:"Certificates of Weight issued by AHK or SGS" 是指 Certificates of Weight 只能由 AHK、SGS 其中一家机构签发,不能分别由 AHK 和 SGS 分别签发货物的重量和水分。于是议付行放弃了抗辩。后经买卖双方协商,达成了降价近百万美元的协议。

5.1.2 案例分析

《跟单信用证统一惯例(UCP600)》第十八条 c 款规定:商业发票上的货物、服务或履约行为的描述应该与信用证中的描述一致。本案例中,信用证 46A 项要求 "Certificates of Weight issued by AHK or SGS",而卖方的发票显示 "Weights of the cargo ascertained by Certificates of Weight issued by AHK, moisture ascertained by Certificates of Weight issued by SGS",卖方对信用证中用词 "or" 理解有偏差,结果导致其最终承担降价的损失。

5.1.3 案例启示

发票填写非常重要,务必准确。当信用证要求不明确时,卖方务必通过通知行核实开证行的真实要求。若卖方无法满足信用证要求，可以要求修改信用证。

5.1.4 引申问题

（1）商业发票、装箱单等单据包括哪些内容？
（2）怎样缮制商业发票、装箱单等？
（3）当信用证对发票、装箱单等商业单据有特殊规定时，该如何缮制商业单据？

5.2 必备知识

5.2.1 发票理论知识

1. 发票的种类及作用

发票（Invoice）是进出口贸易结算中最主要的单据之一。我国进出口贸易中使用的发票主要有商业发票（Commercial Invoice）、海关发票（Customs Invoice）、形式发票（Proforma Invoice）、领事发票（Consular Invoice）及厂商发票（Manufacturer's Invoice）等。

商业发票是出口商对所装运货物的情况进行的详细描述，是出口商向进口商收取货款的价目总清单，是全套进出口单据的核心。进口商凭商业发票可对货物的品名、规格、单价、数量、总价等有一个全面的了解，并凭以对货物进行验收与核对。同时，商业发票也是进出口商记账、收付汇、进出口报关及海关统计的依据。在不需要出具汇票时，商业发票还可以作为买方支付货款的依据。

海关发票是根据某些国家海关的规定，由出口商填制的供进口商报关用的特定格式的发票。同时海关发票也供进口国海关核定货物原产地，以采取不同的国别政策。

形式发票是出口商向进口商发出的有关货物名称、规格、单价等内容的非正式的参考性发票，供进口商申请进口批汇之用。它不能用于托收和议付。

形式发票示例

领事发票是拉丁美洲国家、菲律宾等国为了解进口货物的原产地、货物有无倾销等情况而规定的，由进口国驻出口国领事签证的发票，作为征收进口关税的前提，同时也作为领事馆的经费来源。

巴西领事发票示例

厂商发票是进口国为确定出口商有无倾销行为，以及进行海关估价、核税和征收反倾销税，而要求出口货物的制造厂商所出具的，以本国货币计算的，用来证明出口国国内市场出厂价的发票。

2. 商业发票的制单要点

商业发票一般无统一格式，由出口商自行设计，但内容必须符合信用证或合同的要求。其基本内容及制单要点如下：

（1）出口商名称及地址。信用证中出口商一般表示为 "Beneficiary :×××"。通常出口商名称及地址都已事先印好。

（2）单据名称。商业发票上应明确标明 "Invoice"（发票）或 "Commercial Invoice"（商业发票）字样。

（3）发票抬头。除信用证有其他要求之外，发票抬头一般缮制为开证申请人。信用证中一般表示为 "For Account of ×××" 或 "To the Order of ×××" 中的 "×××" 部分。《跟单信用证统一惯例（UCP600）》第十八条 a 款 ii 条规定：商业发票必须出具成以申请人为抬头（第三十八条 g 款规定的情形除外）。

（4）发票号码。发票号码一般由出口商按统一规律自定。

（5）发票日期。发票日期最好不要晚于提单的出具日期。

（6）合同及信用证号码。合同及信用证号码根据实际填写。

（7）装运港和目的港。一般只简单地表明运输路线及运输方式，如 "From ×× To ×× By Sea/Air"。

（8）唛头。唛头一般由卖方自行设计，但若合同或信用证规定了唛头，则须按规定制作。若无唛头，应注明 "N/M"。

（9）货物描述。《跟单信用证统一惯例（UCP600）》第十八条 c 款规定：商业发票上的货物、服务或履约行为的描述应该与信用证中的描述一致。《跟单信用证统一惯例（UCP600）》第二条：相符交单指与信用证条款、本惯例的相关适用条款以及国际标准银行实务一致的交单。

（10）数量。按合同标明装运货物数量，必须标明数量单位，如 Piece、Set 或 Meter 等。

（11）单价、总价。对应不同货物标明相应单价，注意货币单位及数量单位。总价即实际发货金额，应与信用证规定一致，同时还应注明贸易术语。

> **小思考**
>
> 有的商品的价格条款中含有佣金，那么在有佣金的情况下发票的单价、总价应该怎么填制？

（12）签字盖章。若信用证要求 "Signed Invoice"，就要求出口商手签并加盖公司印章。否则按照《跟单信用证统一惯例（UCP600）》第十八条 a 款 iv 条规定：无须签名。因此发票可不需要签名，但实际业务中一般都需要签名。

（13）其他。有些国家（地区）对商业发票有特殊要求，如必须在商业发票上注明船名、重量、"无木制包装" 等字样，需根据具体业务及信用证要求具体对待。

3. 发票示例(见样单5-1)

样单 5-1 发票

JIANGSU INTERNATIONAL IE CORP., LTD

×××ZHONGSHAN ROAD, NANJING, CHINA

COMMERCIAL INVOICE

To: SN Id Corp. Invoice No.:123

×××Route 96570 Dardiuy,France Date:Dec.20,20××

Tel: 33-56-12345678 Order No.: Fe021g

Fax: 33-56-12345678 S/C No.:06can-2108

From Shanghai To Marseille Port By Sea

Marks & Nos.	Description of Goods	Quantity/PCS	Unit Price/ (USD/PC)	Amount/USD
SN MARSEILLE FE021G 1/600	LEATHER BAGS ITEM NO.SL100 ITEM NO.SG120 ITEM NO.SF200	1 000 2 000 3 000	FOB SHANGHAI 2.00 1.50 3.00	2 000.00 3 000.00 9 000.00
TOTAL:		6 000 PCS	USD 14 000.00	

SAY US DOLLARS FOURTEEN THOUSAND ONLY.

JIANGSU INTERNATIONAL IE CORP., LTD.

×××ZHONGSHAN ROAD, NANJING,CHINA

5.2.2 海关发票理论知识

1. 海关发票的缮制

海关发票的基本内容与商业发票类似,它主要是用于证明商品的成本价和生产国。各国、各地区的海关发票都有自己的格式和名称,而且由于各国、各地区的海关规定的不同,其缮制要求也有区别,若缮制有误则会影响出口。以加拿大海关发票为例,加拿大海关发票要求各栏均需填写,不能留空,主要包括如下内容。

(1) 发货人(Vendor)。本栏填写发货人名称及地址,或信用证的受益人。

(2) 装船日期(Date of Direct Shipment to Canada)。实际装运日期,即提单的签单日期。

(3) 其他参考项目(Other References)。其他参考项目包括有关合同、订单及商业发票的号码。

（4）收货人（Consignee）。本栏填写货物运交的最后收货人的名称和地址。

（5）买方名称和地址（Purchaser）。若合同买方与第（4）栏的收货人为同一人，则填写"The Same as（4）Consignee"；若不同，则应详细填写。

（6）转运国（Country of Transhipment）。货物运输途中的中转港；若不转船，则填写"N/A"（Not Applicable）。

（7）原产地国别（Country of Origin of Goods）。发票上所列货物的产地国。

（8）直接运往加拿大的运输方式及起运地点（Transportation：Give Mode And Place of Direct Shipment to Canada）。只要货物不在国外加工，不论是否转船，均填写起运地、目的地名称及所用运输工具，如"From Shanghai to Montreal by Vessel"。

（9）贸易条件和支付方式（Conditions of Sales and Terms of Payment）。交货的贸易术语和支付方式，如"CFR Montreal by L/C at Sight"。

（10）结算用货币（Currency of Settlement）。支付货币，应与商业发票一致。

（11）～（17）件数（No. of Packages）、商品描述（Specification of Commodities）、数量（Quantity）、单价（Unit Price）、总金额（Total）、总重量（Total Weight）、发票总金额（Invoice Total）。按照商业发票描述的内容填写。

（18）若前述17项均已在商业发票中，则第（18）栏中打"√"，并在其后填写商业发票号码。

（19）出口商名称和地址（Exporter）。若与第（1）栏为同一人，则填写"The Same As（1）Vendor"；若不同，则应详细填写。

（20）出口单位负责人名称和地址（Originator）。发票缮制人员或负责人的手签名称。

（21）当局规定（Departmental Ruling）：加拿大海关方面的某些管理条例。

（23）～（25）各项目若不适用，在第（22）栏中打"√"。

若（23）已包括在第（17）栏中，则填合适的金额，若有一项无法填写，则填写"N/A"。

若（24）不包括在第（17）栏中，按实际数额填写，若某些项目不适用，则填写"N/A"。

（25）此栏一般贸易不适用，填写"N/A"。

2. 海关发票格式（见样单 5-2）

样单 5-2　海关发票

Revenue Canada　　　　CANADA CUSTOMS INVOICE

(1) Vendor (Name and Address)	(2) Date of Direct Shipment to Canada		
	(3) Other References (Include Purchaser's Order No.)		
(4) consignee (Name and Address)	(5) Purchaser (Name and Address)		
	(6) Country of Transhipment		
	(7) Country of Origin of Goods	IF SHIPMENT INCLUDES GOODS OF DIFFERENT ORIGINS ENTER ORIGINS AGAINST ITEMS IN 12	
(8) Transportation: Give Mode and Place of Direct Shipment to Canada	(9) Conditions of Sales and Terms of Payment		
	(10) Currency of Settlement		
(11) No. of Packages	(12) Specification of Commodities (Kind of Packages, Marks and Numbers, General Description and Characteristics, i.e. Grade, Quality)	(13) Quantity (State Unit)	Selling Price
			(14) Unit Price	(15) Total
(18) If any fields (1) to (17) are included on an attached commercial invoice, check this box Commercial Invoice No._____	(16) Total Weight		(17) Invoice Total
	Net	Gross	
(19) Exporter (Name and Address)	(20) Originator (Name and Address)		
(21) Departmental Ruling (if applicable)	(22) If fields (23) to (25) are not applicable, check this box		
(23) If included in field (17) indicate amount: (i) Transportation charges, expenses and insurance from the place of direct shipment to Canada $_____ (ii) Costs for construction, erection and assembly incurred after importation into Canada $_____ (iii) Export packing $_____	(24) If not included in field 17 indicate amount: (i) Transportation charges, expenses and insurance to the place of direct shipment to Canada $_____ (ii) Amount for commissions other than buying commissions $_____ (iii) Export packing $_____		(25) Check (if applicable): (i) Royalty payments or subsequent proceeds are paid or payable by the purchaser (ii) The purchaser has supplied goods or services for use in the production of these goods

5.2.3 包装单据理论知识

1. 包装单据的定义

出口商品在运输途中,有的不需要进行包装,如粮食、矿砂等,这类货物被称为散装货,包装用"in Bulk"来描述;有的则只是进行简单的捆扎,如钢材、木料等,称为裸装货,包装用"in Nude"来描述。除此之外,绝大多数商品都必须加以适当的包装才能装运出口,从而起到保护和美化商品的作用。这类经过包装的货物称为包装货。

包装单据(Packing Documents)是指一切记载或描述商品包装情况的单据,是商业发票的补充和说明,也是货运单据中的重要一项。进口地海关验货、公证行检验、进口商核对货物时都必须以包装单据为依据。常用的包装单据有装箱单(Packing List)、包装声明(Packing Declaration)、重量单(Weight List)、重量证书(Weight Certificate)、磅码单(Weight Memo/List)、尺码单(Measurement List)、花色搭配单(Assortment List)等,其中最常使用的是装箱单。

2. 装箱单的制单要点

装箱单无统一格式,一般由出口商自行设计,其基本内容及制单要求如下:

(1)出口商名称和地址。出口商名称和地址要与相对应的发票一致。

(2)发票号码(Invoice No.)、制单日期(Date)。发票号码和制单日期与商业发票相一致。

(3)装运港和目的港。一般只简单地表明运输路线及运输方式,如"From ×× to ×× by Sea/Air"。

(4)唛头(Shipping Mark)。唛头必须与商业发票保持一致。

(5)货物描述(Descriptions of Goods)。装箱单货物描述可以使用统称,但不得与信用证的规定相抵触。装箱单上不得表明商品的单价和总价。

(6)规格(Specification)。本栏列明不同产品的型号、大小、花色等。

(7)外包装数量及内产品数量(Quantities;Packages)。本栏要写明包装物的名称及数量,如每箱18只(18 PCS/CTN)。

(8)每个外包装尺寸(Measurement)、毛重(Gross Weight)及净重(Net Weight)。按实际情况填写。外包装尺寸即每箱的长×宽×高,如50 cm×30 cm×20 cm。

(9)总毛重、总净重及总体积。将单件包装进行合计。

(10)出口商签章(Signature)。如合同或信用证有要求,则需出口商进行签章。

> ▶ 小提示
>
> 注意:装箱单中的总毛重、总净重、总体积等需要根据包装等信息计算。

3. 装箱单格式（见样单5-3）

样单5-3　装箱单

（1）JIANGSU HT CORPOARATION
HT BUILDING,×××ZHONGSHAN,NANJING,CHINA

PACKING LIST

To:　　　　　　　　　　　　　　　　　（2）Invoice No.: A2400A/98
JYSKCHANALEFSILKA/S　　　　　　　Date: Oct.21, 20××
BRIGHT BUILDING ×××,
SKOVSGERD DK-9990 BROVET.
DENMARK

（3）From LIANYUNGANG to AARHUS by Sea

（4）Shipping Mark	（5）Descriptions of Goods	（6）Specification	（7）Quantities	（7）Packages	（8）Gross Weight/ Net Weight	（8）Measurement
		X'MAS DECORATIONS				
JYSK						
COPENHAGEN	2-A15261		250 BOXES	5 CTNS	@12 KGS/10 KGS	@0.65×0.36×0.45
A2400A/98	2-A15261-1		40 BOXES	1 CTN	@12 KGS/10 KGS	@0.67×0.39×0.58
1-7	2-A15261-2		23 BOXES	1 CTN	@7 KGS/5 KGS	@0.67×0.39×0.36
TOTAL:			313 BOXES	7 CTNS	（9）79 KGS/65 KGS	（9）0.772 M^3

（7）PACKAGED IN SEVEN CARTONS ONLY.

（10）JIANGSU HT CORPOARATION

5.3　实操指导

5.3.1　任务及要求

经过签合同、催证、审证、改证等环节，TANGSHAN BY OSSEOUS CERAMIC CO.,LTD. 公司进入备货环节，公司要求小陈根据生产部门提供的信息和信用证缮制商业发票和装箱单。小陈于20××年7月26日完成商业发票和装箱单缮制。

5.3.2　任务执行与完成

小陈仔细查看编号为23455的信用证的相关内容并缮制商业发票（见样单5-4）。

样单 5-4　商业发票

TANGSHAN BY OSSEOUS CERAMIC CO.,LTD.

NO.××× TANGMA ROAD,KAIPING DISTRICT,TANGSHAN CITY,HEBEI PROVINCE,CHINA

TEL/FAX:86-315-3189×××

COMMERCIAL INVOICE

To: ABC IMPORT COMPANY, THE UNITED KINGDOM　Invoice No. :BY-23

Date: JULY 26, 20××

S/C No.: 20××UK13BY073

L/C No.:23455

FROM XINGANG,CHINA TO LONDON PORT BY SEA

Marks & Nos.	Description of Goods	Quantity	Unit Price	Amount
N/M	**84 PCS LOTUS SHAPE BONE CHINA DINNER SET PACKING : BROWN BOX PACKING, 1 SET/ CARTON**	270 SET	USD 250.00 CIF LONDON	USD 67 500.00
	84 pcs Lotus Shape Bone China Dinner Set Composition			
	10" Dinner Plate	12		
	9" Dessert Plate	12		
	9 "Soup Plate	12		
	Tea Cup & Saucer	6+6		
	Coffee Cup & Saucer	6+6		
	Soup Tureen With Cover	1+1		
	12" Oval Platter	1		
	10" Oval Platter	2		
	5" Bowl	12		
	9" Bowl	1		
	Salt Shaker	1		
	Pepper Shaker	1		
	Gravy Boat With Tray	1+1		
	Napkin Holder	1		
	Tooth Sticker	1		

Total:

　　　SAY US DOLLARS SIXTY-SEVEN THOUSAND FIVE HUNDRED ONLY.

　　　　　　　　　　　　　　　TANGSHAN BY OSSEOUS CERAMIC CO., LTD.

　　　　　　　　　　　　　　　　　　×××

微课：发票填写要点解释

项目 5　商业单据 Commercial Documents

小陈仔细查看编号为 23455 的信用证相关内容，又了解到"纸箱规格为 100 cm×45 cm×20 cm，每箱净重 20 kg，毛重 25 kg"的信息，并以此缮制装箱单(见样单 5-5)。

样单 5-5　装箱单

PACKING LIST

Issuer: TANGSHAN BY OSSEOUS CERAMIC CO.,LTD.

　　　　　　　　　　　　　　　　　Invoice No.: BY-23
　　　　　　　　　　　　　　　　　Date: July 26, 20××
　　　　　　　　　　　　　　　　　S/C No.: 20××UK13BY073
　　　　　　　　　　　　　　　　　L/C No.: 23455

To: ABC IMPORT COMPANY, THE UNITED KINGDOM

FROM XINGANG,CHINA TO LONDON PORT BY SEA

Marks & Nos.	Description of Goods	Packages	Gross Weight/ Net Weight	Measurement
N/M	84 pcs Lotus Shape Bone China Dinner Set Packing: Brown Box Packing, 1 set/ Carton	270 Cartons	6 750 kgs/5 400 kgs	24.3 cbm

TOTAL:　TWO HUNDRED AND SEVENTY CARTONS ONLY.

　　　　　　　　　　　　　　　　TANGSHAN BY OSSEOUS CERAMIC CO.,LTD.
　　　　　　　　　　　　　　　　　　　　×××

项目小结

学生应掌握商业发票的相关知识，并能够独立完成商业发票的缮制。因为商业发票是全套单据的核心，其他单据均是以商业发票的内容为中心来缮制的，所以商业发票的缮制将影响其他单据的相关内容。除此之外，学生还要学会根据已知的资料计算装箱数、总毛重、总体积并缮制装箱单。

学生在学习单据制作的过程中，还应注重培养严谨务实、精益求精、一丝不苟的职业素养；拓宽国际视野，熟悉国际贸易规则，提高外贸职业素养。

5.4 技能训练

1. 实训题

根据下列销售合同缮制商业发票（注：该批货物最终运往法国马赛港）。

SALES CONFIRMATION
NO.: 03CAN-1108
DATE: NOV.08, 20××

THE SELLER: JIANGSU INTERNATIONAL IE CORP., LTD
×××ZHONGSHAN ROAD, NANJING, CHINA
FAX:86-025-23456789   TEL: 86-025-23456789

THE BUYER: SN ID CORP.
××× ROUTE 96570 DARDILLY, FRANCE
FAX :33-56-12345678   TEL: 33-56-12345678
BUYER'S ORDER NO.:FE021G

THIS SALES CONFIRMATION IS HEREBY MUTUALLY CONFIRMED, TERMS AND CONDITIONS ARE AS FOLLOWS:

NAME OF GOODS AND SPECIFICATIONS	QUANTITY	UNIT PRICE	UNIT PRICE
LEATHER BAGS			FOB SHANGHAI
ITEM NO. SL100	1 000 PCS	USD 2.00/PC	USD 2 000.00
ITEM NO. SG120	2 000 PCS	USD 1.50/PC	USD 3 000.00
ITEM NO. SF200	3 000 PCS	USD 3.00/PC	USD 9 000.00
TOTAL	6 000 PCS		USD 14 000.00
SAY US DOLLARS FOURTEEN THOUSAND ONLY			

PACKING: AS PER BUYER'S DEMANDS
SHIPPING MARKS: AS PER BUYER'S DEMANDS
SHIPMENT: TO BE MADE (45 DAYS BY SEA AFTER RECEIVED 30% T/T PAYMENT) FROM CHINA PORT TO (AS BUYER'S DEMANDS) PARTIAL SHIPMENTS AND TRANSHIPMENT TO BE ALLOWED.
PAYMENT: 30% T/T IN DEPOSIT, 70% D/P AT SIGHT
INSURANCE:TO BE EFFECTED BY THE BUYER

JIANGSU INTERNATIONAL IE CORP., LTD   *SN ID CORP.*
　　　　×××　　　　　　　　　　　　　　　　　　　　×××

JIANGSU INTERNATIONAL IE CORP., LTD
×××ZHONGSHAN ROAD, NANJING, CHINA
COMMERCIAL INVOICE

2. 实训题

根据下列资料缮制商业发票（唛头由受益人决定）。

FROM BRITISH BANK OF THE MIDDLE EAST, JEBEL HUSSEIN, AMMAN, JORDAN.

TO THE HONG KONG AND SHANGHAI BANKING CORPORATION LIMITED SHANGHAI OFFICE: 6/F FU TAIANSION ××× HUQIU ROAD. SHANGHAI, CHINA

BENEFICIARY: GOOD FRIEND ARTS AND CRAFTS IE CO. ××× SAN TIAO XIANG, CHAOZHOU, GUANGDONG, CHINA

APPLICANT: INTERNATIONAL TR CO.（ZERKA FREE ZONE）P.O.BOX×××. AMMAN-JORDAN

FAX:623267

TEL:630353

L/C NO.: DCFJOM970603

FORM OF DC: IRREVOCABLE

DATE OF ISSUE: MAY 20,20××

EXPIRY DATE AND PLACE: 30 JULY, 20×× CHINA

DC AMOUNT: USD 26 160.00, CFR AQABA, JORDAN,

MAX CR AMT: NOT EXCEEDING…

AVAILABLE WITH/BY: ANY BANK BY NEGOTIATION

DRAFTS AT: AT SIGHT FOR FULL INVOICE VALUE, MENTIONING THIS DC NO.

DRAWEE: ISSUING BANK

LATEST DATE OF SHIPMENT: 15 JULY, 20××

GOODS: 24 000 PAIRS "EVA" SLIPPER MODEL DO27 SIZE 36-40
　　　 24 000 PAIRS "EVA" SLIPPER MODEL DO02 SIZE 30-35
　　　　ALL IN 4 ASSORTED COLORS, LIGHT BLUE, RED, PINK AND VIOLET
　　　AS PER S/C 97 ACX417 DATED APRIL 17, 20××.

DOUCMENTS REQUIRED:

SIGNED INVOICES IN SIX COPIES SHOWING THAT THE GOODS EXPORTED ARE OF CHINESE ORIGIN, THE ORIGINAL INVOICE IS TO BE DULY CERTIFIED BY THE CHINA COUNCIL FOR THE PROMOTION OF INTERNATIONAL TRADE.

ADDITIONAL CONDITIONS:

（1）"MADE IN CHINA" MUST BE STICKED ON EACH PAIR AND THE RELATIVE INVOICES MUST CERTIFY TO THIS EFFECT.

（2）INVOICES MUST CERTIFY THAT THE CARTON SIZE ASSORTMENT IS AS FOLLOWS:

FOR SIZE 36-40:36/6,37/12,38/15,39/15,40/12,EQUAL 60 PAIRS.

FOR SIZE 30-35:30/8,31/8,32/10,33/10,34/12,35/12,EQUAL 60 PAIRS.

（3）ALL DOCUMENTS REQUIRED UNDER THIS DOCUMENTARY CREDIT SHOULD BE ISSUED IN ARABIC AND/OR ENGLISH.

（4）ALL DOCUMENTS REQUIRED UNDER THIS DOCUMENTARY CREDIT MUST MENTION THIS L/C NUMBER AND THE ISSUING BANK NAME.

SHANGHAI MEIHUA BALL PEN CO., LTD
×××　MEIHUA ROAD, SHANGHAI ,CHINA
COMMERCIAL　INVOICE

3. 实训题

根据第 2 题提供的信用证 L/C NO. DCFJOM970603 的有关内容，缮制一份装箱单。

要求：装箱单上须表明总箱数（数字、文字两种表示方法）、总毛重、总净重、总数量及总体积，并且要有唛头，还须表明每箱毛重、净重、体积。

已知：每箱毛重、净重、体积的资料为

ART NO.	SIZE	QTY.（PAIR）	CTNS.	GW.（KG）	NW.（KG）	MEAS.（CM）
DO27	36-40	24 000	400	25/10 000	23/9 200	60×55×40
DO02	30-35	24 000	400	22/8 800	20/8 000	60×50×40

GOOD FRIEND ARTS AND CRAFTS IE CO.
×××　SAN TIAO XIANG , CHAOZHOU, GUANGDONG, CHINA

PACKING LIST

运输单据 项目6
Transport Documents

项目导言

运输单据专指货物装运后，由卖方向买方或银行提供的，在提取货物、清关申报、检验检疫、货物转运、银行收汇、核销退税等环节中的单据。运输单据用于货物运输操作、管理、证明的一切国际货物运输单据、收据凭单和电子报文。运输单据既是运输合同的证明，也是日后处理索赔和争议的重要凭证。这些单证各有其特定的用途，彼此之间又有相互依存的关系。运输单据既能把货方、承运人、代理人各方联系在一起，又能从法律方面分清各方的权利和义务。我们将在本项目中介绍一些实际业务中用到的主要的运输单据。

项目目标

知识目标：
1. 了解各类运输单据的作用以及缮制运输单据应注意的问题。
2. 掌握各类运输单据的定义、种类和特点等。
3. 熟练运用运输单据知识。

技能目标：
1. 能够独立缮制运输单据，会填写海运货物托运单及海运提单。

思政目标：
1. 培养敬业履责、脚踏实地、严谨审慎的工作作风。
2. 培养注重细节、认真严谨的工作态度。
3. 提高外贸职业素养，适应不断变化的国际运输规则。

项目关键词

- 托运单　　　　　　　　Booking Note（B/N）
- 海运提单　　　　　　　Marine Bill of Lading
- 国际货物托运单　　　　Shipper's Letter of Instruction
- 航空运单　　　　　　　Air Way Bill
- 多式联运单据　　　　　Multimodal Transport Document

6.1 运输单据案例

微课：运输单据案例分析

6.1.1 案情描述

天津某橡胶进出口公司和印度某企业签订合同，约定出口17吨化工产品到印度，贸易术语是"CIF MUMBAI"（孟买到岸）。但客户开证过来后，该橡胶进出口公司发现卸货港注明"AHMEDABAD VIA MUMBAI PORT INDIA"。AHMEDABAD是印度的一个内陆城市，该印度企业的进口许可证规定只能在此报关提货，所以提单最终目的地应显示为"AHMEDABAD"，而且信用证声明由孟买港至此内陆点的运费由买方（提货人）承担。但此批货物承运人因其在此内陆点城市没有设立代理和分支机构，拒绝承运货物至此内陆点。此时货物已收妥备运，该橡胶进出口公司几次催促客户修改信用证，但均遭拒绝，由于时间紧迫，一时又找不到可以承运至此内陆点的船公司，所以该橡胶进出口公司只能按预定航次发运。承运人最终出具的提单卸货港显示为"MUMBAI PORT INDIA"，议付行拒绝接受此提单，理由是运输单据和信用证要求不符。最后经多方努力，该橡胶进出口公司找到一家船运代理公司出具了符合要求的提单，注明从孟买至内陆点的运费和承运责任由提货人承担。此笔交易也因此耽误了收汇时间，并且由于找代理出单，给发货人和收货人都增加了不必要的费用。

6.1.2 案例分析

需要注意的是CIF术语条件下，卖方只能保证船上交货，与多式联运的要求不符，而且此案例中货物承运人并不具备多式联运的能力和资格。就提单来讲，一般的船公司都签发6个运输项目的两用提单，所以判断运输单据是港至港海运提单还是多式联运单据主要考察签发人的资格。

从各个当事人的角度来看，首先，外贸工作人员应在收到符合合同要求的信用证后再发货，以避免风险；其次，银行工作人员发现信用证目的地不是港口或者货物要求转运时，应特别注意，要求受益人提请申请人改证；再次，承运人（船公司）在不是多式联运经营人的情况下可以在提单上明确自己的承运责任和范围，推脱责任会给货主带来不便。

6.1.3 案例启示

此案例给我们的三点启示：一是信用证结算方式下，单据和信用证相符是非常重要的，受益人应当尽早催促进口商开立信用证，以便在后续发现信用证不符合要求时有充足时间催促对方改证；二是在签订合同时，规定的发货时间应该较信用证开立时间晚，预留充足的时间装货；三是运输单据作为结汇单据之一，一定要与信用证相符，否则会给受益人带来很多不便，甚至导致风险。

6.1.4 引申问题

（1）在国际贸易以及国际结算中，运输单据有哪些？各自的作用是什么？
（2）缮制和审核运输单据的要求是什么？

6.2 必备知识

6.2.1 海运货物托运单理论知识

微课：海运货物托运单

1. 海运货物托运单的定义

海运货物托运单/订舱委托书（Booking Note，B/N），是托运人根据贸易合同和信用证条款内容填制的向承运人或其代理办理货物托运的表单。表单上列有相应内容，并注明"托运人证实所填内容全部属实并愿意遵守承运人的一切章程"。承运人根据海运货物托运单的内容，结合船舶的航线、挂靠港、船期和舱位等条件，确认合适后即可接受托运。海运货物托运单缮制错漏会影响运输单据的正确缮制和快速流转，进而影响安全收汇。

2. 海运货物托运单的作用

（1）海运货物托运单是货物托运订舱的凭证。
（2）海运货物托运单是承运人接受订舱，安排运输，组织装运、转运、联运等作业的书面依据。
（3）海运货物托运单是最终签发提运单的原始依据。
（4）海运货物托运单是托运人与承运人之间运输契约的书面记录。
（5）海运货物托运单是出口货物报关的货运单据。

3. 海运货物托运单各联

第1联：集装箱货物托运单（货主留底）。
第2联：集装箱货物托运单（船代留底）。
第3联：运费通知（1）。
第4联：运费通知（2）。
第5联：装货单（S/O）。
第5联副本：缴纳出口货物港务费申请书。

第 6 联：大副联（场站收据副本）。
第 7 联：场站收据（D/R）。
第 8 联：货代留底。
第 9 联：配舱回单（1）。
第 10 联：配舱回单（2）。

> **小思考**
>
> 海运货物托运单一式十联，其中哪一联是核心联？

4. 海运货物托运单的缮制规范

（1）托运人（Shipper）。托运人可以是货主，也可以是其贸易代理人或者货运代理人。在信用证结算方式下，托运人一般为信用证受益人。本栏填写托运人的全称、街道名称、城市、国家（地区）名称，并填写联系电话、传真号。

（2）收货人（Consignee）。本栏填写收货人的全称、地址（街道名称和城市）、国家（地区）名称，并填写联系电话、传真号。

① 收货人可以不记名，填写凭指示字样如"to order"或"to order of shipper"，称为托运人指示提单，这种提单可以转让。一般托运人依据信用证对装运文件的要求，显示这种凭指示字样。

② 收货人可以记名，填写实际收货人，也可以填写货运代理人。货主委托其货运代理人托运并且运费到付时，承运人提单上的收货人是货运代理人，货代提单上的收货人是实际收货人。

③ 承运人一般不接受一票货物有两个或两个以上收货人。如果实际业务中有两个或者两个以上收货人，托运单中收货人栏内填写第一收货人，通知人栏内填写第二收货人。

（3）通知人（Notify Party）。本栏填写通知人的全称、地址（街道名称和城市）、国家（地区）名称，并填写联系电话、传真号。

通知人一般情况下同收货人，即进口商。在信用证结算方式下，银行作为第一收货人显示在提单收货人栏内；开证申请人是实际收货人，可作为第二收货人填写在通知人栏内。

（4）装运港（Port of Loading）。本栏填写装运实际货物的港口全称，必要时加上港口所在国家（地区）名称。

（5）卸货港（Port of Discharge）。本栏填写实际货物被最后卸离船舶的港口全称，必要时加上港口所在国家（地区）名称。在信用证结算方式下，要严格按照信用证规定的卸货港填写，从而避免纠纷。

（6）目的地（Final Destination）。本栏填写货物最终目的地的城市名称、国家（地区）名称。

（7）包装种类与货物名称（Kind of Packages；Description of Goods）。本栏填写

符合信用证或合同规定并与实际货物的名称、规格、型号、成分、品牌等相一致的货物名称和包装种类。

（8）箱数或件数（No. of Containers or Packages）。本栏填写装入集装箱内货物的集装箱个数或外包装件数。

① 在提单正面印有"不知条款"，表示承运人不知道集装箱内实际装入的货物品质和数量。因此托运人对于实际货物的品质、数量和件数承担全部的责任，而承运人不承担集装箱内货损、货差和短缺的责任。

② 承运人对货物的灭失或损坏支付赔偿限额，通常以件数作为计费标准。因此，一般要求托运人既要填写件数的小写数字，也要填写大写数字，以防被篡改。

③ 不同包装种类的货物混装在一个集装箱内时，货物的总件数为所有货物件数相加的和，包装种类用件数统称"packages"来表示。

④ 对于集成托盘包装的货物，一般除了填报托盘只数外，还在托盘只数后的括号内填报每只托盘上的货物的小件数。

（9）封志号、唛头（Seal No.；Marks & Nos.）。封志号是海关对监管货物施加的铅封上的编码，此号码是唯一的。一般在提单上显示封志号，托运单上不填报。

此栏填报的唛头应与实际货物外包装上正面唛头的全部内容完全一致，包括数字、字母和简单图形。

（10）毛重（Gross Weight）。本栏填写实际货物的毛重，以千克为计量单位。

（11）体积（Measurement）。本栏填写实际货物的体积，一般以立方米为计量单位。

（12）运费支付（Payment of Freight）。运费是由托运人对承运人安全运送和交付货物而支付的一种酬劳，也是合同成立的对等条件。运输条款标明"FREIGHT PREPAID"为运费预付，即托运人在装运港支付运费；"FREIGHT COLLECT"为运费到付，即收货人在目的港支付运费。

（13）要求签发的提单份数（No. of Original Bills of Lading）。在此栏内填报托运人要求签发提单的份数。

① 根据《跟单信用证统一惯例（UCP600）》规定，信用证规定的每种单据须至少提交一份正本。

② 每份提单具有同等效力。

③ 收货人持其中的任一份提单提取货物后，其他份提单即刻自动失效。

（14）可否转船。本栏填写"N／Y"或"可／否"，说明本次出运后是否可以转运。

（15）可否分批。本栏填写"N／Y"或"可／否"，如为"Y"或"可"，则在备注栏内具体说明情况。

（16）装运期限（Time of Shipment）。装运期限应严格按照信用证或合同规定填写，如"不迟于2022年7月8日"。

（17）有效期（Expiry Date）。在信用证支付条件下，有效期应参照信用证规定填写，一般规定运输单据签发日后21天内有效。

（18）金额。本栏按照发票金额填写。

（19）制单日期。本栏填写托运日期，且必须早于最迟装运期和有效期。制单日期可以是开立发票的日期，也可以早于发票日期。

> **知识拓展**

服装行业出口货物明细单或海运货物托运单的制作要点

1. 出口货物明细单实质是货主和货运代理公司之间逐笔交易的简式运输合同。

2. 出口货物明细单内容全面，包括提单的内容以及报关所需填写的全部内容，比如：提单抬头人、提单通知人、贸易国家、合同号、成交方式、运费及运输方式、出运港、目的港、出运日期、结汇方式、唛头、货物品名、HS 编码、规格及货号、件数、毛重、净重、单价、总价、体积等。

3. 货物规格的填写内容主要包括：款号、订单号、成分含量、数量、单价、总价等。

4. 备注中写明货运代理公司的单据清单。

5. 单价、品名不一致的货物分别填写。

注意：运费栏目不是填写数目，而是填写"FREIGHT PREPAID"或者"FREIGHT COLLECT"。

5. 海运货物托运单示例（见样单 6-1）

样单 6-1　海运货物托运单

（1）Shipper（托运人）	D/R No.（编号）
（2）Consignee（收货人）	海运货物托运单
（3）Notify Party（通知人）	
Pre-carriage by（前程运输）　Place of Receipt（收货地点）	
Ocean Vessel（船名）　Voyage No.（航次）（4）Port of Loading（装运港）	
（5）Port of Discharge（卸货港）　　Place of Delivery（交货地点）	（6）Final Destination（目的地）		

Container No.（集装箱号）	（9）Seal No.（封志号）；Marks & Nos.（唛头）	（8）No. of Containers or Packages（箱数或件数）	（7）Kind of Packages; Description of Goods（货物名称与包装种类）	（10）Gross Weight（毛重/千克）	（11）Measurement（体积/立方米）

续表

Total Number of Containers or Packages（IN WORDS）集装箱数或件数合计（大写）					
（12）Payment of Freight（运费支付）	Revenue Tons（运费吨）	Rate（运费率）	Per（每）	Prepaid（运费预付）	Collect（到付）
Ex Rate（兑换率）	Prepaid at（预付地点）	Payable at（到付地点）		Place of Issue（签发地点）	
	Total Prepaid（预付总额）	（13）No. of Original Bills of Lading（要求签发的提单份数）			
Service Type on Receiving □—CY □—CFS □—DOOR	Service Type on Delivery □—CY □—CFS □—DOOR	Reefer-Temperature Required（冷藏温度）		F	C
Type of Goods（种类）	□ Ordinary, □ Reefer, □ Dangerous □ Auto.（普通）（冷藏）（危险）（裸装车辆）	危险品		Class: Property: IMDG Code Page: UN No.	
	□ Liquid, □ Live Animal, □ Bulk □_____（液体）（活动物）（散货）				
（14）可否转船（N/Y）	（15）可否分批（N/Y）				
（16）Time of Shipment(装运期限)	（17）Expiry Date（有效期）				
（18）金　额					
（19）制单日期					

6.2.2 海运提单理论知识

1. 海运提单的定义

海运提单（Marine Bill of Lading, B/L）是指承运人或其代理人在收到货物后签发给托运人的一种单据，体现了承运人与托运人之间的相互关系，用以证明海上货物运输合同和货物已由承运人接收或装船，是承运人保证交付货物的凭证。

2. 海运提单的性质和作用

（1）从法律规定角度看：① 提单是承运人或其代理人出具的货物收据，证明其已按提单的记载收到托运人的货物；② 提单是代表货物所有权的凭证；③ 提单是承运人和托运人双方订立的运输契约的证明。

（2）从外贸业务角度看：①提单是承运人有条件地为托运人运输货物的书面确认；② 提单是银行结汇文件中最重要的文件；③ 提单是货主和货运代理公司之间、货运代理公司和承运人之间支付和收取运费、互相制约的有效文件。

3. 海运提单的种类

（1）根据货物是否已经装船，海运提单可以分为已装船提单和备运提单。

已装船提单（Shipped B/L 或 On Board B/L）是指船公司已经将货物装上指定船舶后才签发的提单，其特点是提单上必须以文字表明货物已经装在指定船舶上，并载有装船日期，同时还应由船长或者其代理人签字。

备运提单（Received for Shipment B/L）又称为收货待运提单或收讫待运提单，是指船公司已收到托运货物并在等待装运期间所签发的提单。

> **小思考**
>
> 怎样从单据上判断一张提单上列明的货物是备运状态还是已装船状态？

（2）根据有无对货物外表状况的不良批注，海运提单可以分为清洁提单和不清洁提单。

清洁提单（Clean B/L）是指承运人对货物表面状况未加"货物残缺或包装破损"等不良批注的提单，在货物装船时"表面状况良好"。如果信用证没有特别规定，所提交的提单必须是清洁的。

不清洁提单（Unclean B/L 或 Foul B/L）是指船公司在提单上对货物表面状况有"包装不良"或"存在缺陷"等批注的提单。

（3）根据收货人抬头的不同，海运提单可以分为记名提单、不记名提单和指示提单。

记名提单（Straight B/L）是指在提单上的收货人栏内填写特定收货人名称的提单。记名提单不能通过背书转让，因此从国际贸易的角度看，它虽然安全，但给贸易各方的交易带来诸多不便，在实际业务中使用并不多。

不记名提单（Bearer B/L 或 Open B/L，或 Blank B/L）是指在提单上的收货人栏内没有指明任何收货人的提单。不记名提单无须背书即可转让，任何人持有提单便可要求承运人放货，因此风险较大，在国际贸易中也很少被采用。

指示提单（Order B/L）是指在提单的收货人栏内填写"凭指定"（TO ORDER）或"凭某某人指定"（TO ORDER OF）字样的提单。这种提单通过背书可以转让，因此在国际海运业务中使用得较为广泛。

小提示

记名提单、不记名提单、指示提单实际应用时在可否转让、怎样转让方面有着很大的区别。

（4）根据签发时间的不同，海运提单可以分为预借提单、过期提单和倒签提单。

预借提单（Advanced B/L）。若已到信用证装运日期和交单期，而货物因故尚未装船或已开始装船尚未完毕，在这种情况下，托运人为了交单结汇向承运人或其代理人提出预先签发已装船提单，这种行为称为预借，借得的提单称为预借提单。

过期提单（Stale B/L）。出口商取得提单后未能及时到银行结汇，已过银行规定的结汇期限而形成过期提单。按照规定，凡超过装运日期 21 天后提交的单据即为过期提单，一般情况下，银行不予接受。

倒签提单（Anti-dated B/L）。在货物装船完毕后，承运人或其代理人应托运人的要求，由承运人或其代理人签发提单，但提单上的签发日期早于该批货物实际装船完毕的日期，以符合信用证装运期的规定。这种倒填日期签发的提单为倒签提单。

 小思考

预借提单和倒签提单合法吗？

（5）根据运输方式的不同，海运提单可以分为直达提单、转船提单和联运提单。

直达提单（Direct B/L）是指轮船中途不经过换船而直接驶往目的港卸货所签发的提单，凡信用证规定不准转船者，必须使用这种提单。

转船提单（Transhipment B/L）是指从装运港装货的轮船，不直接驶往目的港，而需要在中途换装其他船舶所签发的提单。

联运提单（Through B/L）是指运输业务由海运和其他运输方式组成联合运输时，由第一程承运人所签发的包括全程运输的提单。联运提单虽包括全程运输，但签发联运提单的承运人一般只承担他负责运输的一段航程内的责任。

（6）其他种类的海运提单。

电子提单（Electronic B/L）是为适用 EDI 需要而设计的非书面化提单，签发、通知、放货等每个环节都是以电子报文和回执确认的方式进行。

无船承运人提单（NVOCC B/L）是指一般由承运人签发提单给无船承运人，然后承运人以自己的名义签发给客户的提单。无船承运人提单与其他运输单据同样处理。

副本提单（Copy of B/L）与正本提单的内容完全一致，但是没有"正本"字样，一般情况下，银行不接受这种没有"正本"字样的提单。

简式提单（Short Form B/L）是在提单的正面列出以下类似文字："各项条款及例外条款以本公司正规的全式提单内所印的条款为准"。如果提单既未印上详细的承运条件，也未注明承运条件参阅提单以外某一出处或另一文件，这样的提单是不能接受的。

4. 海运提单的缮制规范

（1）托运人（Shipper）。托运人即委托运输的人，如信用证无特殊规定，在进出口贸易中通常填写出口商的名称和地址，一般为信用证的受益人、合同的卖方，也可以是第三方。

（2）收货人（Consignee）。收货人即提单的抬头人，应按信用证规定填写，并与托运单的"收货人"栏目一致。

① 记名抬头：直接填写收货人名称和地址，如"To ABC Co."。
② 不记名抬头：填写"To Bearer"或"To holder"。
③ 指示抬头：按信用证规定填写，如"To order ""To order of ×××"。如果填写"To order ""To order of Shipper"，两种情况都是托运人指示提单。如果填写"To order of ×××"，则称为记名指示提单，记名指示人可以是银行，也可以是贸易商。

微课：海运提单的填写要点

> **小思考**
>
> 如果信用证要求提交海运提单并规定"FULL SET OF 3/3 CLEAN ON BOARD OCEAN BILLS OF LADING MADE OUT TO ORDER MARKED 'FREIGHT PREPAID'"，那么"收货人"一栏应该怎样填写？

（3）通知人（Notify Party）。信用证结算方式下，通知人应按信用证规定填写，须注明被通知人的详细名称和地址。如信用证规定"Full set of B/L...notify applicant"，应在本栏填写开证申请人的全称及地址。如信用证无规定时，正本提单可留空不填，但随船的副本提单须填写开证申请人的详细名称和地址。

（4）前程运输（Pre-carriage by）。本栏填写联合运输过程中在装运港装船前的运输方式。例如，从石家庄用火车将货物运到新港，再由新港装船运至目的港，本栏可填写"Wagon No.×××"或者"By Train"，如不存在此种情况，该栏空白。

（5）收货地点（Place of Receipt）。本栏填写"前程运输"的接收货物的地点。例如，在上例中，收货地点应填写"石家庄（Shijiazhuang）"。

（6）船名和航次（Vessel and Voyage No.）。本栏填写实际载货船舶的名称和本次航行的航次，如"FengQing V.102"。没有航次的可以不填。如果货物中途需要转运，则此栏应填写第二程船的船名和航次。

（7）装运港（Port of Loading）。装运港即启运港，应按信用证规定填写。如信用证只是笼统规定"CHINA MAIN PORTS"，则应填写实际装运港口的名称，如"Qingdao"。如信用证同时列明几个装货港的，如"Xingang/Qinhuangdao/Tangshan"，提单只能填写其中一个实际装运的港口名称。

（8）卸货港（Port of Discharge）。卸货港即目的港，应按信用证规定填写。除

FOB 术语外，卸货港不能填写笼统的名称（如"European Main Port"），必须列出具体的港口名称。如国际上有重名港口的，还应加注国家名称。

在转船情况下可以在卸货港名称之后加注转运港名称，如"Rotterdam W/T at Hong Kong"或在货名栏下方的空白处加注转船的说明；如有转运港栏目，则直接填入转运港名称。

（9）交货地点（Final Destination）。本栏填写最终目的地名称。如货物的目的地就是目的港，该栏可以空白，也可以填写目的港名称。

（10）提单号码（B/L No.）。提单右上角必须列明承运人及其代理人规定的提单号码，以便核查，否则提单无效。

（11）集装箱号码/封志号（Container Seal No.）。本栏填写集装箱号码和封志号。封志号是海关查验货物后施加的，作为封箱的铅制关封号，应如实填写。

（12）唛头（Marks and Nos.）。唛头按发票缮制。提示：唛头应与信用证和其他单据一致，没有唛头，用"N/M"表示，不能空白。

（13）件数和包装种类（Number and Kind of Packages）。按货物实际装运情况填写外包装情况。如果是包装货物，应注明包装数量和单位，如"100 bales""250 drums"；如果是集装箱运输，由托运人装箱的，可只填写集装箱数量，如"2 containers"。同时要在栏目下面的空白处或大写栏内加注件数（大写的英文），如"SAY ONE HUNDRD BALES ONLY"或"SAY TWO CONTAINERS ONLY"。

散装货可注明"In bulk"字样，无须列明大写件数。

如有多种货物采用多种包装，则应分别列明各种货物的件数和包装种类并加列合计总件数。

（14）货物描述（Description of Goods）。本栏按信用证和发票货名填写，如发票名称过多或过细，提单可填写货物的总称，但不能与发票货名相矛盾。

（15）毛重（Gross Weight）。以千克（kg）为单位填写装运货物的毛重，千克以下按四舍五入处理。

（16）体积（Measurement）。以立方米（m^3）为单位填写货物的体积，立方米以下保留小数点后三位数。提单上毛重和体积两项数据是船公司计算运费的依据之一。

（17）总包装件数（Total No. of Packages or Containers）。本栏填写内容由大写英文数字、包装单位和"ONLY"组成，如"ONE HUNDRED CARTONS ONLY"。

（18）运费和附加费（Freight and Charges）。除非有特殊规定，本栏只填写运费的付费情况，如"Freight Prepaid"或"Freight Collect"，不填写具体金额。

（19）运费支付地（Freight Payable at）。本栏填写实际支付运费的地点。

（20）正本提单份数（Number of Original Bs/L）。收货人凭正本提单提货，正本提单的份数应按信用证的要求，在本栏内用大写的英文（如 TWO、THREE 等）注明。

（21）签发地点及日期（Place and Date of Issue）。签发地点通常为装运地点，签发地点一般是装货港，如不一致，也可以接受。签发日期即为装运日期，每张提单必须有签发日期。

（22）签章（Signature）。信用证规定手签的必须手签。本栏可以由承运人或其具名代理或代表，或船长或其具名代理或代表签署。承运人或船长的任何签字或证实，必须标明"承运人"或"船长"的身份；代理人代表承运人或船长签字或证实时，也必须标明所代表的名称和身份。

按照上述规定，提单签字应根据签字人的不同情况批注不同内容。

（23）装船批注或装船备忘录（On Board Notation）。海运提单必须是已装船提单，即使信用证没有规定，提单也要有"已装船"的字样。

提单要显示装船日期，且此日期不能迟于信用证规定的最迟装运日。

① 如果提单上预先印就"已装船"文字或相同意思，这种提单通常被称为"已装船提单"，不必另行加注"已装船"批注，提单的签发日期就是装船日期和装运日期。

② 如果提单载有"预期船只（Expected Vessels）"或类似的关于船名的限定语，则须以"已装船"标注明确发运日期以及实际船名。通常这种提单被称为"收妥备运提单"。

5. 海运提单示例（见样单 6-2）

样单 6-2　海运提单

(1) Shipper			(10) B/L No. 中国×××运输总公司 CHINA ××× TRANSPORT CORPORATION 直运或转船提单 DIRECT OR TRANSHIPMENT B/L
(2) Consignee			
(3) Notify Party			
(4) Pre-carriage by	(7) Port of Loading	(5) Place of Receipt	
(6) Vessel and Voyage No.	Port of Transhipment		
(8) Port of Discharge	(9) Final Destination		
(11) Container Seal No. or (12) Marks and Nos.	(13) Number and Kind of Packages, (14) Description of Goods	(15) Gross Weight (kg)	(16) Measurement (m^3)
(17) TOTAL NO. OF PACKAGES OR CONTAINERS（IN WORDS）			
REGARDING TRANSHIPMENT INFORMATION PLEASE CONTACT		(18) Freight and Charges	
Exchage Rate	Prepaid at	(19) Freight Payable at	(21) Place and Date of Issue
	Total Prepaid	(20) Number of Original Bs/L	(22) Signature
(23) On Bord Notation			

6. 海运提单的背书

海运提单是物权凭证，代表所载货物的所有权。不论是记名提单、不记名提单还是指示提单,在凭提单换取提货单时,收货人都应该在提单上记载提货意思的表示,通常是由收货人在提单背面盖章、签字,这种行为称为提单的背书。

(1)提单的背书与转让。

记名提单:不得转让。

不记名提单:无须背书即可转让,不记名提单提货时的盖章、签字仅仅表示记载提货。

指示提单:必须经过记名背书或空白背书才可以转让,指示提单提货时的盖章、签字才是真正意义上提单的背书。

(2)提单的背书形式。

记名背书是指在提单背面写明被背书人的名称,并由背书人签名的背书形式。

不记名背书也称为空白背书,是指背书人在提单背面签上自己的名字,但不记载任何受让人的背书形式。

指示背书是指背书人在提单背面写明"凭×××指示"的字样,同时由背书人签名的背书形式。

知识拓展

电放保函

电放就是货主由于种种原因(如航期短、节省成本等)要求放弃正本提单,在船即将到港前以电子邮件、传真或电报方式,将提单副本发给收货人,收货人在目的港可以凭借提单副本和电放保函提货。这种情况下,船公司或货运代理公司都会要求放弃正本提单的货主出具保函,证明正本提单是货主自己放弃的,如果出现问题由货主自己负责,这个保函就是电放保函。

电放保函示例

6.2.3 航空运单理论知识

1. 国际航空运输的营运方式

(1)班机(Scheduled Air Line)。

班机是指在固定航线上定期开航的航班,是有固定的航行时间、固定始发站和目的港、固定经停站的飞机。一般航空公司都使用客货混合型飞机(Combination Carrier),既搭载旅客,又运送少量货物。但一些较大的航空公司在一些航线上开辟定期的货运航班,使用全货机(All Cargo Carrier)运输。

(2)包舱包板(Chartered Carrier)。

包舱包板是指托运人所运输的货物在一定时间内需要单独占用飞机部分或全部货舱、集装箱、集装板,而承运人需要采取专门措施予以保证的一种营运方式。

(3)航空快件(Air Express)。

航空快件是指从事快件运输的航空货运代理公司与航空公司合作,将进出境的货物或物品从发件人所在地通过自身或代理网络,以最快速度运达收件人的一种快速运输方式。

（4）集中托运（Consolidation）。

集中托运商将多个托运人的货物集中起来作为一票货物交付给承运人，以较低的运价运输这些货物。货物到达目的港以后，由分拨代理商统一清关后，再分别交付给不同的收货人。

集中托运经营方式下有两种航空运单：主运单（Master Air Way Bill）和分运单（House Air Way Bill）。

2. 国际货物托运单的定义

国际货物托运单（Shipper's Letter of Instruction）是国际航空运输货物委托他人办理托运的单据。根据《统一国际航空运输某些规则的公约（华沙公约）》第六条第一款和第五款的规定，货运单应由托运人填写，但也可委托承运人或其代理人代替填写。在实际工作中，由于种种原因，托运人往往不能亲自填写货运单并在货运单上签字，因此必须使用国际货物托运单，委托承运人或其代理人或航空货运代理人代替填写货运单，并代表托运人在货运单上签字。托运单是托运人对所运货物的有关情况的说明，被委托人可凭以缮制航空运单。托运单要求内容正确无误，否则凭以缮制的航空运单会因内容不实或差错而造成承运人或其他人损失，后果由托运人自行负责。

3. 国际货物托运单的缮制规范

（1）托运人名称和地址（Shipper's Name and Address）。本栏填写托运人的全称、街道名称、城市、国家（地区）名称、电话、电传、传真号。

（2）收货人名称和地址（Consignee's Name and Address）。本栏填写收货人的全称、街道名称、城市、国家（地区）名称、电话、电传、传真号。

（3）始发站（Airport of Departure）。本栏填写始发站机场的名称，使用英文全称或三字代码。

（4）到达站（Airport of Destination）。本栏填写最后目的站机场名称或三字代码，如不确定机场名称，可填写目的地城市名称，如 LONDON UK（英国伦敦）。

（5）运输路线（Routing）。本栏填写航空公司安排的运输路线，但如果托运人有要求，也可按要求填写本栏。

（6）已预留吨位（Booked）。本栏填写航空公司安排的舱位，但如果托运人有要求，也可以按计费吨位填写。

（7）运输声明价值（Declared Value for Carriage）。托运人向承运人声明货物价值。

（8）海关声明价值（Declared Value for Customs）。本栏填写托运人向海关申报的货物价值。

（9）件数（No. of Packages）。本栏填写货物的件数、包装种类。

（10）实际毛重（Actural Gross Weight）。本栏填写货物实际毛重，用代码 KG 表示千克。

（11）运价类别（Rate Class）。本栏填写所采用的货物运价类别的代号。

　　M——最低运价；

　　N——45千克以下普通货物运价；

　　Q——45千克以上普通货物运；

　　C——指定商品运价。

（12）计费重量（Chargeable Weight）。本栏填写据以收取航空运费的货物重量。

（13）费率（Rate /Charge）。本栏填写所适用的货物运价。

（14）货物名称和数量（Name and Quantity of goods）。本栏填写货物的具体名称和数量。

（15）运费（Charges）。PP表示预付；CC表示到付。

（16）托运人签字（Signature of Shipper）。本栏由托运人或其他代理人签字盖章。

（17）日期（Date）。本栏由托运人填写开货运单的时间。

4．国际货物托运单示例（见样单6-3）

样单6-3　国际货物托运单

国际货物托运单
Shipper's Letter of Instruction

（3）始发站 AIRPORT OF DEPARTURE		（4）到达站 AIRPORT OF DESTINATION					供承运人用 FOR CARRIER USE ONLY	
							航班/日期 FLIGHT/DATE	航班/日期 FLIGHT/DATE
（5）运输路线 ROUTING								
至 TO	第一承运人 BY FIRST CARRIER	至 TO	承运人 CARRIER	至 TO	承运人 CARRIER	至 TO	承运人 CARRIER	（6）已预留吨位 BOOKED
收货人账号 CONSIGNEE'S ACCOUNT NO.		（2）收货人名称和地址 CONSIGNEE'S NAME AND ADDRESS					（15）运费 CHARGES	
另请通知 ALSO NOTIFY								
托运人账号 SHIPPER'S ACCOUNT NO.		（1）托运人名称和地址 SHIPPER'S NAME AND ADDRESS						
托运人申报价值 SHIPPER'S DECLARED VALUE		保险金额 AMOUNT OF INSURANCE				随附文件 DOCUMENTS TO ACCOMPANY AIR WAYBILL		
（7）运输声明价值 DECLARED VALUE FOR CARRIAGE	（8）海关声明价值 DECLARED VALUE FOR CUSTOMS							

（9）件数 NO. OF PACKAGES	（10）实际毛重 （千克） ACTUAL GROSS WEIGHT（KG）	（11）运价类别 RATE CLASS	（12）收费重量 CHARGEABLE WEIGHT	（13）费率 RATE/CHARGE	（14）货物名称及数量（包括体积或尺寸） NAME AND QUANTITY OF GOODS（INCL DIMENSIONS OR VOLUME）
在货物不能交与收货人时，托运人指示的处理方法 SHIPPER'S INSTRUCTIONS IN CASE OF INABILITY TO DELIVER SHIPMENT AS CONSIGNED					
处理情况（包括包装方式、货物标志及号码等） HANDING INFORMATION（INCL METHOD OF PACKING, IDENTIFYING MARKS AND NUMBERS ECT.）					

托运人证实以上所填全部属实并自愿遵守托运人的一切载运章程。
THE SHIPPER CERTIFIES THAT PARTICULARS IN THE FACT HEREOF ARE CORRECT AND AGREES TO THE CONDITIONS OF CARRIAGE OF THE CARRIER.

（16）托运人签字　　　　　　　　　　　　经手人
SIGNATURE OF SHIPPER　　　　　　　　　SIGNATURE OF AGENT
日期　　　　　　　　　　　　　　　　　　（17）日期
DATE　　　　　　　　　　　　　　　　　　DATE

5. 航空运单的定义

航空运单（Air Waybill, AWB）是指托运人或托运人委托承运人或其代理人缮制的、托运人和承运人之间为在承运人航线上承运托运人货物所订立的运输契约的凭证。它是办理货物运输的依据，是计收运费的财务凭证。通常，航空运单由货运代理人代为缮制。

6. 航空运单的作用

（1）航空运单是航空货物运输条件及合同订立和承运人接收货物的初步证据。
（2）航空运单是货物交付后的收据，是银行结汇单据之一。
（3）航空运单是运费结算凭证及运费收据。
（4）航空运单是承运人在货物运输组织全过程中运输货物的依据。
（5）航空运单是保险的证明。
（6）航空运单是国际进出口商办理货物清关的证明文件。

7. 主运单和分运单

（1）主运单（Master AWB）。集中托运商以自己的名义向航空公司订舱托运，航空公司收运后签发给集中托运商的就是主运单。
（2）分运单（House AWB）。集中托运商在取得航空公司签发的主运单后，签发自己的分运单给真正的收发货人。它是集中托运商接收货物的初步证据，是集中托运商的目的港代理人交付货物给收货人的正式文件，也是集中托运商与托运人结算运费的依据。

8. 航空运单的构成

航空运单一般一式十二联，其中三联正本、六联副本、三联额外副本。三联正本分别是：

1	正本 1	绿色	交开单人
2	正本 2	粉红色	交收货人
3	正本 3	蓝色	交托运人

9．航空运单的缮制规定

（1）托运人在航空运单上签字，证明其接受了航空运单正面和背面的运输条款。

（2）航空运单要求用大写英文字母填写打印，不得随意涂改。

（3）航空运单中有标题的阴影栏目仅由承运人填写。没有标题的阴影栏目一般也不需要填写，除非承运人有特殊需要。

（4）修改航空运单时应将所有剩余的各联一同修改，并盖章确认。

（5）运费更改通知书（CCA）：货物出运后，托运人要求更改航空运单上除了声明价值和保险金额以外的其他费用；若收货人尚未提货，承运人应同意更改并发送运费更改通知书。

10．航空运单的缮制规范

航空运单与海运提单类似，也有正面、背面条款之分，不同的航空公司也会有自己特定的航空运单格式。所不同的是，航运公司的海运提单可能千差万别，但各航空公司所使用的航空运单则大多借鉴国际航空运输协会（International Air Transport Association, IATA）所推荐的标准格式，差别并不大。所以我们这里只介绍这种标准格式，也称中性运单。需要填写的栏目说明如下：

（1）始发站机场（Airport of Departure）：需填写 IATA 统一制定的始发站机场或城市的三字代码，这一栏应该和（11）栏相一致。

1A：IATA 统一制定的航空公司代码，如中国的国际航空公司的代码就是 999。如果没有机场的 IATA 三字代码，可以填写机场所在城市的 IATA 三字代码。

1B：运单号。

（2）托运人姓名、住址（Shipper's Name and Address）。本栏填写托运人的姓名、国家（地区）名称、城市、街道名称、门牌号码、邮政编码和电话号码。

（3）托运人账号（Shipper's Account Number）。本栏根据承运人的需要填写托运人账号，但只在必要时填写。

（4）收货人姓名、住址（Consignee's Name and Address）。本栏填写收货人的姓名、国家（地区）名称、城市、街道名称、门牌号码、邮政编码和电话号码。收货人的姓名应与其有效身份证件相符，地址应详细，邮政编码和电话号码应清楚准确。与海运提单不同，航空运单不可转让，所以"凭指示"之类的字样不得出现，即此栏内不可填写"TO ORDER"字样。

（5）收货人账号（Consignee's Account Number）：同（3）栏一样只在必要时填写。

（6）承运人代理的名称和所在城市（Issuing Carrier's Agent Name and City）。本栏填写承运代理人的名称及其所在的城市，应清楚详细。

（7）代理人的 IATA 代码（Agent's IATA Code），在 NON-CASS 系统区，必须填写 IATA 代码；在 CASS 系统区，还应填写三位数字的地址代码及检查号。

（8）代理人账号（Account No.）。本栏根据承运人的需要，填写代理人账号。

（9）所要求的航线（Requested Routing）。本栏填写货物始发站的机场的名称，应填写英文全称，不得简写或使用代码。

（10）支付信息（Accounting Information）。此栏只有在采用特殊付款方式时才填写。

① 以现金或者支票支付货物运费，应予注明。

② 以旅费证支付货物运费，仅限于作为货物运输的行李，填写旅费证的号码及应支付的金额，填写客票及行李票号码、航班、日期等。

③ 以政府提单支付货物运费，填写政府提单的号码。

④ 因无法交付而退回始发站的货物，在新的货运单的此栏内填写原货单号码。

（11A）（11C、11E）去往（To）。分别填入第一（二、三）中转站机场的 IATA 代码。

（11B）（11D、11F）承运人（By）。分别填入第一（二、三）段运输的承运人。

（12）货币（Currency）。本栏填入 ISO 货币代码以及始发站所在国家的货币的三字代码（由国际标准化组织，即 ISO 规定）。除（33A）至（33D）栏以外，货运单上所有货物运费均应以此币种表示。

（13）付款方式（CHGS Code）。表明支付方式。

（14）运费及声明价值费（Weight Charge/Valuation Charge，WT/VAL）。此时可以有两种情况：预付（Prepaid，PPD）或到付（Collect，COLL）。需要注意的是，航空货物运输中运费与声明价值费支付的方式必须一致，不能分别支付，即航空运费和声明价值费必须同时全部预付或者到付。

（15）其他费用（Other）。其他费用也有预付和到付两种支付方式。在相应的栏目"PPD""COLL"内填写"×"。

（16）运输声明价值（Declared Value for Carriage）。在此栏填入托运人要求的用于运输的声明价值。如果托运人不要求声明价值，则填入"NVD（No Value Declared）"。

（17）海关声明价值（Declared Value for Customs）。托运人在此栏填入对海关的声明价值，或者填入"NCV（No Customs Valuation）"，表明没有声明价值。

（18）目的地机场（Airport of Destination）。本栏填写最终目的地机场的英文全称，不得简写或使用代码。如有必要，填写该机场所属国家、州的名称或城市的全称。

（19）航班及日期（Flight/Date）。本栏填入货物所搭乘航班及日期。

（20）保险金额（Amount of Insurance）。只有在航空公司提供代保险业务而客户也有此需要时才填写，否则此栏填写"NIL"或者"×××"等。

（21）操作信息（Handling Information）。本栏一般填入承运人对货物处理的有关注意事项。

（22A）～（22L）货物运价、运费细节。

A. 货物件数和运价组成点（No. of Pieces RCP）。本栏填入货物包装件数，如 10 包即填"10"。如果所使用的货物运价种类不同，应分别填写，并将总件数填写在此处。如果货物运价是分段相加运价，将运价组成点（运价点）的 IATA 三字代码填写在件数下面。

B. 毛重（Gross Weight）。本栏填入货物总毛重。

C. 重量单位。重量单位可选择千克（kg）或磅（lb）。

D. 运价等级（Rate Class）。针对不同的航空运价共有 6 种代码，它们分别是 M（Minimum，起码运费）、C（Specific Commodity Rates，特种运价）、S（Surcharge，高于普通货物运价的等级货物运价）、R（Reduced，低于普通货物运价的等级货物运价）、N（Normal，45 千克以下货物适用的普通货物运价）、Q（Quantity，45 千克以上货物适用的普通货物运价）。

E. 商品代码（Commodity Item No.）。商品代码应根据下列情况分别填写。

使用指定商品运价时，填写指定商品代码。

使用等级货物运价时，填写所适用的普通货物运价的代码及百分数。填写"R"表示附减等级运价、"S"表示附加等级运价。

根据从低原则使用重量分界点运价时，填写重量分界点运价代码及分界点重量。

F. 计费重量（Chargeable Weight）。本栏填入航空公司据以计算运费的计费重量，该重量可以与货物毛重相同，也可以不同。

G. 运价（Rate/Charge）。本栏填入该货物适用的费率。

H. 运费总额（Total）。本栏数值应为起码运费值或者是运价与计费重量两栏数值的乘积。

I. 货物的品名、数量（含尺码或体积）（Name and Quantity of Goods）。货物的尺码应以厘米或英寸为单位，尺寸分别以货物最长、最宽、最高边为基础。体积则是上述三边的乘积，单位为立方厘米或立方英寸。

J. 该运单项下货物总件数。

K. 该运单项下货物总毛重。

L. 该运单项下货物总运费。

（23）其他费用（Other Charges）。其他费用指除运费和声明价值以外的其他费用。根据 IATA 规则，各项费用分别用三个英文字母表示，其中第三个字母是 C 或 A，分别表示费用应支付给承运人（Carrier）或货运代理人（Agent）。

（24）~（26）分别记录运费（Weight Charge）、声明价值（Valuation Charge）和税款金额（Tax），有预付和到付两种方式。

（27）~（28）分别记录需要支付给货运代理人和承运人的其他费用合计金额。

（29）需预付或到付的各种费用。

（30）需预付或到付的总金额。

（31）托运人的签字（Signature of Shipper or his Agent）。

（32）签单日期、签单地点、制单承运人或其代理人的签字。

签单日期（Executed on）。本栏填写货运单的填开日期，包括年、月、日。

签单地点（At）。本栏填写货运单的填开地点。

制单承运人或其代理人签字、盖章（Signature of Issuing Carrier or its Agent）。

本栏由缮制货运单的承运人或其代理人签字、盖章。

（33）货币换算及目的地机场收费记录。

以上所有内容不一定要全部填入航空运单，IATA 也并未反对在航空运单中填入其他所需的内容。但这种标准化的单证有助于航空货运经营人提高工作效率，并且对促进航空货运业向电子商务的方向迈进有着积极的意义。

11. 航空运单示例（见样单 6-4）

样单 6-4　航空运单

(2) Shipper's Name and Address			(3) Shipper's Account Number			NOT NEGOTIABLE **Air Waybill** Issued by						
						Copies 1, 2 and 3 of this Air Waybill are originals and have the same validity.						
(4) Consignee's Name and Address			(5) Consignee's Account Number			It is agreed that the goods described herein are accepted in apparent good order and condition (except and noted) for carriage SUBJECT TO THE CONDITIONS OF CONTRACT ON THE REVERSE HEREOF.ALL GOODS MAY BE CARRIED BY ANY OTHER MEANS INCLUDING ROAD OR ANY OTHER CARRIER UNLESS SPECIRC CONTRARY INSTRUCTIONS ARE GIVEN HEREON BY THE SHIPPER,AND SHIPPER AGREES THAT THE SHIPMENT MAY BE CARRIED VIA INTERMEDIATE STOPPING PLACES WHICH THE CARRIER DEEMS APPRIER'S LIMITATION OF LIABILITY. Shipper may increase such limitation of liability by declaring a higher value for carriage and paying a supplemental charge if required.						
(6) Issuing Carrier's Agent Name and City												
(7) Agent's IATA Code			(8) Account No.			(10) Accounting Information						
(1) Airport of Departure (Addr.of First Carrier) and (9) Requested Routing												
To (11A)	By First Carrier (11B)		To (11C)	By (11D)	To (11E)	By (11F)	Currency (12)	CHGS Code (13)	(14) WT/ VAL		(15) Other		(16) Declared Value for Carriage	(17) Declared Value for Customs
									PPD	COLL	PPD	COLL		
(18) Airport of Destination			(19) Flight/Date [ ]			(20) Amount of Insurance		INSURANCE-If Carrier offers insurance ,and such insurance is requested in accordance with the conditions thereof, indicate amount to be insured in figures in box marked 'Amount of Insurance.				
Handling Information (21)												
												SCI
No. of Pieces RCP	Gross Weight	Kg/ Lb	Rate Class Commodity Item No.		Chargeable Weight	Rate / Charge		Total				Name and Quantity of Goods
22A	22B	22C	22D 22E		22F	22G		22H				22I
22J	22K							22L				
Prepaid [ ]	(24) Weight Charge [ ]		Collect [ ]		Other Charges (23)							
(25) Valuation Charge [ ]												
(26) Tax [ ]												
(27) Total other Charges Due Agent [ ]					Shipper certifies that the particulars on the face hereof are correct and that insofar as any part of the consignment contains dangerous goods, such part is properly described by name and is in proper condition for carriage by air according to the applicable Dangerous Goods Regulations.							
(28) Total other Charges Due Carrier [ ]												
					Signature of Shipper or his Agent (31)							
(29) Total Prepaid			(29) Total Collect		(32) Executed on (date) at(place) Signature of issuing Carrier or its Agent							
(33) Currency Conversion Rates			(33) CC Charges in Dest. Currency									
For Carrier's Use only At Destination			(33) Charges at Destination		(30) Total Collect Charges							

6.2.4 国际多式联运单据理论知识

1. 国际多式联运的含义与特点

（1）国际多式联运的含义。

国际多式联运（Multimodal Transport）是指按照国际多式联运合同，以两种或两种以上不同的运输方式，由多式联运经营人将货物从一国境内接管货物的地点运至另一国境内指定交付货物的地点。

（2）国际多式联运的特点。

① 必须是国际的货物运输（从一国至另一国）。
② 必须包括两种或两种以上不同的运输方式（海－空、海－铁－海、海－陆等）。
③ 必须有一张联运契约，由多式联运经营人签发全程运输单一负责的多式联运单据。

2. 国际多式联运的基本操作方式

国际多式联运的交接地点和交接方式完全是由贸易合同或运输合同决定的。以"公路－海运－公路联运"为例，国际多式联运的交接地点与交接方式见表6-1。

表6-1 国际多式联运的交接地点与交接方式

交接方式	英文简称	交接地点
整箱/整箱	FCL/FCL	发货工厂（门）→装港堆场（CY）→卸港堆场（CY）→收货工厂（门）
整箱/拼箱	FCL/LCL	发货工厂（门）→装港堆场（CY）→卸港堆场（CY）→集装箱货运站 CFS→收货（门）
拼箱/整箱	LCL/FCL	发货工厂→集装箱货运站 CFS→装港堆场（CY）→卸港堆场（CY）→收货工厂（门）
拼箱/拼箱	LCL/LCL	发货工厂（门）→集装箱货运站 CFS→装港堆场（CY）→卸港堆场（CY）→集装箱货运站 CFS→收货工厂（门）

3. 多式联运单据的含义和性质

（1）多式联运单据的含义。多式联运单据（Multimodal Transportation Document, MTD）是由多式联运经营人或其代理人签发，用于证明多式联运合同和货物已经由多式联运经营人接管并承运的单据；也是多式联运经营人据以按合同条款保证交付货物的单据。因此，它既是货物收据，也是运输合同证明。

（2）多式联运单据与海运提单的区别。

① 签发时间不同：多式联运单据的签发时间是收货后，而海运提单的签发时间是装船后。
② 签发人不同：多式联运单据的签发人是多式联运经营人，而海运提单的签发人是海上承运人或其代理人。
③ 运输方式不同：多式联运单据适用的运输方式包括海运和多式联运，而海

运提单适用的运输方式仅限单一海运方式。

④ 性质不同：多式联运单据是收货待运提单，所以当多式联运单据作为海运提单使用时，装船批注内应加上"实际船名""装运日""ON BOARD"字样；而海运提单是已装船提单，无须加注上述字样。

⑤ 承运人责任不同：多式联运单据签发人(多式联运经营人)对货物的全程运输负责，即其责任是从接受货物起到交付货物为止，因此，多式联运单据正面应有表述货物已收妥或接管的字样，并有接受的地点（PLACE OF RECEIPT），以及实际内陆交货地（PLACE OF DELIVERY）；而海运提单只显示"装运港"（PORT OF LOADING）、"卸货港"（PORT OF DISCHARGE）、"中转港"（PORT OF TRANSHIPMENT），且海运提单的签发人只对自己执行的这一程运输负责。

（3）多式联运单据的签发地点。

① 在工厂或仓库收货后签发；

② 在集装箱货运站收货后签发；

③ 在内陆港或码头堆场收货后签发。

4. 多式联运单据示例（见样单6-5）

样单 6-5　多式联运单据

Shipper		B/L NO.	
Consignee		中国×××运输总公司 **CHINA ××× TRANSPORT CORPORATION** 多式联运单据 **Multimodal Transportation Document**	
Notify Party			
Pre-carriage by	Port of Loading		
Vessel	Port of Transhipment		
Port of Discharge	Final Destination		
Container Seal No. or Marks and Nos.	Number and kind of Packages, Description of Goods	Gross Weight (kgs)	Measurement (m³)
REGARDING TRANSHIPMENT INFORMATION PLEASE CONTACT		Freight and Charge	
Ex.rate	Prepaid at	Freight Payable at	Place and Date of Issue
	Total Prepaid	Number of Original Bs/L	Signed for or on behalf of the Carrier

6.3 实操指导

6.3.1 任务及要求

公司备好货后,需要按照合同及信用证的要求安排货物的装运事宜。公司订仓后安排货物顺利装船,并拿到了海运提单。现在要求小陈根据所学知识及本单业务情况检查海运提单(见样单6-6)。

主要货运单证的流转程序

6.3.2 任务执行与完成

样单6-6 海运提单

Shipper TANGSHAN BY OSSEOUS CERAMIC CO., LTD ADDRESS:NO.×××TANGMA ROAD,KAIPING DISTRICT,TANGSHAN CITY,HEBEI PROVINCE, PROVINCE,CHINA TEL/FAX:86-315-3189×××			B/L NO. CNFT022102 中国×××运输总公司 CHINA ××× TRANSPORT CORPORATION 直达或转船提单 DIRECT OR TRANSHIPMENT B/L	
Consignee TO ORDER					
Notify Party ABC IMPORT COMPANY,THE UNITED KINGDOM ×××LAWTON STREET, LONDON, ENGLAND					
Pre-carriage by	Port of Loading XINGANG,CHINA			
Vessel DONGFENG V.073E	Port of Transhipment			
Port of Discharge LONDON,THE UNITED KINGDOM	Final Destination			
Container Seal No. or Marks and Nos. N/M	Number and Kind of Packages, Description of Goods ONE 1×20 GP FCL CONTAINER, 270 SETS 84 PCS LOTUS SHAPE BONE CHINA DINNER SET	Gross weight (kgs) 6 750 kgs	Measurement (m³) 24.3 cbm	
TOTAL NO. OF PACKAGES OR CONTAINERS (IN WORDS)	SAY ONE (1×20 GP) CONTAINER ONLY.				
REGARDING TRANSHIPMENT INFORMATION PLEASE CONTACT	Freight and Charge FREIGHT PREPAID				
Ex.rate	Prepaid at	Freight Payable at XINGANG	Place and Date of Issue XINGANG, AUG.25,20××	
	Total Prepaid	Number of original Bs/L THREE	Signed for or on Behalf of the Carrier CHINA NATIONAL FOREIGN TRADE TRANSPORT CORPORATION AS THE CARRIER	

> **小思考**
> 样单 6-6 中的"TO ORDER"的含义是什么?

> **小思考**
> 海运提单还可以由谁来签字?

项目小结

本项目引入一则因卸货港与信用证不符而引发银行拒付的案例,提示我们在信用证结算方式下单证相符的重要性。而在单证工作中,运输单据占有非常重要的地位,尤其是海运提单,它是一种物权凭证,代表货物所有权,因此在外贸业务中有着举足轻重的地位。《跟单信用证统一惯例(UCP600)》对于各种运输单据都有明确的要求,外贸业务员在缮制这些单据时要秉承严谨审慎的工作作风,严格按照要求制作,最大程度地避免出现差错。同时,作为一名合格的外贸业务员,还要随时留意最新的规则变化,防止思维固化,保持与时俱进,不断提升自身能力。

6.4 技能训练

1. 案例分析

A公司与B公司签订了一份国际货物买卖合同,由A公司向B公司销售一批货物,合同规定信用证付款。合同订立后,B公司依约开具信用证。该信用证规定,货物最迟装运期至20××年9月30日,信用证的到期日为10月15日,信用证未规定交单期。海运提单是受益人A公司应向银行提交的单据之一,A公司于9月12日将货物装船并取得海运提单,海运提单日期为9月13日。10月5日A公司向银行交单议付,银行以"已过交单期"为由拒绝付款。

请问:银行是否可以拒付?

2. 简答题

某提单显示:
Shipper:ABC Co., Ltd
Consignee:To Order
Notified Party:XYZ Co., Ltd
请问:
(1) 该提单属于哪一种类型的提单?
(2) 该提单是否可以转让?如果可以转让,通过什么方式进行转让?

(3)该提单由谁首先背书?

(4)该提单是否一定要经过 XYZ Co., Ltd 背书?

3. 实训题

根据下列信息,缮制一份提单。

注意本批货物共 600 套(SETS),装于 150 个纸箱(CTN),放在 15 个托盘(PALLETS)内,每套内有 3 个(3 PCS IN ONE SET),每箱毛重 14 kg,体积 0.05 m³,发货港为 XINGANG, TIANJIN,目的港为 BUSAN, KOREA,B/L NO. SINO12345。船名为 PAUL RICKMERS。提单日期为 20××年 7 月 1 日。信用证内容如下:

BANK OF KOREA, BUSAN BRANCH
DATE: 4 JUNE, 20××
CREDIT NO. TS-36376   EXPIRY: 31 JUL, 20××
APPLICANT: JD CO.
NO.×××,HERO ROAD, SHAXIA DISTRICT, BUSAN, KOREA
BENEFICIARY: HJ ARTS AND CRAFTS I/E CORP. TIANJIN, CHINA
ADVISING BANK: BANK OF CHINA, TIANJIN, CHINA
AMOUNT: USD 6 600.00(SAY USD SIX THOUSAND SIX HUNDRED ONLY)
DEAR SIRS,
WE OPEN THIS IRREVOCABLE DOCUMENTARY CREDIT AVAILABLE AGAINST THE FOLLOWING DOCUMENTS:
FULL SET OF CLEAN ON BOARD BILL OF LADING MADE OUT TO ORDER AND BLANK ENDORSED MARKED "FREIGHT PREPAID", NOTIFY OPENER.
SHIPMENT FROM TIANJIN TO BUSAN LATEST ON 25. JULY, 20××.
COVERING:
600 SETS(3 PCS OF EACH) "WILLON PRODUCTS" ART NO. TSSR-16 @USD 11 PER SET, CIF BUSAN.
PARTIAL AND TRANSHIPMENT ARE NOT ALLOWED.
SHIPPING MARK:
  SC
  BUSAN
  NO.1-UP

4. 缮制分析

某信用证规定:

Full sets of clean on board marine bill of lading made out to order of shipper and blank endorsed and marked "freight prepaid" and notify applicant.

请问:

(1)该提单的发货人、收货人、通知人如何填报?

(2)提单上运费的支付方式如何填报?

(3)该提单属于哪一种类型?

项目 7　出境货物检验检疫申请
Application for Inspection and Quarantine of Outbound Cargo

项目导言

党的二十大报告对过去五年的工作和新时代十年的伟大变革进行了总结，其中提到通过全面深化改革，许多领域实现历史性变革、系统性重塑、整体性重构，新一轮党和国家机构改革全面完成。出入境检验检疫正式划入海关，正是海关机构改革的重要成果。

进出口商品检验检疫是国际贸易发展的产物，是买卖双方在货物交接过程中不可缺少的一个重要环节。为了促进我国对外贸易高质量发展，提高贸易便利化水平，从 2018 年 4 月 20 日起，海关统一开展出入境检验检疫工作，实行"三个一"模式（"一次申报，一次查验，一次放行"的通关模式），使进出口商品通关更便捷。

项目目标

知识目标：
1. 了解进出口商品检验检疫的含义、范围、单据和一般程序。
2. 掌握有关单据的缮制方法。

技能目标：
1. 能够独立缮制出境货物检验检疫申请。
2. 熟悉相关检验检疫证书缮制规范。

思政目标：
1. 熟悉《中华人民共和国进出口商品检验法》（以下简称《商检法》）等相关法律，培养法律意识。
2. 对进出口商品实施检验检疫是根据保护人类健康和安全、保护动物或者植物的生命和健康、保护环境、防止欺诈行为、维护国家安全的原则展开，其重大意义。

项目关键词

- 进出口商品检验检疫　　Inspection and Quarantine of Import and Export Commodities
- 出境货物检验检疫申请　Application for Inspection and Quarantine of Outbound Cargo
- 检验证书　　　　　　　Inspection Certificate

7.1 出境货物检验检疫案例

7.1.1 案情描述

20××年7月初,广州某瓷砖生产企业与澳大利亚某企业签订了一份贸易合同,目的港为墨尔本。20××年7月5日,该瓷砖生产企业委托当地一家报关行向广州海关申请一批出口瓷砖的木质包装检验检疫,广州海关检验检疫工作人员在检疫过程中共发现10个20尺集装箱货物的木质包装带有大量树皮、虫孔、虫屑,不符合澳大利亚对入境货物木质包装的检疫要求,遂签发了该批货物的检验检疫处理通知书,要求其做除害处理。随后该企业自行找到一家当地对木质包装实施除害处理并加施标识的企业(以下称标识加施企业)。该标识加施企业对该批货物木质包装进行除害处理后,依然发现包装存在问题,立即报告给广州海关。

广州海关查清事实后,按照有关规定对出口企业进行处理,要求该出口企业更换符合国外检疫要求的木质包装,并严格按照相关操作规程进行除害处理。

7.1.2 案例分析

海关总署统一管理全国出境货物木质包装的检疫监督管理工作。根据我国《出境货物木质包装检疫处理管理办法》第四条规定,出境货物木质包装应当按照《出境货物木质包装除害处理方法》列明的检疫除害处理方法实施处理,并按照《出境货物木质包装除害处理标识要求》加施专用标识。经除害处理的出境货物木质包装检验检疫仍不合格的,不准予出口。

另外,根据《出境货物木质包装检疫处理管理办法》第八条规定,标识加施企业应当将木质包装除害处理计划在除害处理前向所在地海关申报,海关对除害处理过程和加施标识情况实施监督管理。所以本案例中标识加施企业的操作存在不妥之处。

7.1.3 案例启示

以上案例涉及了出口商品的发货人、代理报关企业、标识加施企业和海关,各方在出境货物检验检疫过程中都起着至关重要的作用,均应按照相关规定完成出境货物的检验检疫工作。

7.1.4 引申问题

(1)出口商品的检验检疫应该提交哪些单据?
(2)出境货物检验检疫申请应该怎样缮制?

7.2 必备知识

7.2.1 进出口商品检验检疫的意义

海关总署设在省、自治区、直辖市以及进出口商品的口岸、集散地的出入境检验检疫机构及其分支机构(以下简称出入境检验检疫机构),管理所负责地区的进出口商品检验工作。

出入境检验检疫机构出具的检验证单可以作为报关验放的重要凭证;也可作为结算货款、运费和计算关税的依据,证明情况、明确责任的证件;还可以作为索赔、仲裁和诉讼举证的有效文件。进出口商品检验检疫体现了国家的主权和国家管理职能,能够保证对外贸易顺利进行和持续发展,能够保护生产安全和人类健康。

出入境检验检疫包括三个方面:商品检验、动植物检疫、国境卫生检疫。现以商品检验为主进行说明。

出入境检验检疫系统划入海关

7.2.2 进出口商品检验检疫的含义、范围和单据

1. 进出口商品检验检疫含义

《商检法》规定,商检机构和依法设立的检验机构,依法对进出口商品实施检验。进出口商品的检验检疫是指在国际贸易中由具有权威的检验检疫机构对进出口商品的质量、数量、重量、包装、卫生、安全及装运条件进行检验,并对涉及人、动植物的传染病、病虫害等进行检疫的工作,通常习惯称为商检工作。

> **小思考**
>
> 所有的进出口商品都需要接受检验检疫吗?如何检索需要接受检验检疫的商品?

2. 进出口商品检验检疫范围

按照《商检法》规定,凡列入国家商检部门制定的《出入境检验检疫机构实施检验检疫的进出境商品目录》(以下简称《目录》)的商品均为法定检验商品。

我国进出口商品的检验检疫主要包括以下几种情况:

(1) 出入境检验检疫机构对列入《目录》的进出口商品以及法律、行政法规规定须经出入境检验检疫机构检验的其他进出口商品实施检验(称为法定检验);

（2）对外贸易合同约定须凭检验检疫机构签发的证书进行结算的；
（3）有关国际条约规定必须经检验检疫的；
（4）输入国家或地区规定必须凭检验检疫机构出具的证书方准入境的。

3. 申请材料

（1）收发货人或代理企业向受理机构提出检验申请并提交有关材料。办理商品检验检疫申请所需材料如下：

① 合同复印件1份，电子版或纸质版；
② 发票复印件1份，电子版或纸质版；
③ 装箱清单复印件1份，电子版或纸质版；
④ 提（运）单复印件1份，电子版或纸质版；
⑤ 代理报关授权委托协议（盖章）原件1份，电子版或纸质版；
⑥ 出口商品需提供厂检证明（盖章）原件1份，电子版或纸质版。

企业在申报时可自主选择有纸申报或无纸申报，可优先选择无纸申报，即将上述申请材料扫描后的电子版上传提交。

（2）下列情况办理商品检验检疫申请时应按要求提供相关物品和材料：
① 凭样品成交的；
② 在商品生产地检验的出口商品，经海关检验合格，由生产地海关生成检验检疫编号（电子底账号），发货人或报关企业凭海关系统内的检验检疫编号在出口口岸申请进入通关环节。

微课：进出口商品检验检疫概述

7.2.3 出口商品检验检疫工作的一般程序

1. 检验检疫工作模式

目前，我国检验检疫制度将进出口商品检验、动植物检疫、国境卫生检疫三者合并在一起，实行"一次报检、一次抽样、一次检验检疫、一次卫生除害处理、一次收费、一次发证放行"的三检合一模式；推行以"电子申报、电子监管、电子通关"为主要内容的"三电工程"；实行"先报检、后报关"的工作流程。

2. 检验检疫工作的一般流程

凡属法定检验商品或合同规定需要检验检疫机构进行检验并出具检验证书的商品，对外贸易关系人均应及时提请商检机构检验。我国出口商品法定检验业务流程如下（见图7-1）。

（1）商检机构受理报检。

由申请人填写出境货物检验检疫申请，并提供有关的单证和资料，如外贸合同、发票复印件，厂检结果单正本等。商检机构在审查上述单证符合要求后，受理该批商品的报检，如发现有不合要求者，可要求申请人补充或修改有关条款。

（2）实施检验。

海关根据有关工作规范、企业信用类别、产品风险等级，判断是否需要实施现场检验及是否需要对产品实施抽样检测。

（3）检验结果。

法定检验的出口商品经海关检验或者口岸查验不合格的，可以在海关监督下进行技术处理，经重新检验合格的，方准出口；不能进行技术处理或者技术处理后重新检验仍不合格的，不准出口。

（4）签发证书。

申请人申请海关出证的，海关应当及时出证。

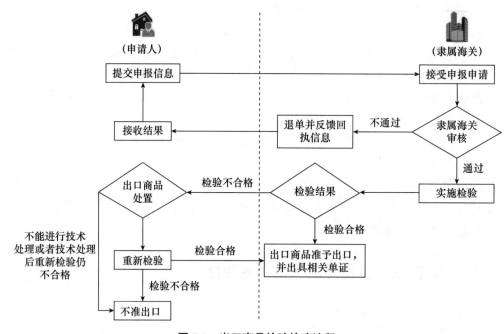

图 7-1 出口商品检验检疫流程

7.2.4 出境货物检验检疫申请

1. 出境货物的检验

《商检法》规定，必须经商检机构检验的出境货物的发货人或者其代理人，应当在商检机构规定的地点和期限内，填写出境货物检验检疫申请，并提供有关的单证和资料，向商检机构报检。商检机构应当在国家商检部门统一规定的期限内检验完毕，并出具检验证单。

2. 出境货物检验检疫申请的缮制规范

（1）申请单位。

本栏填写申请单位中文名称，并加盖单位印章。

（2）编号。

本栏由海关检验检疫机构报检受理人员填写，前6位为检验检疫机构代码，第7位为报检类代码，第8、9位为年代码，第10至15位为流水号。实行电子报检后，该编号可在受理电子报检的回执中自动生成。

（3）申请单位登记号。

本栏填写申请单位在检验检疫机构备案或注册登记的代码。

（4）联系人。

本栏填写申请单位联系人。

（5）电话。

本栏填写申请单位的联系电话。

（6）申请日期。

本栏填写时注意年、月、日符合日期格式。

（7）发货人/收货人。

发货人按合同/信用证的卖方填写，收货人按合同/信用证的买方填写。无合同/信用证的，可按发票的买/卖方填写。检验检疫证书对发货人/收货人有特殊要求的，应在备注栏声明。

（8）货物名称。

本栏填写出口贸易合同中规定的货物名称及规格，货物名称的填写必须完整、规范，并与随附单据一致，工业制成品如机械、电子、轻工、食品罐头等还应填写货物的型号、规格。

（9）HS编码。

本栏根据所申报的货物，按照《商品分类及编码协调制度》的分类填写。HS编码涉及报检、计收费、检验检疫、报关等环节，因此必须准确无误。

（10）产地。

根据本栏货物的原产地填写货物的生产或加工地的省、市和县名称。

（11）数量/重量。

本栏填写货物实际申请检验检疫数量/重量，重量还应注明毛重或净重，填写时应注意计量单位。

（12）货物总值。

本栏按所申报货物的货值填写，货值必须与合同或发票一致，填写时应注意币种。

（13）包装种类及数量。

本栏填写货物实际运输包装的种类及数量，应注明包装的材质。

（14）运输工具名称。

本栏填写运输工具的类型、名称及号码，如船名、航次、飞机航班号等。

（15）贸易方式。

本栏根据实际情况填写一般贸易、来料加工、进料加工、易货贸易和补偿贸易等贸易方式。

（16）货物存放地点。

本栏填写货物存放地点，如××仓库、××码头等。

（17）合同号。

本栏填写出口贸易合同、订单或形式发票的号码。

（18）信用证号。

本栏填写信用证号。

（19）用途。

本栏根据实际情况，填写食用、奶用、观赏或演艺、伴侣动物、试验、药用、其他等用途。

（20）发货日期。

本栏填写货物的出运日期。

（21）输往国家（地区）。

本栏填写出口贸易合同中买方所在国家（地区）或合同注明的最终输往国家（地区）。

（22）许可证／审批号。

申报需要许可／审批的货物应填写相应的许可证／审批号，如出口产品质量许可证，出口生产企业卫生登记、注册证，出口食品标签审核证书，出口化妆品标签审核证书，出口电池产品备案书，出口商品型式试验确认书及其他证书的编号。

（23）启运地。

本栏填写货物的报关出运口岸。本地货物需运往其他口岸报关出境的，应注意申请签发《出境货物换证凭单》。出境活动物的启运地应填写起始运输地点。

（24）到达口岸。

本栏填写货物最终抵达目的地停靠口岸名称。

（25）生产单位注册号。

所申报的货物需要许可／审批食品卫生注册登记的，填写货物生产、加工的单位在检验检疫机构注册登记编号，如卫生注册登记号、质量许可证号等。

（26）集装箱规格、数量及号码。

货物若以集装箱运输，应填写集装箱的规格、数量及号码。

（27）合同、信用证订立的检验检疫条款或特殊要求。

合同、信用证对检验检疫有相关要求的或输入国家（地区）对检验检疫有特殊要求的，以及其他报检时需特别说明的，应在此栏注明。此栏兼作备注栏使用。

（28）唛头。

货物的唛头，按合同、发票、装箱单所列的货物唛头填写，散装、裸装货物或无唛头货物应填写"N/M"。

（29）随附单据。

根据向检验检疫机构提供的实际单据，在"□"内打"√"；或在"□"后补填单据名称，在其"□"内打"√"。

（30）需要证单名称。

根据需要由检验检疫机构出具的证单，在对应的"□"内打"√"或补填，并注明所需证单的正副本数量。检验检疫证书一般为一正二副，若对证书的正副本数量或证书的语种有特殊要求的，请在备注栏声明。

（31）检验检疫费。

本栏由检验检疫机构计费人员填写。

（32）申请人郑重声明。

申请人必须亲笔签名。

（33）领取证单。

申请人在领取证单时，填写领证日期并签名。

3. 出境货物检验检疫申请示例（见样单7-1）

样单7-1　出境货物检验检疫申请

中 华 人 民 共 和 国 海 关
出境货物检验检疫申请

（1）申请单位（加盖公章）：　　　　　　　　　（2）*编号_____
（3）申请单位登记号：　　　（4）联系人：　　（5）电话：　　（6）申请日期：　年　月　日

(7) 发货人	(中文)			
	(外文)			
(7) 收货人	(中文)			
	(外文)			
(8) 货物名称（中/外文）	(9) HS 编码	(10) 产地	(11) 数量/重量	(12) 货物总值	(13) 包装种类及数量
(14) 运输工具名称		(15) 贸易方式		(16) 货物存放地点	
(17) 合同号		(18) 信用证号		(19) 用途	
(20) 发货日期		(21) 输往国家（地区）		(23) 许可证/审批号	
(23) 启运地		(24) 到达口岸		(25) 生产单位注册号	
(26) 集装箱规格、数量及号码					
(27) 合同、信用证订立的检验检疫条款或特殊要求		(28) 唛头		(29) 随附单据（划"√"或补填）	
		N/M		□ 合同 □ 信用证 □ 发票 □ 换证凭单 □ 装箱单	□ 厂检单 □ 包装性能结果单 □ 许可/审批文件
(30) 需要证单名称（划"√"或补填）				(31)*检验检疫费	

续表

□ 品质证书　　正　副 □ 重量证书　　正　副 □ 数量证书　　正　副 □ 兽医卫生证书　正　副 □ 健康证书　　正　副 □ 卫生证书　　正　副 □ 动物卫生证书　正　副	□ 植物检疫证书　　正　副 □ 熏蒸/消毒证书　　正　副 □ 出境货物换证凭单　正　副 □ □ □ □	总金额 （人民币元）	
		计费人	
		收费人	
（32）申请人郑重声明： 　　1. 本人被授权申请检验检疫。 　　2. 上列填写内容正确属实，货物无伪造或冒用他人的厂名、标志、认证标志，并承担货物质量责任。 　　　　签名：_____		（33）领取证单	
		日期	
		签名	

注：有"*"号栏由海关填写。

7.2.5 检验检疫证书

1. 检验检疫证书的定义

检验检疫证书是指由政府机构或公证机构对进出口商品经检验、鉴定后出具并且签署的书面声明。

2. 检验检疫证书的种类

根据进出境货物检验检疫要求、鉴定项目和作用的不同，我国检验检疫机构签发不同的检验检疫证书、凭单、监管类单证、报告单和记录报告。常见的商品检验检疫证书有如下几种。

（1）品质证书（Certificate of Quality 或 Quality Certificate），是出口商品交货结汇和进口商品结算索赔的有效凭证；作为法定检验商品的证书，它也是进出口商品报关、输出输入的合法凭证。

（2）重量证书（Inspection Certificate of Weight 或 Weight Certificate）或数量证书（Inspection Certificate of Quantity 或 Quantity Certificate），是出口商品交货结汇、签发提单和进口商品结算索赔的有效凭证。出口商品的重量证书，也是国外报关征税和计算运费、装卸费用的证件。

（3）兽医卫生证书（Certificate of Veterinary Health 或 Veterinary Health Certificate），是证明出口动物产品或食品经过检疫合格的证件。该证书适用于冻畜肉、冻禽、禽畜罐头、冻兔、皮张、毛类、绒类、猪鬃、肠衣等出口商品，是对外交货、银行结汇和进口国通关输入的重要证件。

（4）卫生证书（Inspection Certificate of Sanitary 或 Sanitary Certificate）或健康证书（Inspection Certificate of Health 或 Health Certificate），是证明可供人类食用的出口动物产品、食品等经过卫生检验或检疫合格的证件。卫生证书适用于经检验符合卫生要求的出境食品以及其他需要实施卫生检验的货物。健康证书适用于食品以及用于食品加工的化工产品、纺织品、轻工产品等与人、畜健康有关的出境货物。

（5）熏蒸/消毒证书（Fumigation Certificate 或 Disinfection Certificate），是出口商品虫害防治证件，证明有关产品已经通过获认可的熏蒸服务商所提供的检疫及付运前熏蒸程序，适用于经检疫处理的出入境动植物及其产品、包装材料、废旧物品、邮寄物、装载容器（包括集装箱）及其他需检疫处理的物品等。

（6）船舱检验证书（Inspection Certificate of Cabin），证明承运出口商品的船舱清洁、密固、冷藏效能及其他技术条件符合保护承载商品的质量和数量完整与安全的要求，可作为承运人履行租船契约适载义务，是对外贸易关系方进行货物交接和处理货损事故的依据。

3. 品质证书

（1）品质证书的作用：
① 可作为履约、结算及进口国准入的有效证件；
② 议付货款的有效证件；
③ 办理索赔、仲裁及诉讼的有效证件；
④ 可作为证明履约、明确责任的有效证件；
⑤ 可作为进口国海关征收、减免关税的有效证件。

（2）品质证书的填制规范。
① 编号（No.）。证书编号由出证机构依据不同类别的商品进行编放。
② 签证日期（Date of Issue）。品质证书签发日期为实际检验检疫日期，一般不得晚于提单签发日，除非信用证有另外可予接受的明确规定（如散装油类）。如出口商品为鲜货，最好与装运日相同，否则，检验过早，不能证明装运时货物的质量。
③ 发货人（Consignor）。信用证支付方式下通常是指信用证的受益人，除非信用证有"第三方单据可以接受"条款。托收项下的证书是合同的卖方。
④ 收货人（Consignee）。信用证支付方式下按信用证的规定填写，一般为开证申请人，除非信用证另有规定，该栏一般不必填写或用"—"表示。若出口商是中间商，收货人一栏可填写"To Whom It May Concern"或"To Order"。托收项下的证书为合同买方。
⑤ 品名（Description of Goods）。商品品名是信用证及发票中所表明的货物，也可用与其他单据无矛盾的统称。
⑥ 唛头（Marks & Nos.）。本栏按信用证或合同规定的唛头填写，如没有具体规定，出口商可自行编制，但必须与文件和货物唛头一致。如果没有唛头，填写"N/M"。
⑦ 报检数量/重量（Quantity/Weight Declared）。本栏按发票相同内容填写。散装货物可用"IN BULK"注明，再加上数量。
⑧ 包装种类及数量（Number and Type of Packages）。包装种类和数量应与商业发票和提单内容相一致。
⑨ 运输工具（Means of Conveyance）。本栏填报运输工具名称，要求与提单中运

输工具名称一致。

⑩ 检验结果（Result of Inspection）。本栏由检验检疫机构在检验后批注，用于证明本批货物经检验后的实际品质。若信用证对检验结果有明确规定，则检验证书上显示的检验结果应符合信用证的检验要求；若信用证未对检验结果有明确规定，但信用证中具体规定了商品的质量、成分，则不能接受含有对货物的规格、品质、包装等不利陈述的检验证书，除非信用证有特别授权。

⑪ 印章（Official Stamp）。本栏由海关盖章，并由检验该批货物主任检验员手签。如果信用证指定检验机构，则应由信用证指定的检验机构盖章并签字；如果信用证没有特别指定检验机构，任何检验机构均可出具，但须盖章和签署。

（3）品质证书示例（见样单7-2）。

样单7-2 品质证书

中华人民共和国出入境检验检疫
ENTRY-EXIT INSPECTION AND QUARANTINE
OF THE PEOPLE'S REPUBLIC OF CHINA

品 质 证 书　　　　　①编号
QUALITY CERTIFICATE　　No.

③发货人
Consignor

④收货人
Consignee

⑤品名
Description of Goods

⑥唛头
Mark & Nos.

⑦报检数量/重量
Quantity/Weight Declared

⑧包装种类及数量
Number and Type of Packages

⑨运输工具
Means of Conveyance

⑩检验结果
Result of Inspection

⑪印章　　签证地点 Place of Issue _____　②签证日期 Date of Issue _____
Official Stamp

授权签字人 Authorized Officer _____　签 名 Signature _____

中华人民共和国出入境检疫机关及其官员不承担本证书的任何财经责任。No financial liability with respect to this certificate shall attach to the entry-exit inspection and quarantine authorities of the People's Republic of China or to any of its officers or representatives.

项目7 出境货物检验检疫申请 Application for Inspection and Quarantine of Outbound Cargo

4. 检验检疫证书制作过程中应注意的问题

（1）出证机关、地点及证书名称。如信用证未规定出具证书的机关，则由出口商决定。如信用证规定由"有关当局"（Competent Authority）出具，则应根据情况由有关检验机构出具。除信用证有特别规定外，出证地点原则上应在装船口岸。证书名称应与信用证的规定相符。

（2）证书日期。检验检疫证书出具日期最迟应与提单日期相同；个别商品，如食盐，由于需在装船之后进行公估，出证日期可迟于提单日期；其他商品的出证日期也不能太过早于提单日期，以免收货人因从检验到装运的时间太长而怀疑货物质量是否仍符合证书中的检验结果。如信用证规定在装船时出证（ISSUED AT THE TIME OF SHIPMENT），则检验证书的签发日期原则上应与提单日期相同。如果证书日期与提单日期相差超过3天，则容易遭到开证行或开证人拒付，议付时也会产生困难。

7.3 实操指导

7.3.1 任务及要求

本任务以动物玩偶商品为例说明出境货物检验检疫申请的缮制。

7.3.2 任务执行与完成

结合本项目所学知识及以下资料，缮制出境货物检验检疫申请（见样单7-3），资料如下。

申请日期：20××年7月29日。

货物存放地点：上海市普陀区平利路×××号。

集装箱信息：2×40'，CBHU1334568，CBHU1334569。

要求出具品质证书：1正3副。

×××IMPORT & EXPORT COMPANY
NO.××× PINGLI ROAD,PUTUO DISTRICT,SHANGHAI CITY,CHINA
TEL/FAX:86-21-23501×××

COMMERCIAL INVOICE

To: ××× EXPORT AND IMPORT COMPANY, JAPAN

Invoice No.: AG-13
Date: JULY 23, 20××
S/C No.: Contract01
L/C No.:002/0000001

FROM SHANGHAI,CHINA TO NAGOYA PORT BY SEA

Marks & Nos.	Description of Goods	Quantity	Unit Price	Amount
RIQING CO. CONTRACT01 NAGOYA 1/500	**PLUSH PANDA PACKING :BROWN BOX PACKING, 10 PCS/ CARTON**	5 000 PCS	USD 18.00 CIF NAGOYA	USD 90 000.00

Total:
SAY US DOLLARS NINETY THOUSAND ONLY.

××× IMPORT & EXPORT COMPANY
×××

样单 7-3 出境货物检验检疫申请

中华人民共和国海关
出境货物检验检疫申请

申请单位（加盖公章）：××× 进出口贸易公司　　　　　　　　　　　　　＊编号_____
申请单位登记号：32000000015　联系人：张某某　电话：86-21-23501×××　申请日期：20××年7月29日

发货人	（中文）××× 进出口贸易公司				
	（外文）××× IMPORT & EXPORT COMPANY				
收货人	（中文）				
	（外文）××× EXPORT AND IMPORT COMPANY				
货物名称（中/外文）	HS 编码	产地	数量/重量	货物总值	包装种类及数量
长毛绒熊猫 PLUSH PANDA	9503002100	中国	5 000 个	USD 90 000.00	500 纸箱
运输工具名称	COSCO NAPOL	贸易方式	一般贸易	货物存放地点	SHANGHAI,CH
合同号	Contract01	信用证号	002/0000001	用途	
发货日期	20××-07-29	输往国家（地区）	日本	许可证/审批号	
启运地	上海	到达口岸	名古屋	生产单位注册号	
集装箱规格、数量及号码	40'CONTAINER×2; CBHU1334568 CBHU1334569				
合同、信用证订立的检验检疫条款或特殊要求	标记及号码		随附单据（划"√"或补填）		
	RIQING CO. CONTRACT01 NAGOYA 1/500		☑ 合同　　　　　☑ 厂检单 ☑ 信用证　　　　☐ 包装性能结 ☑ 发票　　　　　　果单 ☐ 换证凭单　　　☐ 许可/审批 ☑ 装箱单　　　　　文件		
需要证单名称（划"√"或补填）			＊检验检疫费		
☑ 品质证书　　　1 正　3 副 ☐ 重量证书　　　　正　　副 ☐ 数量证书　　　　正　　副 ☐ 兽医卫生证书　　正　　副 ☐ 健康证书　　☐ 正　　副 ☐ 卫生证书　　　　正　　副 ☐ 动物卫生证书　　正　　副	☐ 植物检疫证书　　正　副 ☐ 熏蒸/消毒证书　　正　副 ☐ 出境货物换证凭单　正　副		总金额 （人民币元）		
			计费人		
			收费人		
申请人郑重声明： 　1. 本人被授权申请检验检疫。 　2. 上列填写内容正确属实，货物无伪造或冒用他人的厂名、标志、认证标志，并承担货物质量责任。 　　　　　　　　签名：_____			领取证单		
			日期		
			签名		

注：有"＊"号栏由海关填写。

> **项目小结**

出入境检验检疫是国际贸易的重要环节，检验检疫相关单证的填制是否正确直接关系到进出口贸易是否能够顺利进行。通过本项目的学习，学生可熟练掌握在"互联网＋海关"全国一体化在线政务服务平台线上填写出入境检验检疫申请，并上传相关单据。在学习过程中，应注重提高学生的法律素养，加强学生捍卫国家主权和维护国家权益的意识。

7.4 技能训练

1. 填空题

（1）从（　　　）年起，我国出入境检验检疫工作统一并入海关系统。

（2）按照我国《商检法》规定，对列入（　　　）的产品，企业应填写出境货物检验检疫申请并在规定时间内办理报检手续，方可出口。

2. 判断题

（1）商品检验检疫既包括对商品质量、数量、重量、包装、卫生、安全及装运条件等的检验，同时还包括对涉及人、动植物传染病、病虫害、疫情等的检疫。
（　　）

（2）出境货物的报检程序是先检验检疫，后放行通关；而入境货物的报检程序是先放行通关，后检验检疫。因为只有先放行提取货物，才能将提到的货物作法定检验检疫。（　　）

（3）对未列入《出入境检验检疫机构实施检验检疫的进出境商品目录》的商品，均不需要检验检疫机构检验。（　　）

（4）检验检疫机构对应检商品进行检验时，一般采取全数检验。（　　）

（5）检验检疫证书是由政府机构或公证机构对检验结果或鉴定项目出具并且签署的书面声明。（　　）

（6）检验检疫证书名称应与信用证的规定相符。（　　）

3. 单选题

（1）以下不属于出境货物检验检疫内容的是（　　）。

  A. 商品检验　　　　　　　B. 动植物检疫

  C. 通关检验　　　　　　　D. 卫生检疫

4. 多选题

（1）出口商品检验程序的主要环节包括（　　）。

　　　　A. 商检机构受理报检　　　　　B. 商品检验
　　　　C. 出具检验结果　　　　　　　D. 签发证书
（2）常见的商品检验检疫证书有（　　）等。
　　　　A. 品质证书　　　　　　　　　B. 重量或数量检验证书
　　　　C. 兽医卫生证书　　　　　　　D. 熏蒸证书
（3）品质证书的作用可体现在以下几个方面（　　）
　　　　A. 可作为履约、结算及进口国准入的有效证件，议付货款的有效证件。
　　　　B. 可作为办理索赔、仲裁及诉讼的有效证件。
　　　　C. 可作为证明履约、明确责任的有效证件。
　　　　D. 可作为进口国海关征收、减免关税的有效证件。

5. 根据所给资料，参见样单 7-1 缮制出境货物检验检疫申请。

申请日期：20××年 3 月 11 日
公司信息：深圳×××有限公司（914403001234567×××）
商品名称：LED 灯杯、蜡烛泡、球泡
贸易方式：一般贸易
货物存放地点：公司仓库
要求出具品质证书：1 正 2 副
货物集装箱情况：1×20' CBHU1234568
单位报检员：李丽

SHENZHEN ××× CO.,LTD.
NO.××× XUEFU ROAD,NANSHAN DISTRICT,SHENZHEN CITY,GUANGDONG PROVINCE,CHINA
TEL/FAX:86-755-87654×××

COMMERCIAL INVOICE

To: ABC PHILIPPINES CORP., PHILIPPINES

Invoice No.: F12020
Date: Mar 08, 20××
S/C No.: F12020
L/C No.: 002/0000001
Payment Term:By T/T

FROM SHENZHEN,CHINA TO MANILA PORT BY SEA

Marks & No.s	Description of Goods	Quantity	Unit Price	Amount
N/M			FOB SHENZHEN	
	LED 灯杯 /9405.409000			
	LED-MR16-12SMD 无牌	5 000 PCS	USD1.9194	USD9 597.00
	LED-MR16-36SMD 无牌	10 000 PCS	USD3.1200	USD31 200.00

项目 7　出境货物检验检疫申请 Application for Inspection and Quarantine of Outbound Cargo

续表

Marks & No.s	Description of Goods	Quantity	Unit Price	Amount
N/M	LED-E27-24SMD 无牌	10 000 PCS	USD2.6103	USD26 103.00
	LED 蜡烛泡 /9405.409000			
	LED 蜡烛泡 /9405.409000 FC35-3W/A 品牌: Landlite	6 000 PCS	USD4.7970	USD28 782.00
	LED 球泡 /9405.409000			
	LED 球泡 /9405.409000 FG45-3W/A 品牌: Landlite	4 000 PCS	USD4.8004	USD19 201.60
	TOTAL:	35000PCS		USD 114883.60

TOTAL:　SAY US DOLLARS ONE HUNDRED FOURTEEN THOUSAND EIGHT HUNDRED EIGHTY THREE AND CENTS SIXTY

SHENZHEN ××× CO.,LTD.

×××

PACKING LIST

Issuer: SHENZHEN ××× CO.,LTD.

Invoice No. :F12020
Date: Mar 08, 20××
S/C No.: F12020
Payment Term:By T/T

To: ABC PHILIPPINES CORP., PHILIPPINES

FROM SHENZHEN,CHINA TO MANILA PORT BY SEA

Marks & Nos.	Description of Goods	Packages	G.W./N.W.	Measurement
N/M	LED 灯杯 /9405.409000			
	LED-MR16-12SMD 无牌	25 CTNS	155.00 KGS/70.00 KGS	1.140 CBM
	LED-MR16-36SMD 无牌	50 CTNS	350.00 KGS/150.00 KGS	2.280 CBM
	LED-E27-24SMD 无牌	50 CTNS	395.00 KGS/210.00 KGS	2.280 CBM
	LED 蜡烛泡 /9405.409000 FC35-3W/A 品牌: Landlite	60 CTNS	390.00 KGS/270.00 KGS	1.279 CBM
	LED 球泡 /9405.409000 FG45-3W/A 品牌: Landlite	40 CTNS	268.00 KGS/176.00 KGS	1.050 CBM
		TOTAL:225 CTNS	1 558.00 KGS/876.00 KGS	8.029 CBM

TOTAL TWO HUNDRED AND TWENTY- FIVE（225）CARTONS ONLY.
SHIPPING MARK:　　MODEL NO.:
　　　　　　　　　　COLOR:
　　　　　　　　　　PACKING:

SHENZHEN ××× CO.,LTD.

×××

项目8 出口报关单证
Export Cargo Declaration Documents

项目导言

《中华人民共和国海关法》(以下简称《海关法》)规定：凡是进出国境的货物，必须经由设有海关的港口、车站、国际航空站，并由货物所有人向海关申报，经过海关放行后，货物才可提取或者装船出口。所以，报关是货物进出口的法定环节，报关活动是国家对外贸易和国际商品供应链的重要组成部分。伴随着我国对外贸易的持续快速发展，进出口货物报关需求日益增长，报关行业也迎来了蓬勃发展的时期。

项目目标

知识目标：
1. 了解出口报关的流程。
2. 熟悉出口报关单的基本内容。

技能目标：
1. 能够熟练填制出口报关单。
2. 能够依照报关流程报关。
3. 能够顺利完成进出口货物集中申报。

思政目标：
1. 严格按照程序进行货物出口报关，培养遵纪守法的法治观念。
2. 严格遵守"单证相符"和"单货相符"的原则，培养诚信守法经营的理念。
3. 规范操作报关中的相关流程，通过不断学习提高专业水平和自身竞争力。

项目关键词

- 海关　　　　Customs
- 报关　　　　Declare at Customs
- 出口报关单　Export Cargo Declaration Form
- 电子报关单　Electronic Customs Declaration Form

项目 8 出口报关单证 Export Cargo Declaration Documents

8.1 出口报关案例

8.1.1 案情描述

20××年8月20日，A家用电器有限责任公司（以下简称A公司）委托B国际运输代理有限公司（以下简称B公司）以一般贸易方式向海关申报出口冰箱30台，申报价格每台1 500美元。但海关经查验发现，当事人实际出口冰箱35台，少报多出5台，涉嫌漏缴税款。海关遂对此立案调查，并查明如下事实：20××年8月18日，A公司业务员在向B公司移交报关单据时未仔细核对，直接将35台冰箱发票、装箱单和其他型号的30台冰箱发票一并交予B公司，委托B公司以一般贸易方式办理报关事宜。而B公司报关员收到上述单据后，也未认真核对单证与A公司提供内容是否一致，便直接以30台冰箱的数量办理出口货物的海关申报手续，致使申报内容不符合出口货物的实际情况。

20××年9月22日，某海关根据《中华人民共和国海关行政处罚实施条例》（以下简称《海关行政处罚实施条例》）的规定，对A公司作出罚款的行政处罚决定；另根据《海关行政处罚实施条例》的规定，对报关企业B公司处罚款，并暂停该公司报关业务15日。

8.1.2 案例分析

上述进出口报关货物申报不实的案例主要涉及A公司（委托人）、B公司（被委托人，即报关企业）和海关三个主体。那么，报关企业是否负有如实申报义务？报关企业对收发货人提供的进出口货物情况是否负有审查义务？未尽合理审查义务的报关企业应承担何种法律责任？

8.1.3 案例启示

进出口货物收发货人和报关企业对进出口报关货物均负有如实申报的义务；报关企业对收发货人提供的进出口货物情况负有合理审查义务。根据《海关法》和《海关行政处罚实施条例》，报关企业未尽到合理审查义务或者因为工作疏忽导致进出口货物未申报或申报不实的，需要承担相应法律责任。

8.1.4 引申问题

（1）进出口货物报关程序是怎样的？

（2）报关时应该提交哪些单据？

（3）报关单应该怎样填制？

（4）报关时有哪些注意事项？

8.2 必备知识

8.2.1 中国海关在进出口贸易中的职能

中国海关全称为中华人民共和国海关，是依据我国法律、行政法规行使进出口监督管理职权的国家行政机关。

一方面，中国海关加强监管，严守国门安全。自 2018 年 4 月 20 日起出入境检验检疫系统并入中国海关，海关部门作为国门卫士的地位更加凸显。中国海关依法科学监管，运用大数据、智能审图等高科技手段，切实保障经济安全，坚决将"洋垃圾"、走私象牙等危害生态安全和人民健康的货物物品以及传染病、病虫害等拒于国门之外。

另一方面，中国海关致力于促进高水平开放和高质量发展。中国海关推进简政放权，促进贸易便利，整合海关作业内容，推进"查检合一"，拓展"多查合一"，优化通关流程，压缩通关时间；整合各类政务服务资源与数据，加快推进国际贸易"单一窗口"，实现企业"一次登录、全网通办"。

> **小资料**
>
> 中国海关关徽由商神手杖与金色钥匙交叉组成。商神手杖代表国际贸易，钥匙象征海关为祖国把关。中国海关关徽意味着中国海关依法实施进出境监督管理，维护国家的主权和利益，促进对外经济贸易发展和科技文化交往，保障社会主义现代化建设。

8.2.2 报关概述

微课：报关及报关的分类

报关是指进出境货物的收发货人、进出境运输工具的负责人、进出境物品的所有人或其代理人向海关办理货物、物品或运输工具进出境手续及相关海关事务的全过程。

1. 报关的分类

（1）根据报关的对象，报关可以分为运输工具报关、货物报关和物品报关。

运输工具作为货物、人员及其携带物品的进出境载体，其报关主要是向海关直接交验随附的符合国际商业运输惯例的，且能反映运输工具进出境合法性及其所承运货物、物品情况的合法证件、清单和其他运输单证，其报关手续较为简单。

由于进出境物品非贸易性质，且一般限于自用、数量合理，其报关手续也很简单。而进出境货物的报关较为复杂，为此，海关根据对进出境货物的监管要求，制定了一系列报关管理规范，并要求必须由具备一定的专业知识和技能且经海关核准的专业人员代表报关单位专门办理。

> **小思考**
> 货物报关与物品报关有什么区别？

（2）根据报关的目的，报关可以分为进境报关和出境报关。
（3）根据报关的行为性质，报关可以分为自理报关和代理报关。

自理报关是指进出口货物收发货人自行办理报关业务。代理报关是指进出口货物收发货人委托报关企业代理其办理报关业务的行为。

电子代理报关委托

2. 报关单位

（1）定义

报关单位是指依法在海关注册登记的报关企业和进出口货物收发货人。报关单位实行注册登记管理。报关单位向海关申请注册登记是其取得报关资格的法定条件。报关人员必须依法取得报关资格；否则，不得从事报关业务。

（2）类型

一是进出口货物收发货人，依法办理备案登记成为对外贸易经营者，取得进出口经营权、报关权，只能为本企业报关。未取得外贸主管部门的备案登记但须从事非贸易性进出口活动的单位，在进出口货物时，也视其为进出口货物收发货人（机关、学校、科研院所、船舶代理企业等）。

二是报关企业，是指具备软硬件，经海关注册登记行政许可后办理注册登记的境内企业法人。报关企业有两类：代理报关的国际货物运输、国际船舶代理企业；报关公司、报关行。

3. 报关员

报关员是指依法取得报关员从业资格，并在海关注册登记，代表所在企业向海关办理进出口货物报关的专业人员。

> **小思考**
> 报关员是在海关工作的人员吗？

4. 报关与通关

报关与通关既有联系又有区别。二者都是针对运输工具、货物、物品的进出境而言，但报关是从海关行政管理相对人的角度，仅指向海关办理进出境手续及相关手续；而通关不仅包括海关行政管理相对人向海关办理有关手续，还包括海关对进出境运输工具、货物、物品依法进行监督管理并核准其进出境的管理过程。

8.2.3 出口货物报关的一般程序

1. 前期阶段

前期阶段是指根据海关对保税货物、特定减免税货物和暂准进出境货物的特定监管要求，进出口货物收发货人或其代理人在此三大类货物实际进出境之前，向海关办理备案手续的过程。

2. 出境阶段

（1）出口货物的申报。

① 申报前的单证准备、货物准备和运输准备。

出口货物报关所需单证有：合同、发票、运输单据、装箱单等商业单据；进出口所需的许可证件及随附单证；海关总署规定的其他进出口单证。

出口报关时限：一般出口货物应在出口货物运抵海关监管区或海关指定的监管地点之后，运输工具装货的 24 小时前，向海关申报。

② 发送电子数据报关单和提交纸质报关单证。

出口货物通关申报流程如图 8-1 所示。

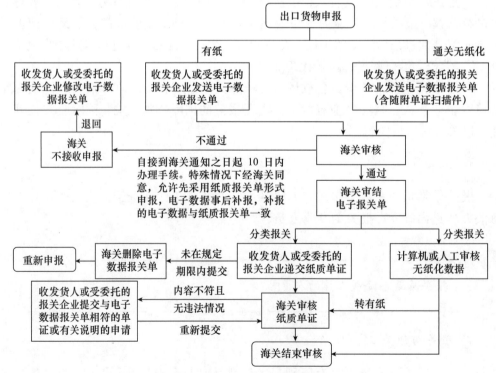

微课：出口货物通关申报流程

图 8-1　出口货物通关申报流程

（2）海关查验的方法可以是彻底查验，也可以是抽查。海关查验的具体操作方式可以是人工查验，也可以是机器设备查验。海关查验时，收发货人及其代理人要配合查验，即负责搬移货物、开拆包装及重新封装货物、如实回答问题、配合取样，并在查验记录上签字盖章。

> **小思考**
> 海关查验货物与检验检疫机构对货物进行检验有什么区别？

（3）缴纳税费。收发货人应自海关签发税款缴款书之日起15日内，到指定银行缴纳税费；逾期缴纳的，由海关征收滞纳金。

（4）装运货物。海关进出境现场放行一般由海关在进口货物提货凭证或者出口货物装货凭证上加盖海关放行章，进出口货物收发货人或其代理人签收进口提货凭证或出口装货凭证，并凭以提取进口货物或将出口货物装运到运输工具上离境。

（5）申请海关证明联。常见的海关证明联有进出口收付汇证明、出口退税证明、进出口货物证明书。

报关、装运阶段的单证流转如图8-2所示。

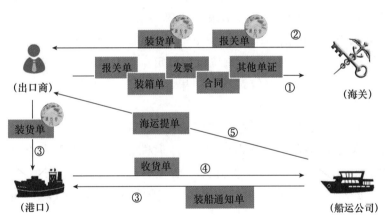

图8-2 报关、装运阶段的单证流转

说明：
（1）报关阶段的单证流转。
①出口商将填制好的报关单、合同、发票等相关单证递交海关，向海关申报。
②海关现场查验核准货物无误后，收讫关税，在报关单和装货单上盖"放行章"。
（2）装运货物阶段的单证流转。
③港口以盖有"放行章"的装货单和船运公司的装船通知单作为装船依据进行装船。
④装船后，由船长或大副向船运公司签发收货单。
⑤船运公司凭收货单或通过货运代理公司向出口商签发海运提单。
（3）最后，海关向出口商开具相关申请证明联。

3. 后续阶段

后续阶段是指根据海关对保税货物、特定减免税货物、暂准进出境货物和部

微课：报关、装运阶段的单证流转

分其他进出境货物的监管要求,进出口货物收发货人或其代理人在货物进出境储存、加工、装配、使用、维修后,在规定的期限内,按规定的要求,向海关办理上述进出口货物核销、销案、申请解除监管手续等的过程。

8.2.4 出口货物报关单

1. 报关单的定义和分类

一个海关关员眼中的三张报关单

（1）定义。报关单是指由报关人根据海关总署规定的填制规范填制,并由报关员代表报关企业向海关提交办理进出口货物申报手续的法律文书。它是海关依法监管货物进出口、征收关税及其他税费、编制海关统计等的重要凭证。2018年8月1日起,海关进出口货物整合申报正式实施,企业报关报检合并为一张报关单、一套随附单证、一套通关参数。海关进出口货物整合申报,申报项目由229个改为105个。通过优化整合简政便企,进一步降低企业通关成本,优化营商环境。

（2）分类。

① 根据进出口状态,报关单分为进口货物报关单和出口货物报关单。

② 根据表现形式,报关单分为纸质报关单和电子数据报关单。

③ 根据用途,报关单分为报关单录入凭单、预录入报关单和报关单证明联。

报关单录入凭单：申报单位按报关单的格式填写的凭单,用作报关单预录入的依据。该凭单的编号规则由申报单位自行决定。

预录入报关单：预录入单位按照申报单位填写的报关单凭单,是海关尚未接受申报的报关单。

报关单证明联：海关在核实货物实际进出境后按报关单格式提供的,用作进出口货物收发货人向国税、外汇管理部门办理退税和外汇核销手续的证明文件。

④ 根据海关监管方式,报关单分为一般贸易进出口货物（白色）报关单、进料加工进出口货物（粉红）报关单、来料加工装配和补偿贸易（浅绿）报关单。

2. 出口货物报关单各联的用途

（1）海关作业联和留存联。海关作业联和留存联是报关员配合海关审核、海关查验、缴纳税费、提货和装货的重要单据。

（2）企业留存联。报关企业留存出口货物报关单作为合法出境货物的依据,在海关放行货物和结关以后,凭企业留存联向海关申领出口货物退税证明联。

（3）出口退税证明联。出口退税证明联是海关对已申报出口并装运出境的货物所签发的证明联,是国税部门办理出口货物退税手续的凭证之一。对于可退税货物,出口发货人或其代理人在货物出运后,向海关申领出口退税证明联,海关核准后签发。不属于退税范围的,海关不予签发。

3. 填制出口货物报关单涉及的主要单证

根据《中华人民共和国海关进出口货物申报管理规定》,出口货物报关单应当

项目 8　出口报关单证 Export Cargo Declaration Documents

随附的单证包括：合同、发票、装箱清单、载货清单（舱单）、提（运）单、代理报关授权委托协议、进出口许可证件、海关总署规定的其他进出口单证。

4. 出口货物报关单的填制规范

出口货物报关单的部分填制规范对进口报关也是适用的，这里一并提到，可结合 13.2.3 节的"进口货物报关单的填制内容"一起学习研究。

（1）预录入编号。

预录入编号指预录入报关单的编号，一份报关单对应一个预录入编号，由系统自动生成。

报关单填制规范

（2）海关编号。

海关编号指海关接受申报时给予报关单的编号，一份报关单对应一个海关编号，由系统自动生成。

（3）境内收发货人。

本栏填报在海关备案的对外签订并执行进出口贸易合同的中国境内法人、其他组织名称及编码。编码填报 18 位的法人和其他组织统一社会信用代码；没有法人和其他组织统一社会信用代码的，填报其在海关的备案编码。

（4）进出境关别。

根据货物实际进出境的口岸海关，填报海关规定的《关区代码表》中相应口岸海关的名称及代码。

（5）进出口日期。

进口日期填报运载进口货物的运输工具申报进境的日期。出口日期指运载出口货物的运输工具办结出境手续的日期，在申报时免予填报。无实际进出境的货物，填报海关接受申报的日期。

进出口日期为 8 位数字，顺序为年（4 位）、月（2 位）、日（2 位）。

（6）申报日期。

申报日期指海关接受进出口货物收发货人、受委托的报关企业申报数据的日期。以电子数据报关单方式申报的，申报日期为海关计算机系统接受申报数据时记录的日期；以纸质报关单方式申报的，申报日期为海关接受纸质报关单并对报关单进行登记处理的日期。

申报日期为 8 位数字，顺序为年（4 位）、月（2 位）、日（2 位）。

（7）备案号。

本栏填报进出口货物收发货人、消费使用单位、生产销售单位在海关办理加工贸易合同备案或征、减、免税审核确认等手续时，海关核发的加工贸易手册、海关特殊监管区域和保税监管场所保税账册、中华人民共和国海关进出口货物征免税证明（以下简称征免税证明）或其他备案审批文件的编号。一份报关单只允许填报一个备案号。

（8）境外收发货人。

境外收货人通常指签订并执行出口贸易合同中的买方或合同指定的收货人，

境外发货人通常指签订并执行进口贸易合同中的卖方。

本栏填报境外收发货人的名称及编码。名称一般填报英文名称，检验检疫要求填报其他外文名称的，在英文名称后填报，以半角括号分隔；对于AEO[互认国家（地区）]企业，编码填报AEO编码，填报样式为"国家（地区）代码＋海关企业编码"，如新加坡AEO企业SG123456789012（新加坡国家代码＋12位企业编码）；非AEO企业等其他情形，编码免予填报。

特殊情况下无境外收发货人的，名称及编码填报"NO"。

（9）运输方式。

运输方式包括实际运输方式和海关规定的特殊运输方式，前者指货物实际进出境的运输方式，按进出境所使用的运输工具分类；后者指货物无实际进出境的运输方式，按货物在境内的流向分类。

根据货物实际进出境的运输方式或货物在境内流向的类别，按照海关规定的《运输方式代码》选择填报相应的运输方式。

（10）运输工具名称及航次号。

本栏填报载运货物进出境的运输工具名称或编号及航次号。填报内容应与运输部门向海关申报的舱单（载货清单）所列内容一致。

（11）提运单号。

本栏填报进出口货物提单或运单的编号。一份报关单只允许填报一个提单或运单号，一票货物对应多个提单或运单时，应分单填报。

（12）货物存放地点。

本栏填报货物进境后存放的场所或地点，包括海关监管作业场所、分拨仓库、定点加工厂、隔离检疫场、企业自有仓库等。

（13）消费使用单位/生产销售单位。

① 消费使用单位填报已知的进口货物在境内的最终消费、使用单位的名称，包括：

　　a. 自行进口货物的单位；

　　b. 委托进出口企业进口货物的单位。

② 生产销售单位填报出口货物在境内的生产或销售单位的名称，包括：

　　a. 自行出口货物的单位；

　　b. 委托进出口企业出口货物的单位；

　　c. 免税品经营单位经营出口退税国产商品的，填报该免税品经营单位统一管理的免税店。

③ 减免税货物报关单的消费使用单位/生产销售单位应与征免税证明的"减免税申请人"一致；保税监管场所与境外之间的进出境货物，消费使用单位/生产销售单位填报保税监管场所的名称[保税物流中心（B型）填报中心内企业名称]。

④ 海关特殊监管区域的消费使用单位/生产销售单位填报区域内经营企业（加工单位或仓库）。

⑤ 编码填报要求：

a. 填报18位的法人和其他组织统一社会信用代码；

b. 无18位的法人和其他组织统一社会信用代码的，填报"NO"。

⑥进口货物在境内的最终消费或使用以及出口货物在境内的生产或销售的对象为自然人的，填报身份证、护照、台胞证等有效证件姓名及号码。

（14）监管方式。

监管方式是以国际贸易中进出口货物的交易方式为基础，结合海关对进出口货物的征税、统计及监管条件综合设定的进出口货物的管理方式。其代码由4位数字构成，前两位是按照海关监管要求和计算机管理需要划分的分类代码，后两位是参照国际标准编制的贸易方式代码。

本栏根据实际对外贸易情况按照海关规定的《监管方式代码表》选择填报相应的监管方式简称及代码。一份报关单只允许填报一种监管方式。

（15）征免性质。

本栏根据实际情况按照海关规定的《征免性质代码表》选择填报相应的征免性质简称及代码。对于持有海关核发的征免税证明的，按照征免税证明中批注的征免性质填报；对于持有加工贸易货物报关单的，按照海关核发的加工贸易手册中批注的征免性质简称及代码填报。一份报关单只允许填报一种征免性质。

（16）许可证号。

本栏填报进（出）口许可证、两用物项和技术进（出）口许可证、两用物项和技术出口许可证（定向）、纺织品临时出口许可证、出口许可证（加工贸易）、出口许可证（边境小额贸易）的编号。

免税品经营单位经营出口退税国产商品的，免予填报。

一份报关单只允许填报一个许可证号。

（17）启运港。

本栏填报进口货物在运抵我国关境前的第一个境外装运港。

根据实际情况，按照海关规定的《港口代码表》填报相应的港口名称及代码。未在《港口代码表》中列明的，填报相应的国家名称及代码。货物从海关特殊监管区域或保税监管场所运至境内区外的，填报《港口代码表》中相应海关特殊监管区域或保税监管场所的名称及代码；未在《港口代码表》中列明的，填报"未列出的特殊监管区"及代码。

其他无实际进境的货物，填报"中国境内"及代码。

（18）合同协议号。

本栏填报进出口货物合同（包括协议或订单）编号。

未发生商业性交易的免予填报。

免税品经营单位经营出口退税国产商品的，免予填报。

（19）贸易国（地区）。

发生商业性交易的进口填报购自国（地区），出口填报售予国（地区）。未发生商业性交易的填报货物所有权拥有者所属的国家（地区）。

按照海关规定的《国别（地区）代码表》选择填报相应的贸易国（地区）中文

名称及代码。

（20）启运国（地区）/运抵国（地区）。

启运国（地区）填报进口货物起始发出直接运抵我国或者在运输中转国（地区）未发生任何商业性交易的情况下运抵我国的国家（地区）。

运抵国（地区）填报出口货物离开我国关境直接运抵或者在运输中转国（地区）未发生任何商业性交易的情况下最后运抵的国家（地区）。

不经过第三国（地区）转运的直接运输进出口货物，以进口货物的装货港所在国（地区）为启运国（地区），以出口货物的指运港所在国（地区）为运抵国（地区）。

经过第三国（地区）转运的进出口货物，如在中转国（地区）发生商业性交易，则以中转国（地区）作为启运/运抵国（地区）。

按照海关规定的《国别（地区）代码表》选择填报相应的启运国（地区）或运抵国（地区）中文名称及代码。

无实际进出境的货物，填报"中国"及代码。

（21）经停港/指运港。

经停港填报进口货物在运抵我国关境前的最后一个境外装运港。

指运港填报出口货物运往境外的最终目的港；最终目的港不可预知的，按尽可能预知的目的港填报。

根据实际情况，按照《港口代码表》选择填报相应的港口名称及代码。经停港/指运港在《港口代码表》中无港口名称及代码的，可选择填报相应的国家名称及代码。

无实际进出境的货物，填报"中国境内"及代码。

（22）入境口岸/离境口岸。

入境口岸填报进境货物从跨境运输工具卸离的第一个境内口岸的中文名称及代码；采取多式联运跨境运输的，填报多式联运货物最终卸离的境内口岸中文名称及代码；过境货物填报货物进入境内的第一个口岸的中文名称及代码；从海关特殊监管区域或保税监管场所进境的，填报海关特殊监管区域或保税监管场所的中文名称及代码。其他无实际进境的货物，填报货物所在地的城市名称及代码。

离境口岸填报装运出境货物的跨境运输工具离境的第一个境内口岸的中文名称及代码；采取多式联运跨境运输的，填报多式联运货物最初离境的境内口岸中文名称及代码；过境货物填报货物离境的第一个境内口岸的中文名称及代码；从海关特殊监管区域或保税监管场所离境的，填报海关特殊监管区域或保税监管场所的中文名称及代码。其他无实际出境的货物，填报货物所在地的城市名称及代码。

入境口岸/离境口岸包括港口、码头、机场、机场货运通道、边境口岸、火车站、车辆装卸点、车检场、陆路港、坐落在口岸的海关特殊监管区域等。按照海关规定的《国内口岸编码表》选择填报相应的境内口岸名称及代码。

（23）包装种类。

本栏填报进出口货物的所有包装材料，包括运输包装和其他包装，按照海关规定的《包装种类代码表》选择填报相应的包装种类名称及代码。运输包装指提运单所列货物件数单位对应的包装，其他包装包括货物的各类包装，以及植物性铺垫材料等。

（24）件数。

本栏填报进出口货物运输包装的件数（按运输包装计）。本栏不得填报"0"，裸装货物填报"1"。特殊情况填报要求如下：

① 舱单件数为集装箱的，填报集装箱个数；

② 舱单件数为托盘的，填报托盘数。

（25）毛重。

本栏填报进出口货物及其包装材料的重量之和，计量单位为千克，不足1千克的填报"1"。

（26）净重。

本栏填报进出口货物的毛重减去外包装材料后的重量，即货物本身的实际重量，计量单位为千克，不足1千克的填报"1"。

（27）成交方式。

根据进出口货物实际成交价格条款，按照海关规定的《成交方式代码表》选择填报相应的成交方式代码。

无实际进出境的货物，进口填报CIF，出口填报FOB。

（28）运费。

本栏填报进口货物运抵我国境内输入地点起卸前的运输费用，出口货物运至我国境内输出地点装载后的运输费用。

运费可按运费率、运费单价或总价三种方式之一填报，注明运费标记（运费标记"1"表示运费率，"2"表示每吨货物的运费单价，"3"表示运费总价），并按照海关规定的《货币代码表》选择填报相应的币种代码。

免税品经营单位经营出口退税国产商品的，免予填报。

（29）保费。

本栏填报进口货物运抵我国境内输入地点起卸前的保险费用，出口货物运至我国境内输出地点装载后的保险费用。

保费可按保险费率或保险费总价两种方式之一填报，注明保险费标记（保险费标记"1"表示保险费率，"3"表示保险费总价），并按照海关规定的《货币代码表》选择填报相应的币种代码。

免税品经营单位经营出口退税国产商品的，免予填报。

（30）杂费。

本栏填报成交价格以外的，根据《中华人民共和国进出口关税条例》相关规定应计入完税价格或应从完税价格中扣除的费用。可按杂费率或杂费总价两种方式之一填报，注明杂费标记（杂费标记"1"表示杂费率，"3"表示杂费总价），并按照海关规定的《货币代码表》选择填报相应的币种代码。

应计入完税价格的杂费填报为正值或正率，应从完税价格中扣除的杂费填报为负值或负率。

免税品经营单位经营出口退税国产商品的，免予填报。

（31）随附单证及编号。

根据海关规定的《监管证件代码表》和《随附单据代码表》，选择填报除《中华人民共和国进出口货物报关单填制规范》第十六条规定的许可证件以外的其他进出口许可证件或监管证件、随附单据代码及编号。

本栏分为随附单证代码和随附单证编号两栏，其中代码栏按照海关规定的《监管证件代码表》和《随附单据代码表》选择填报相应证件代码；随附单证编号栏填报证件编号。

（32）唛头及备注。

本栏填报要求如下：

① 本栏填写唛头中除图形以外的文字、数字；无唛头的，填报"N/M"。

② 受外商投资企业委托代理其进口投资设备、物品的，填报进出口企业名称。

③ 与本报关单有关联关系的，同时在业务管理规范方面又要求填报的备案号，填报在电子数据报关单中"关联备案"栏。

保税间流转货物、加工贸易结转货物及凭征免税证明转内销货物，其对应的备案号填报在"关联备案"栏。

减免税货物结转进口（转入），"关联备案"栏填报本次减免税货物结转所申请的中华人民共和国海关进口减免税货物结转联系函的编号。

减免税货物结转出口（转出），"关联备案"栏填报与其相对应的进口（转入）报关单"备案号"栏中征免税证明的编号。

④ 与本报关单有关联关系的，同时在业务管理规范方面又要求填报的报关单号，填报在电子数据报关单的"关联报关单"栏。

保税间流转、加工贸易结转类的报关单，应先办理进口报关，并将进口报关单号填入出口报关单的"关联报关单"栏。

办理进口货物直接退运手续的，除另有规定外，应先填制出口报关单，再填制进口报关单，并将出口报关单号填报在进口报关单的"关联报关单"栏。

减免税货物结转出口（转出），应先办理进口报关，并将进口（转入）报关单号填入出口（转出）报关单的"关联报关单"栏。

⑤ 办理进口货物直接退运手续的，填报格式为："<ZT"+"海关审核联系单号或者《海关责令进口货物直接退运通知书》编号"+">"。办理固体废物直接退运手续的，填报"固体废物，直接退运表××号/责令直接退运通知书××号"。

⑥ 保税监管场所进出货物，在"保税/监管场所"栏填报本保税监管场所编码[保税物流中心（B型）填报本中心的国内地区代码]，其中涉及货物在保税监管场所间流转的，在本栏填报对方保税监管场所代码。

⑦ 涉及加工贸易货物销毁处置的，填报海关加工贸易货物销毁处置申报表编号。

⑧ 当监管方式为"暂时进出货物"（代码2600）和"展览品"（代码2700）时，填报要求如下：

a. 根据《中华人民共和国海关暂时进出境货物管理办法》（海关总署令第

233号)(以下简称《管理办法》)第三条规定,填报暂时进出境货物类别,如:暂进六,暂出九。

b. 根据《管理办法》第十条规定,填报复运出境或者复运进境日期,期限应在货物进出境之日起6个月内,如:20180815前复运进境,20181020前复运出境。

c. 根据《管理办法》第七条规定,向海关申请对有关货物是否属于暂时进出境货物进行审核确认的,填报《中华人民共和国××海关暂时进出境货物审核确认书》编号,如 <ZS海关审核确认书编号>,其中英文为大写字母;无此项目的,无须填报。

上述内容依次填报,项目间用"/"分隔,前后均不加空格。

d. 收发货人或其代理人申报货物复运进境或者复运出境的:货物办理过延期的,根据《管理办法》填报货物暂时进/出境延期办理单的海关回执编号,如 <ZS海关回执编号>,其中英文为大写字母;无此项目的,无须填报。

⑨ 跨境电子商务进出口货物,填报"跨境电子商务"。

⑩ 加工贸易副产品内销,填报"加工贸易副产品内销"。

⑪ 国际服务外包货物进口,填报"国际服务外包进口货物"。

⑫ 公式定价进口货物填报公式定价备案号,格式为:"公式定价"+"备案编号"+"@"。对于同一报关单下有多项商品的,如某项或某几项商品为公式定价备案的,备注栏内填报格式为:"公式定价"+"备案编号"+"#"+商品序号+"@"。

⑬ 进出口与预裁定决定书列明情形相同的货物时,按照预裁定决定书填报,格式为:"预裁定"+"预裁定决定书编号"(如某份预裁定决定书编号为 R-2-0100-2018-0001,则填报为"预裁定 R-2-0100-2018-0001")。

⑭ 含归类行政裁定报关单,填报归类行政裁定编号,格式为:"c"+"四位数字编号"(如c0001)。

⑮ 已经在进入特殊监管区时完成检验的货物,在出区入境申报时,填报"预检验"字样,同时在"关联报检单"栏填报实施预检验的报关单号。

⑯ 进口直接退运的货物,填报"直接退运"字样。

⑰ 企业提供ATA单证册的货物,填报"ATA单证册"字样。

⑱ 不含动物源性低风险生物制品,填报"不含动物源性"字样。

⑲ 货物自境外进入境内特殊监管区或者保税仓库的,填报"保税入库"或者"境外入区"字样。

⑳ 海关特殊监管区域与境内区外之间采用分送集报方式进出的货物,填报"分送集报"字样。

㉑ 军事装备出入境的,填报"军品"或"军事装备"字样。

㉒ 申报HS为3821000000、3002300000的,属于下列情况的,填报要求为:属于培养基的,填报"培养基"字样;属于化学试剂的,填报"化学试剂"字样;不含动物源性成分的,填报"不含动物源性"字样。

㉓ 属于修理物品的,填报"修理物品"字样。

㉔ 属于其他情况的,填报"压力容器""成套设备""食品添加剂""成品退换""旧

机电产品"等字样。

㉕申报 HS 为 2903890020（入境六溴环十二烷），用途为"其他（99）"的，填报具体用途。

㉖集装箱箱体信息填报集装箱号（在集装箱箱体上标示的全球唯一编号）；集装箱规格；集装箱商品项号关系（单个集装箱对应的商品项号，用半角逗号分隔）；集装箱货重（集装箱箱体自重＋装载货物重量，单位为 kg）。

㉗申报 HS 为 3006300000、3504009000、3507909010、3507909090、3822001000、3822009000，不属于"特殊物品"的，填报"非特殊物品"字样。

"特殊物品"定义见《出入境特殊物品卫生检疫管理规定》（原国家质量监督检验检疫总局令第 160 号公布，根据原国家质量监督检验检疫总局令第 184 号、海关总署令第 238 号、第 240 号、第 243 号修改）。

㉘列入《目录》的进出口商品及法律、行政法规规定须经出入境检验检疫机构检验的其他进出口商品，填报"应检商品"字样。

㉙申报时其他必须说明的事项。

（33）项号。

本栏分两行填报。第一行填报报关单中的商品顺序编号；第二行填报备案序号，专用于加工贸易及保税、减免税等已备案、审批的货物，填报该项货物在加工贸易手册或征免税证明等备案、审批单证中的顺序编号。有关优惠贸易协定项下报关单填制要求按照海关总署相关规定执行。

（34）商品编号。

本栏填报由 10 位数字组成的商品编号。前 8 位为《中华人民共和国进出口税则》和《中华人民共和国海关统计商品目录》确定的编码；第 9、10 位为监管附加编号。

（35）商品名称及规格型号。

本栏分两行填报。第一行填报进出口货物规范的中文商品名称，第二行填报规格型号。

（36）数量及单位。

①本栏分三行填报。

a. 第一行按进出口货物的法定第一计量单位填报数量及单位，法定计量单位以《中华人民共和国海关统计商品目录》中的计量单位为准。

b. 凡列明有法定第二计量单位的，在第二行按照法定第二计量单位填报数量及单位；无法定第二计量单位的，第二行为空。

c. 成交计量单位及数量填报在第三行。

②特殊情况的填报要求如下：

a. 装入可重复使用的包装容器的货物，按货物扣除包装容器后的重量填报，如罐装同位素、罐装氧气及类似品等。

b. 使用不可分割包装材料和包装容器的货物，按货物的净重填报（即包括内层直接包装的净重），如采用供零售包装的罐头、药品及类似品等。

c. 按照商业惯例以公量计价的商品，按公量填报，如未脱脂羊毛、羊毛条等。

d. 采用以毛重作为净重计价的货物，可按毛重填报，如粮食、饲料等大宗散装货物。

e. 采用零售包装的酒类、饮料、化妆品，按照液体/乳状/膏状/粉状部分的重量填报。

③ 成套设备、减免税货物如需分批进口，货物实际进口时，按照实际报检状态确定数量。

④ 具有完整品或制成品基本特征的不完整品、未制成品，根据《商品名称及编码协调制度》归类规则按完整品归类的，按照构成完整品的实际数量填报。

⑤ 已备案的加工贸易及保税货物，成交计量单位必须与加工贸易手册中同项号下货物的计量单位一致；加工贸易边角料和副产品内销、边角料复出口，填报其报检状态的计量单位。

⑥ 优惠贸易协定项下进出口商品的成交计量单位必须与原产地证书上对应商品的计量单位一致。

⑦ 法定计量单位为立方米的气体货物，折算成标准状况（即摄氏零度及1个标准大气压）下的体积进行填报。

（37）单价。

本栏填报同一项号下进出口货物实际成交的商品单位价格。无实际成交价格的，填报单位货值。

（38）总价。

本栏填报同一项号下进出口货物实际成交的商品总价格。无实际成交价格的，填报货值。

（39）币制。

按照海关规定的《货币代码表》选择相应的货币名称及代码填报，如《货币代码表》中无实际成交币种，须将实际成交货币按申报日外汇折算率折算成《货币代码表》列明的货币。

（40）原产国（地区）。

原产国（地区）依据《中华人民共和国进出口货物原产地条例》《中华人民共和国海关关于执行〈非优惠原产地规则中实质性改变标准〉的规定》以及海关总署关于各项优惠贸易协定原产地管理规章规定的原产地确定标准填报。同一批进出口货物的原产地不同的，分别填报原产国（地区）。进出口货物原产国（地区）无法确定的，填报"国别不详"。

按照海关规定的《国别（地区）代码表》选择填报相应的国家（地区）名称及代码。

（41）最终目的国（地区）。

最终目的国（地区）填报已知的进出口货物的最终实际消费、使用或进一步加工制造国家（地区）。不经过第三国（地区）转运的直接运输货物，以运抵国（地区）为最终目的国（地区）；经过第三国（地区）转运的货物，以最后运往国（地区）为最终目的国（地区）。同一批进出口货物的最终目的国（地区）不同的，分别填报最终目的国（地区）。进出口货物不能确定最终目的国（地区）时，以尽可能预知的最后运往国（地区）为最终目的国（地区）。

按照海关规定的《国别(地区)代码表》选择填报相应的国家(地区)名称及代码。

（42）境内目的地／境内货源地。

境内目的地填报已知的进口货物在国内的消费、使用地或最终运抵地，其中最终运抵地为最终使用单位所在地。最终使用单位难以确定的，填报货物进口时预知的最终收货单位所在地。

境内货源地填报出口货物在国内的产地或原始发货地。出口货物产地难以确定的，填报最早发运该出口货物的单位所在地。

海关特殊监管区域、保税物流中心（B型）与境外之间的进出境货物，境内目的地／境内货源地填报本海关特殊监管区域、保税物流中心（B型）所对应的国内地区。

按照海关规定的《国内地区代码表》选择填报相应的国内地区名称及代码。境内目的地还需根据《中华人民共和国行政区划代码表》选择填报其对应的县级行政区名称及代码。无下属区县级行政区的，可选择填报地市级行政区。

（43）征免。

按照海关核发的征免税证明或有关政策规定，对报关单所列每项商品选择海关规定的《征减免税方式代码表》中相应的征减免税方式填报。

加工贸易货物报关单根据加工贸易手册中备案的征免规定填报；加工贸易手册中备案的征免规定为"保金"或"保函"的，填报"全免"。

（44）特殊关系确认。

本栏根据进出口行为中买卖双方是否存在特殊关系填报。根据《中华人民共和国海关审定进出口货物完税价格办法》（以下简称《审价办法》）第十六条的规定，有下列情形之一的，应当认为买卖双方存在特殊关系，应填报"是"，反之则填报"否"：

① 买卖双方为同一家族成员的；
② 买卖双方互为商业上的高级职员或者董事的；
③ 一方直接或者间接地受另一方控制的；
④ 买卖双方都直接或者间接地受第三方控制的；
⑤ 买卖双方共同直接或者间接地控制第三方的；
⑥ 一方直接或者间接地拥有、控制或者持有对方5%以上（含5%）公开发行的有表决权的股票或者股份的；
⑦ 一方是另一方的雇员、高级职员或者董事的；
⑧ 买卖双方是同一合伙的成员的。

买卖双方在经营上相互有联系，一方是另一方的独家代理、独家经销或者独家受让人，如果符合前款的规定，也应当视为存在特殊关系。

出口货物免予填报，加工贸易及保税监管货物（内销保税货物除外）免予填报。

（45）价格影响确认。

根据《审价办法》第十七条的规定，确认纳税义务人是否可以证明特殊关系未对进口货物的成交价格产生影响,纳税义务人能证明其成交价格与同时或者大约同时发生的下列任何一款价格相近的,应视为特殊关系未对成交价格产生影响,填报"否",反之则填报"是":

① 向境内无特殊关系的买方出售的相同或者类似进口货物的成交价格;

② 按照《审价办法》第二十三条规定所确定的相同或者类似进口货物的完税价格;

③ 按照《审价办法》第二十五条规定所确定的相同或者类似进口货物的完税价格。

出口货物免予填报,加工贸易及保税监管货物(内销保税货物除外)免予填报。

(46) 支付特许权使用费确认。

根据《审价办法》第十一条和第十三条的规定,填报确认买方是否存在向卖方或者有关方直接或者间接支付与进口货物有关的特许权使用费,且未包括在进口货物的实付、应付价格中。

买方存在需向卖方或者有关方直接或者间接支付特许权使用费,且未包含在进口货物实付、应付价格中,并且符合《审价办法》第十三条规定的,填报"是"。

买方存在需向卖方或者有关方直接或者间接支付特许权使用费,且未包含在进口货物实付、应付价格中,但纳税义务人无法确认是否符合《审价办法》第十三条规定的,填报"是"。

买方存在需向卖方或者有关方直接或者间接支付特许权使用费且未包含在实付、应付价格中,纳税义务人根据《审价办法》第十三条的规定,可以确认需支付的特许权使用费与进口货物无关的,填报"否"。

买方不存在向卖方或者有关方直接或者间接支付特许权使用费的,或者特许权使用费已经包含在进口货物实付、应付价格中的,填报"否"。

出口货物免予填报,加工贸易及保税监管货物(内销保税货物除外)免予填报。

(47) 公式定价确认。

"公式定价确认"为有条件选填项,在向中华人民共和国境内销售货物所签订的合同中,买卖双方未以具体明确的数值约定货物价格,而是以约定的定价公式确定货物的结算价格的定价方式,包括结算价格仅受成分含量、进口数量影响,进口时无论能否确定结算价格,均应当填报"是"。

出口货物、加工贸易及保税监管货物(内销保税货物除外)免予填报。该栏目未填报或填报为"否"的均视为非公式定价进口货物。

(48) 暂定价格确认。

"公式定价确认"填报"是"的,应当继续填报"暂定价格确认"栏目;"公式定价确认"填报"否"的,无须填写"暂定价格确认"栏目。

公式定价货物进口时结算价格未确定的,"暂定价格确认"应当填报"是";公式定价货物进口时结算价格已确定的,"暂定价格确认"应当填报"否"。

出口货物免予填报,加工贸易及保税监管货物(内销保税货物除外)免予填报。

(49)自报自缴。

进出口企业、单位采用"自主申报、自行缴税"(自报自缴)模式向海关申报时,填报"是";反之则填报"否"。

(50)申报单位。

自理报关的,填报进出口企业的名称及编码;委托代理报关的,填报报关企业名称及编码。编码填报18位法人和其他组织统一社会信用代码。

报关人员填报在海关备案的姓名、编码、电话,并加盖申报单位印章。

(51)海关批注及签章。

本栏供海关作业时签注。

5. 出口货物报关单示例(见样单8-1)

样单8-1 出口货物报关单

中华人民共和国海关出口货物报关单

(1)预录入编号:　　　(2)海关编号:　　　　　　　页码/页数:

(3)境内发货人	(4)出境关别	(5)出口日期	(6)申报日期	(7)备案号
(8)境外收货人	(9)运输方式	(10)运输工具名称及航次号	(11)提运单号	
(13)生产销售单位	(14)监管方式	(15)征免性质	(16)许可证号	
(18)合同协议号	(19)贸易国(地区)	(20)运抵国(地区)	(21)指运港	(22)离境口岸
(23)包装种类	(24)件数	(25)毛重(千克)	(26)净重(千克)	(27)成交方式	(28)运费	(29)保费	(30)杂费

(31)随附单证及编号
(32)唛头及备注

(33)	(34)	(35)	(36)	(37)(38)(39)	(40)	(41)	(42)	(43)
项号	商品编号	商品名称及规格型号	数量及单位	单价/总价/币制	原产国(地区)	最终目的国(地区)	境内货源地	征免

(44)特殊关系确认:(45)价格影响确认:(46)支付特许权使用费确认:(47)公式定价确认:(48)暂定价格确认:(49)自报自缴:

报关人员	报关人员证号	电话	兹证明对以上内容承担如实申报,依法纳税之法律责任	(51)海关批注及签章
(50)申报单位			申报单位(签章)	

注:表中序号无(12)(17),其为进口货物需填项目,出口报关单不涉及。

项目 8 出口报关单证 Export Cargo Declaration Documents

6. 电子数据报关单填报界面

目前办理进出口货物的海关申报手续,可以采用纸质报关单和电子数据报关单两种形式。但随着计算机技术和网络技术的发展,全面推行电子报关是贸易升级的方向。

用户登录中华人民共和国海关总署"互联网+海关"全国一体化在线政务服务平台(https://online.customs.gov.cn),进入"货物通关"版块办理,并填写电子数据报关单,如图8-3所示。填制内容同上述纸质报关单填制规范,此处不再赘述。

微课:电子数据报关单填报介绍

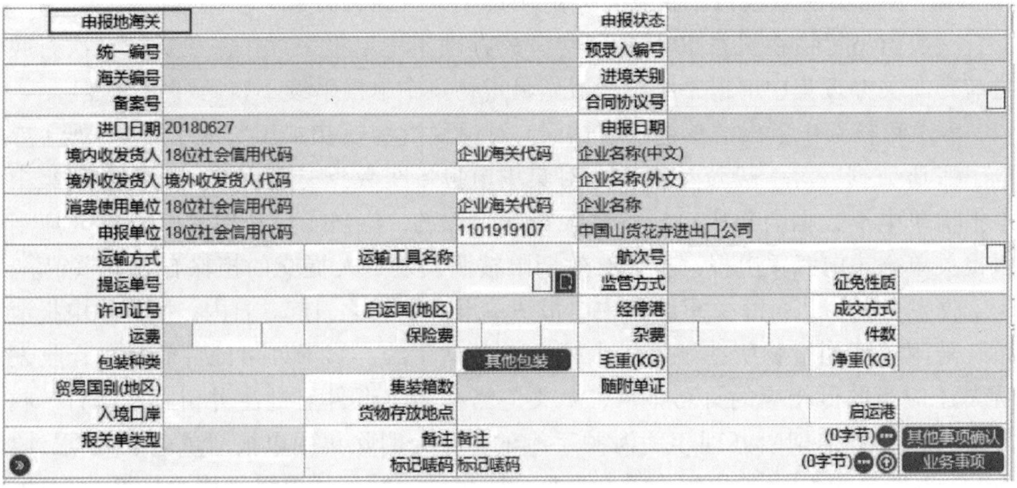

图 8-3 电子数据报关单填写界面

8.2.5 进出口货物集中申报

为了便利进出口货物收发货人办理申报手续,提高进出口货物通关效率,海关总署制定了《中华人民共和国海关进出口货物集中申报管理办法》。

1. 定义

集中申报是指经海关备案、进出口货物收发货人在同一口岸多批次进出口规定范围内的货物,可以先以集中申报清单申报货物进出口,再以报关单集中办理海关手续的特殊通关方式。进出口货物收发货人可以委托 B 类以上管理类别(含 B 类)的报关企业办理相关集中申报手续。

2. 范围

经海关备案,下列进出口货物适用集中申报通关方式。
(1)图书、报纸、期刊类出版物等时效性较强的货物。
(2)危险品或者鲜活、易腐、易失效等不宜长期保存的货物。
(2)公路口岸进出境的保税货物。

3. 集中申报流程（如图8-4所示）

（1）收发货人应当在货物所在地海关办理集中申报备案手续，加工贸易企业应当在主管地海关办理集中申报备案手续。

收发货人申请办理集中申报备案手续的，应当向海关提交适用集中申报通关方式备案表；同时提供符合海关要求的担保，担保有效期最短不得少于3个月。海关应当对收发货人提交的适用集中申报通关方式备案表进行审核。经审核符合规定的，核准其备案。

（2）在备案有效期内，收发货人适用集中申报通关方式，填制集中申报清单。

一般贸易货物在次月10日之前到海关办理集中申报手续，保税货物在次月底之前到海关办理集中申报手续。一般贸易货物集中申报手续不得跨年度办理。

海关审核集中申报清单电子数据时，对保税货物核扣加工贸易手册（账册）或电子账册数据；对一般贸易货物核对集中申报备案数据。经审核，海关发现集中申报清单电子数据与集中申报备案数据不一致的，应当予以退单。收发货人应当以报关单方式向海关申报。备案有效期限按照收发货人提交的担保有效期核定。

收发货人应当自海关审结集中申报清单电子数据之日起3日内，持集中申报清单及随附单证到货物所在地海关办理交单验放手续。属于许可证件管理的，收发货人还应当取得相应的许可证件，海关应当在相关证件上批注并留存复印件。收发货人未在规定期限办理相关海关手续的，海关删除集中申报清单电子数据，收发货人应当重新向海关申报。重新申报日期超过运输工具申报进境之日起14日的，应当以报关单申报。

（3）收发货人应当对一个月内以集中申报清单申报的数据进行归并，填制进出口货物报关单。

集中申报清单归并为同一份报关单的，各清单中的进出境口岸、经营单位、境内收发货人、贸易方式（监管方式）、启运国（地区）、装货港、运抵国（地区）、运输方式栏目以及适用的税率、汇率必须一致。各清单归并为同一份报关单时，各清单中载明的商品项在商品编号、商品名称、规格型号、单位、原产国（地区）、单价和币制均一致的情况下可以进行数量和总价的合并。

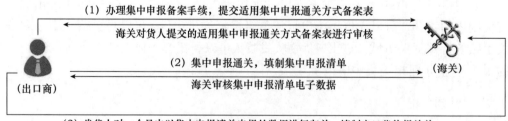

图 8-4 集中申报流程

4. 集中申报注意事项

（1）进出口集中申报范围内货物的收发货人，有下列情况之一的，不适用集中申报通关方式：

① 涉嫌走私或者违规，正在被海关立案调查；
② 进出口侵犯知识产权货物，被海关依法给予行政处罚；
③ 适用C类或者D类管理类别。

（2）收发货人有下列情形之一的，停止适用集中申报通关方式：

① 担保情况发生变更，不能继续提供有效担保的；
② 涉嫌走私或者违规，正在被海关立案调查的；
③ 进出口侵犯知识产权货物，被海关依法给予行政处罚的；
④ 海关分类管理类别被降为C类或者D类的。

（3）申请适用集中申报通关方式的货物、担保情况等发生变更时，收发货人应当向原备案地海关书面申请变更；备案有效期届满可以延续，收发货人需要继续适用集中申报方式办理通关手续的，应当在备案有效期届满10日前向原备案地海关书面申请延期；收发货人可以在备案有效期内主动申请终止适用集中申报通关方式。

适用集中申报通关方式备案表

5. 集中申报相关示例

（1）适用集中申报通关方式备案表（见二维码）。
（2）出口货物集中申报清单（见二维码）。

出口货物集中申报清单

8.3 实操指导

8.3.1 任务及要求

唐山BY骨质瓷有限公司委托××报关行有限公司（9112××××××××××××）小刘（报关员证号：0210××××）针对本笔贸易申请出口报关。小刘根据要求缮制出口货物报关单，完成出口报关相关程序，以便货物顺利装船。

8.3.2 任务执行与完成

小刘填制了出口货物报关单（见样单8-2），并于20××年8月28号在天津新港海关办理了报关手续。

样单 8-2　出口货物报关单

 中华人民共和国海关出口货物报关单

预录入编号：		海关编号：		页码/页数：	
境内发货人 （911302057926994×××） 唐山 BY 骨质瓷有限公司	出境关别（0202） 新港海关	出口日期		申报日期 20××0828	备案号
境外收货人 ABC IMPORT COMPANY,THE UNITED KINGDOM	运输方式（2） 水路运输	运输工具名称及航次号 DONGFENG V.073E		提运单号 CNFT022102	
生产销售单位 （911302057926994×××） 唐山 BY 骨质瓷有限公司	监管方式（0110） 一般贸易	征免性质（101） 一般征税		许可证号	
合同协议号 20××UK13BY073	贸易国(地区)（GBR） 英国	运抵国(地区)（GBR） 英国		指运港（GBR375） 伦敦	离境口岸 （120001） 天津
包装种类（22） 纸质或纤维板制盒 / 箱	件数 270	毛重（千克） 6 750	净重（千克） 5 400	成交方式 CIF	运费 USD/1300/3	保费 USD/126.23/3	杂费

随附单证及编号
合同 2021UK13BY073；发票 BY-23；装箱单；提 / 运单 CNFT022102；普通产地证；电子底账；代理报关委托协议（电子）

唛头及备注
N/M　　1；SNBU3220372

项号	商品编号	商品名称及规格型号	数量及单位	单价 / 总价 / 币制	原产国（地区）	最终目的国（地区）	境内货源地	征免
1	6911101100	骨质瓷餐具 BONECHINA DINNER	270SET	250.00 67 500.00 美元	中国 （CHN）	英国 （GBR）	唐山开平（130205）	照章征税

特殊关系确认：否　价格影响确认：否　支付特许权使用费确认：否　公式定价确认：　暂定价格确认：　自报自缴：是

报关人员	报关人员证号 0210××××	电话	兹证明对以上内容承担如实申报、依法纳税之法律责任	海关批注及签章
申报单位（9112××××××××××××） ×× 报关行有限公司			申报单位（签章）	

 小思考

境内发货人、生产销售单位和申报单位三者之间有什么联系？

项目小结

2018年8月1日起，根据海关总署统一部署，海关进出口货物整合申报正式实施，企业报关报检合并为一张报关单、一套随附单证、一套通关参数。通过优化整合简政便企，一方面降低企业通关成本，优化营商环境；另一方面凸显了正确缮制报关单的重要性。出口报关单是出口企业向海关报告其出口货物情况，向海关申请审查、放行货物的一种重要单据。因此，学生在学习过程中应正确缮制出口报关单，规范操作，培养遵纪守法的法治观念，不断提高专业水平和自身竞争力，力求在实际工作中保证国际贸易顺利完成。

8.4 技能训练

1. 判断题

（1）个人物品进出境不需要报关。　　　　　　　　　　　　　　　（　）

（2）进出口货物收发货人自行办理报关业务，也可以委托报关企业代理其办理报关业务，但前提都需要在海关注册登记。　　　　　　　　　　（　）

（3）集中申报适合在同一口岸多批次进出口规定范围内货物的进出口货物收发货人。　　　　　　　　　　　　　　　　　　　　　　　　　　（　）

（4）经海关备案集中申报进出口货物收发货人，在备案有效期内，只需以《集中申报清单》申报货物进出口，不用再填制进出口货物报关单。　　（　）

（5）报关比通关的范围更广。　　　　　　　　　　　　　　　　　（　）

（6）报关企业有两类：一类是代理报关的国际货物运输、国际船舶代理企业；另一类是报关公司、报关行。　　　　　　　　　　　　　　　　　（　）

（7）报关员是指海关的工作人员。　　　　　　　　　　　　　　　（　）

（8）一般出口货物的申报时限：应在出口货物运抵海关监管区或海关指定的监管地点之后，运输工具装货的24小时前，向海关申报。　　　　（　）

（9）进出口货物收发货人可以委托所有管理类别报关企业办理集中申报相关手续。　　　　　　　　　　　　　　　　　　　　　　　　　　　（　）

（10）只要经营符合集中申报范围内的货物进出口货物均可进行集中申报申请。　　　　　　　　　　　　　　　　　　　　　　　　　　　　（　）

（11）所有进出口货物均可适用集中申报通关方式。　　　　　　　（　）

（12）办理进出口货物集中申报的不需要填制进出口货物报关单。　（　）

（13）进出口货物集中申报一经申请可终身使用。　　　　　　　　（　）

2. 多选题

（1）报关企业一般包括（　　）。

A. 报关公司　　　　　　　B. 货运代理公司或物流公司
C. 进口商　　　　　　　　D. 出口商

（2）出口货物报关程序包括（　　　）。
A. 申报　　　　B. 配合查验　　　C. 缴纳税费
D. 装运货物　　E. 向海关申请证明联

（3）按照报关的对象，报关可以分为（　　　）。
A. 运输工具报关　　　　　B. 货物报关
C. 物品报关　　　　　　　D. 自理报关

（4）按照报关的行为性质，报关可以分为（　　　）。
A. 自理报关　　　　　　　B. 货物报关
C. 物品报关　　　　　　　D. 代理报关

（5）报关单位是指依法在海关注册登记的（　　　）。
A. 报关企业　　　　　　　B. 进出口发货人
C. 海关　　　　　　　　　D. 报关员所在单位

（6）报关单按表现形式分为（　　　）。
A. 纸质报关单　　　　　　B. 电子数据报关单
C. 报关单录入凭单　　　　D. 报关单证明联

（7）进出口货物集中申报流程包括（　　　）。
A. 办理集中申报备案手续
B. 在备案有效期内，收发货人采取集中申报通关
C. 对一个月内以集中申报清单申报的数据进行归并，填制进出口货物报关单
D. 缴纳税费

3. 实训题

请根据以下资料，扫描二维码，下载并填制出口货物报关单。

资料1：江苏省某粮油食品进出口集团股份有限公司（913200001347629×××）出口一批猪肉松（1602491010），该货物于20××年7月29日由该公司向江苏南京海关报关。

资料2：

出口货物报关单

COMMERCIAL INVOICE

NO.：0061809
DATE：JUL. 23,20××

TO: PPH FOOD INDUSTRIAL（PTE）LTD. SINGAPORE
CONTRACT NO.：20××JS31112002
SHIPMENT FROM NANJING, CHINA TO SINGAPORE
MARK：N/M

DESCRIPTION AND QUANTITY: GOLD PLUM BRAND DRIED PORK FLOSS 5 KGS × 2 000 TINS, 10 000 KG

UNIT PRICE: USD 22/KG FOB NANJING

AMOUNT: USD 220 000.00

资料3:

PACKING LIST

DATE: JUL. 28, 20××

TO: PPH FOOD INDUSTRIAL（PTE）LTD. SINGAPORE

VESSEL AND VOYAGE　　　　NO.: FEIDA/5368

PACKED IN 2 000 CTNS

N.W.: 10 000 KG,　　G.W.: 11 308 KG

1×20'CONTAINER　　　TEXU2324702

项目 9　出口投保单证
Export Insurance Documents

📝 项目导言

党的二十大报告指出,推进高水平对外开放,推动货物贸易优化升级,创新服务贸易发展机制,发展数字贸易,加快建设贸易强国。与货物贸易相关的保险则属于服务贸易的范畴。

在国际贸易中,货物需要经过长途运输才能到达收货人手中。这期间,自然条件及外来因素等多种风险,都有可能使货物造成损失,因此出口货物应该及时投保。投保人应综合考虑货物自身特点、运输过程中风险的类型、保险公司承保范围,从而确定投保险别和投保金额。

📝 项目目标

知识目标:
1. 了解保险单据的基本内容及分类。
2. 掌握保险单缮制要求、保险单的背书转让。

技能目标:
1. 能够独立制作投保单和保险单。
2. 能够办理出口货物投保手续。

思政目标:
1. 培养诚信的优良品质,做到恪守信用,不欺骗,不隐瞒。
2. 提高风险防范意识。
3. 培养"经济效益最大化、损失最小化"的意识,规避风险,减少不必要的损失,确保经济效益最大化。

📝 项目关键词

- 保险单据　　　Insurance Documents
- 被保险人　　　The Insured
- 保险金额　　　Amount Insured

9.1 出口投保案例

9.1.1 案情描述

某国际经济贸易发展公司（以下简称经发公司）与某贸易有限公司成交一笔交易，信用证中保险条款规定"Insurance Policy Covering WPA and War Risk as per Ocean Marine Cargo Clause of PICC Dated 1/1/1981"（根据中国人民保险公司1981年1月1日海洋运输货物保险条款投保水渍险和战争险）。

经发公司按时装运，并取得8月19日签发的提单，于8月20日交单办理议付手续。但开证行于8月30日提出："第××号信用证项下的单据存在单证不符情况，即提单签发日期是8月19日，保险单的签发日期却为8月20日。这说明贵方先装运货物后办理保险手续，保险晚于装运日期。我行无法接受，联系开证申请人亦不同意接受。单据暂放我行留存，请速回复处理意见。"

经发公司查证留底单据后，联系保险公司，并于9月2日作答复："贵行30日电悉。关于保险单日期问题，我保险单的签发日期虽晚于提单的签发日期，但保险单上已由保险公司声明'This cover is effective at the date of loading on board'（本保险责任于装船日起生效）。说明保险已在装船前办妥，其保险责任在货物装船日已经生效，不影响索赔工作。所以贵行应接受单据。"

但9月4日经发公司又接到开证行复电："贵行2日电悉。关于保险单的签发日期问题，根据《跟单信用证统一惯例（UCP600）》规定，根据单据表面上所表示保险单的签发日期晚于提单的装运日期，就是不符合信用证要求。"

经发公司接到上述开证行电文后，直接与该贸易有限公司交涉，但最终也无法改变开证行的处理结果，只能以降价结案。

9.1.2 案例分析

保险单的签发日期必须在装运期以前，以说明货物在装运前已被投保，保险责任已经生效。如果保险单上的签发日期晚于装运日期，如装运日为4月15日，保险单签发日期为4月17日，则如果货物于4月16日发生损失，保险公司可以不负赔偿责任。经发公司所提交的保险单的签发日期晚于装运日期，是不符合要求的，所以开证行不同意接受单据。但是根据《跟单信用证统一惯例（UCP600）》第二十八条规定的"保险单据日期不得晚于发运日期，除非保险单据表明保险责任不迟于发运日生效"，如果保险单上已经声明了保险责任于装船日起生效，即使保险单签发日期晚于提单上的装运日期，银行亦应接受该保险单据。

经发公司在9月2日致开证行电中已经申述我保险单上有"本保险责任于装船

日起生效"的保险公司声明。但经发公司不熟悉《跟单信用证统一惯例（UCP600）》条款，没有准确地引证上述条文向开证行提出反驳，只是重申其保险责任在货物装船日已经生效，不影响索赔工作。而开证行反以《跟单信用证统一惯例（UCP600）》条款为依据，申述银行只依据单据上的保险日期和装运日期判断单据是否符合要求，而本案例中单据显示保险日期晚于装运日期，因此开证行不接受此单证，使经发公司再无法抗辩，告败而终。

9.1.3 案例启示

各种单据的出单要及时，如不及时则说明未在规定时间办理该业务。保险单的签发日期表明办妥保险的时间，保险单签发日期晚于装运日期会造成拒付，而且若在签发日期前发生事故导致货物损失，保险公司不予赔偿，损失由未及时办理保险的一方承担。

9.1.4 引申问题

（1）办理保险的单据有哪些？各有什么不同？
（2）如何缮制保险单据？
（3）如何办理投保手续？

9.2 必备知识

保险单据既是保险公司对被保险人的承保证明，也是表述双方权利和义务的契约证明。在被保险货物遭受损失时，保险单是被保险人索赔的主要依据，也是保险公司理赔的主要根据。

9.2.1 投保单及其内容

1. 投保单的定义

投保单又称"投保书"，是投保人向保险人申请订立保险合同的书面要约。

2. 投保单的基本内容

投保单是由保险人事先准备的具有统一格式的单据。投保人必须依其所列项目如实填写。进出口企业在投保单中要填制如下内容。

（1）被保险人。本栏一般填写出口商名称，若信用证要求保险单做成指示抬头，则在被保险人栏内填写"to order"；若信用证要求以特定方（如开证行或开证申请人）为被保险人，则该栏填写特定方的名称。

（2）标记。保险单上的标记应与发票、提单上的标记一致，也可简单写成"as per Invoice No. ×××"。

（3）包装及数量。有包装的填写最大包装件数；裸装货物要注明本身件数；煤炭、石油等散装货物则注明"in bulk"，然后填写净重；有包装但以重量计价的，应把包装数量与计价重量都填入本栏。

（4）保险货物项目。本栏允许使用统称，但不同类别的多种货物应注明不同类别的各自总称。

（5）保险金额。保险金额的加成百分比应严格按照信用证规定。如信用证未规定，应按照 CIF 或 CIP 发票价格的 110% 投保。保险金额不要出现小数，出现小数时一律向上进位，即采用"进一取整"的填法。币种要与发票一致。

（6）装载运输工具。该栏应填写装载的运输工具。海运方式下填写船名，最好再加航次，如"EAST WIND V.561"。整个运输由两程运输完成时，应分别填写一程船名及二程船名，中间用"/"隔开，此处可参考提单内容填写。例如：提单中一程船名为"MAYER"，二程为"SINYAI"，则填写"MAYER/SINYAI"。铁路运输则填写运输方式"BY RAILWAY"加车号，航空运输填写"BY AIR"，邮包运输填写"BY PARCEL POST"。

（7）开航日期。本栏应按提单中的签发日期填写，还可简单地填写"AS PER B/L"。

（8）发票或提单号。本栏填写相应的发票号码或提单号码。

（9）赔款偿付地点。本栏严格按照信用证规定填制。如信用证未规定，则应填目的地或目的港。如信用证规定不止一个目的港或赔付地，则应全部填写。一般信用证规定在偿付地点后注明偿付货币名称，如"AT BANGKOK IN USD"。

（10）自经至。本栏按照提单的装运港、目的港填写。货物如转船，也应把转船地点填上，如"FROM NINGBO TO NEW YORK VIA HONG KONG（OR W/T HONG KONG）"。

（11）投保险别。

① 应按照信用证规定的险别投保。

② 如果信用证没有规定具体险别，只规定"MARINE RISK, USUAL RISK OR TRANSPORT RISK"等，则可投保最低险别平安险"FPA"。

③ 如果信用证要求的险别超出合同规定，或贸易术语为 FOB、CFR，但信用证却由卖方办理保险，若买方同意支付额外的保险费，可按照信用证办理。

④ 投保的险别除注明险别名称外，还应注明险别适用的文本和日期，如"COVERING ALL RISKS AND WAR RISK AS PER OCEAN CARGO CLAUSES OF THE PEOPLE'S INSURANCE COMPANY OF CHINA DATED 1/1/1981"。

（12）请如实告知下列情况。本栏按照实际情况填写。

（13）投保人签字（盖章）。本栏应包括投保人名称和法人代表的签字或盖章。

（14）投保日期。投保日期是指填写投保单的日期。

3. 投保单示例（见样单9-1）

样单9-1 投保单

中国人民保险公司×××分公司
进出口货物运输险投保单
APPLICATION FOR IMP/EXP TRANSPORTATION INSURANCE

（1）被保险人 ZHEJIANG MB INTERNATIONAL CO.,LTD. The Insured			
（2）标记 Marks & Nos.	（3）包装及数量 Quantity	（4）保险货物项目 Description of Goods	（5）保险金额 Amount Insured
CTR BANGKOK NO.1-60	60 CTNS	RAW SILK	USD 71 693.00
（6）装载运输工具 Per Conveyance S.S. HANJIN OTTAWA V.073E		（7）开航日期 Slg on or abt. JAN.5, 20××	
（8）发票或提单号 Invoice No. or B/L No. RS09100157		（9）赔款偿付地点 Claim Payable At BANGKOK IN USD	
（10）自经至 From SHANGHAI to BANGKOK			
（11）投保险别 Conditions： COVERING INSTITUTE CARGO CLAUSES（A）AND INSTITUTE WAR CLAUSES（CARGO）INCLUDING INSTITUTE STRIKES CLAUSES （CARGO）			
（12）请如实告知下列情况：（如"是"在（）打"×"） IF ANY, PLEASE MARK "×"： 1.货物种类 袋装（×）散装（ ）冷藏（ ）液体（ ）活动物（ ）机器/汽车（ ）危险品等级（ ） GOODS BAG/JUMBO BULK REEFER LIQUID LIVE ANIMAL MACHINE/AUTO DANGEROUS CLASS 2.集装箱种类 普通（×）开顶（ ）框架（ ）平板（ ）冷藏（ ） CONTAINER ORDINARY OPEN FRAME FLAT REFRIGERATOR 3.转运工具 海轮（×）飞机（ ）驳船（ ）火车（ ）汽车（ ） BY TRANSIT SHIP PLANE BARGE TRAIN TRUCK 4.船舶资料 船籍（ ）船龄（ ）登记总吨位（ ）制造地点（ ） PARTICULAR OF SHIP RIGISTRY AGE			
投保人声明：本投保单及所填各项内容均属事实，同意以本投保单作为保险人签发保险单的依据和保险合同的组成部分。投保人确认在填写本投保单时，保险人已就货物运输条款及附加条款（包括责任免除部分）的内容向投保人做了明确说明。			
（13）投保人签字（盖章） （14）投保日期 JAN.3,20×× ZHEJIANG MB INTERNATIONAL CO.,LTD. ××× 备注：被保险人确认本保险合同条款和内容已经完全了解。 THE INSURED CONFIRMS HEREWITH THE TERMS AND CONDITIONS OF THESE INSURANCE CONTRACT FULLY UNDERSTOOD.			
本公司自用（FOR OFFICE USE ONLY）			
费率 RATE		保费 PREMIUM	
经办人 日期		核保人 日期	

9.2.2 保险单据的基本内容及分类

1. 保险单据的基本内容

保险单据的基本内容包括：发票号码和保单号码，被保险人名称，货物描述、唛头和件数，保险金额和货币单位，船名、起讫地点、预计起运日期，承保险别，理赔地点，出单日期，保险公司签章。

微课：保险单填写要点提示

2. 保险单据的分类

（1）保险单（Insurance Policy），俗称"大保单"，是一种正规的保险合同，除载明被保险人（投保人）的名称、被保险货物（标的物）的名称、数量或重量、唛头、运输工具、起讫地点、承保险别、保险金额、出单日期等项目外，还在保险单的背面列有保险人的责任范围，以及保险人与被保险人各自的权利、义务等方面的详细条款。它是最完整的保险单据。保险单是一份独立的保险单据，可由被保险人背书，随物权的转让而转移。

PICC 保险单示例

（2）保险凭证（Insurance Certificate），俗称"小保单"，它有保险单正面的基本内容，但没有保险单反面的保险条款，是一种简化的保险合同。

（3）联合保险凭证（Combined Insurance Certificate），俗称"承保证明"（Risk Note），是我国保险公司特别使用的一种更为简化的保险单据，由保险公司在出口公司提交的发票上加注保险编号、承保险别、保险金额、装载船只、开船日期等，并加盖保险公司印章。这种单据不能转让。

（4）预约保险单（Open Policy）或保险声明（Insurance Declaration），又称"开口保单"或"敞口保单"，是一种长期性的货物保险合同。预约保险单上载明保险货物的范围、险别、保险费率、每批运输货物的最高保险金额以及保险费的结付、赔款处理等项目，凡属于此保险单范围内的进出口货物，一经起运，即自动按保险单所列条件承保。但被保险人在获悉每批保险货物起运时，应立即将货物装船详细情况包括货物名称、数量、保险金额、运输工具种类和名称、航程起讫地点、开船日期等通知保险公司和进口商。

这种保险单据目前在我国一般适用于在一定时期内发运的，以 CIF 术语成交的出口货物或以 FOB、CFR 术语成交的进口货物的保险。

> ▶ 小提示
>
> 无论是哪种保险单据，法律效力都是相同的，但是一定要根据信用证规定选择相应类别的保险单据。

保险声明（保险申报单示例）

9.2.3 保险单的缮制

1. 保险单的缮制要求

（1）保险公司名称（Name of Insurance Company）。此栏应填写信用证和合同要求的保险公司，如信用证规定"Insurance Policy in Duplicate by PICC"，即本栏填写"中国人民保险公司"。

（2）保险单据名称（Name）。此栏按照信用证和合同填制。

（3）发票号码（Invoice No.）。此栏填写投保货物商业发票的号码。

（4）保险单号码（Policy No.）。此栏填写保险单号码。

（5）被保险人（The Insured）。如信用证和合同无特别规定，此栏一般填写信用证的受益人，即出口公司名称。

（6）唛头（Marks & Nos.）。此栏填入装船唛头，与提单上同一栏目内容相同或填入"as per Invoice No. ×××"。

（7）包装及数量（Quantity）。此栏填入大包装件数，与提单上同一栏目内容相同。

（8）保险货物项目（Description of Goods）。此栏填写货物的名称，一般使用统称，且与提单上名称相同。

（9）保险金额（Amount Insured）。保险金额应严格按照信用证和合同上的要求填制，如信用证和合同无明确规定，一般都以发票金额加一成（110%的发票金额）填写。

> **小提示**
>
> 保险金额须按照给出的保险合同计算，不要填入发票或合同金额。

（10）总保险金额（Total Amount Insured）。这一栏目填写第（9）栏中的保险金额的大写形式，计价货币也应以全称形式填写。注意：保险金额使用的货币单位应与信用证中的一致，如填写"SAY UNITED STATES DOLLARS ONE THOUSAND TWO HUNDRED AND FIFTY-FIVE ONLY"。

（11）保费（Premium）。此栏一般由保险公司填制或已印上"As Arranged"字样，除非信用证另有规定，如规定"Insurance Policy Endorsed In Blank For Full Invoice Value Plus 10% Marked 'Premium Paid'"时，此栏填入"Paid"或把已印好的"As Arranged"删去并加盖校对章后打上"Paid"字样。

（12）费率（Rate）。此栏由保险公司填制或已印上"As Arranged"字样。

（13）装载运输工具（Per Conveyance S.S.）。此栏应按照实际情况填写，当运输由两段或两段以上运程完成时，应把各种运输的船名填在上面，如提单上的一程船名是"East Wind"，二程船名为"Red Star"，本栏应填写"East Wind/Red Star"，以此类推。

（14）开航日期（Sailing on or About）。此栏填写提单的签发日期或可简单填写"As Per B/L"。

（15）自……至（……From...To...）。此栏填写货物实际装运的起运港口和目的港口名称，货物如转船，也应把转船地点填上，如"From Ningbo To New York,USA Via Hong Kong（Or to Hong Kong）"。

注：有时信用证中未列明具体的起运港口和目的港口，如"Any Chinese Port"或"Any Japanese Port"，填制时应根据货物实际装运选定一个具体的港口，如Shanghai 或 Osaka 等。

（16）承保险别（Conditions）。此栏应根据信用证或合同中的保险条款填制。例如，信用证要求"Insurance Policy Covering the Following Risks:All Risks And War Risk as Per China Insurance Clause（C.I.C）"，制单时应打上"All Risks And War Risk as Per China Insurance Clause（C.I.C）"。注意：有时信用证要求投保伦敦保险协会《协会货物条款》的某种险别。

知识拓展

伦敦保险协会《协会货物条款》

在国际保险市场上，各国保险组织都制定有自己的保险条款。其中，最为普遍采用的是英国伦敦保险业协会制定的《协会货物条款》。《协会货物条款》（Institute Cargo Clause，简称 I.C.C.）最早制定于1912年。为了适应不同时期国际贸易、航运、法律等方面的变化和发展，该条款已先后多次补充和修改。

（17）赔款偿付地点（Claim Payable at）。此栏应按照信用证或合同规定填写，如无具体规定，一般将目的地作为赔付地点，赔款货币与投保金额货币相同。例如，信用证要求"Insurance Claims Payable at a Third Country Germany"，此时，应把第三国"Germany"填入此栏。

（18）日期（Date）。此栏填写保险单的签发日期。由于保险公司提供仓至仓服务，所以保险手续应在货物离开出口商仓库前办理，保险单的签发日期应为货物离开仓库的日期或早于提单签发的日期。

（19）投保地点（Place）。此栏一般填入装运港口名称。

（20）盖章和签字（Stamp & Signature）。此栏由与第一栏相同的保险公司负责人签字并盖章。

（21）特殊条款（Special Conditions）。如信用证和合同对保险单据有特殊要求就填在此栏中。例如，信用证要求"L/C No. must be indicated in all documents"，即在此栏填入"L/C No. ×××"。

2. 保险单样本（见样单9-2）

样单9-2　保险单

（1）中国人民保险公司××分公司
（2）海洋货物运输保险单

（3）发票号码　　　　　第一正本　　　　（4）保险单号码
INVOICE NO.:RS21100157　　THE FIRST ORIGINAL　POLICY NO.: PYIE202133160000028053

中国人民保险公司（以下简称"本公司"）根据浙江MB股份有限公司（5）（以下简称"被保险人"）的要求，由被保险人向本公司缴付约定的保险费，按照本保险单承保险别和背面所载条款与下列特殊条款承保下述货物运输保险，特立本保险单。

This Policy of Insurance witnesses that People's Insurance Company of China（hereinafter called "the company"）at the request of ZHEJIANG MB INTERNATIONAL CO., LTD.（hereinafter called the "Insured"）and in consideration of the agreed premium being paid to the Company by the Insured, undertakes to insure the under mentioned goods in transportation subject to the conditions of this Policy as per the Clauses printed overleaf and other special clauses attached hereon。

（6）唛头 Marks. & Nos.	（7）包装及数量 Quantity	（8）保险货物项目 Description of Goods	（9）保险金额 Amount Insured
CTR BANGKOK NO.1-60	60 CTNS	RAW SILK	USD 71 693.00

（10）总保险金额
Total Amount Insured　U.S.DOLLARS SEVENTY-ONE THOUSAND SIX HUNDRED AND NINETY-THREE ONLY.
（11）保费　　　　　　（12）费率　　　　　（13）装载运输工具
Premium As Arranged　　Rate As Arranged　　Per Conveyance S.S.　HANJIN OTTAWA V.073E
（14）开航日期　　　　（15）自　　　　　　　至
Sailing on or About.　JAN.5,20××　　From　SHANGHAI　　To　BANGKOK
（16）承保险别
Conditions:
COVERING INSTITUTE CARGO CLAUSES（A）AND INSTITUTE WAR CLAUSES（CARGO）
INCLUDING INSTITUTE STRIKES CLAUSES（CARGO）

所保货物，如遇出险，本公司凭第一正本保险单及其有关证件给付赔款。所保货物，如发生本保险单项下负责赔偿的损失或事故，应立即通知本公司下述代理人查勘。
Claims, if any, payable on surrender of the first original of the Policy together with other relevant documents. In the event of accident whereby loss or damage may result in a claim under this Policy immediate notice applying for survey must be given to the Company's Agent as mentioned hereunder:
（21）特殊条款
SPECIAL CONDITIONS:

　　　　　　　　　　　　　　　　　　（20）中国人民保险公司××分公司
　　　　　　　　　　　　　　　　　　THE PEOPLE'S INSURANCE CO. OF CHINA
　　　　　　　　　　　　　　　　　　　　　　　××BRANCH

（17）赔款偿付地点
Claim Payable at　BANGKOK IN USD　　　　　　　　×××
　　　　　　　（18）日期　　　　　　　　　　　（19）地点
　　　　　　　Date DEC.30, 20××　　　　　　　Place　SHANGHAI

9.2.4 保险单的背书转让

海运保险单可以经背书而转让，保险单被保险人背书后即随着保险货物的所有权的转移自动转到受让人手中，保险权益随即转移。一般背书的方法有以下几种。

1. 空白背书（Blank Endorsement）

空白背书只需在保险单的背面注明被保险人名称（包括出口公司名称和经办人姓名）。如信用证无明确规定背书方法，即使用空白背书。

2. 记名背书 (Special Endorsement)

当信用证要求"Endorsed in the Name of ×××"或"Delivery to ××× Co."时，使用记名背书。记名背书需在保险单背面注明被保险人名称和经办人姓名后，打上"Delivery to ××× Co."或"The Name of ×××"字样。此种保险单不便于转让，在日常业务中较少使用。

9.3 实操指导

9.3.1 任务（一）及要求

公司安排小陈根据发票、信用证保险条款以及细节资料，填写投保单和保险单。

1. 发票

CHINA TT INTERNATIONAL TECHNICAL I/E CORP.
××× TIANTANG VILLAGE, NANJING, CHINA
Commercial Invoice

INVOICE NO. : A123
DATE: MAR. 9, 20××

MESSERS :
ABC TOOLS TRADE CO., LTD.
3/17 SUN BUILDING, SHEARSON CAMBRIDGE
TORONTO ,CANADA

FROM SHANGHAI TO TORONTO BY SEA

MARKS	DESCRIPTION OF GOODS	QUANTITY	UNIT PRICE	AMOUNT
ABC	6V CORDLESS DRILL-TT1	798 PCS	USD 10.50	USD 8 379.00
34KL-B	6V CORDLESS DRILL-TT2	1 070 PCS	USD 28.00	USD 29 960.00

1-728　　　　　　　　　　　　　　CIF TORONTO
TOTAL:　　　　　　　　　　　　　1 868 PCS　　　　　　　　USD 38 339.00

CHINA TT INTERNATIONAL TECHNICAL I/E CORP.

×××

2. 信用证保险条款

DOCUMENTS REQUIRED :
INSURANCE POLICY OR CERTIFICATE IN ASSIGNABLE FORM AND ENDORSED IN BLANK FOR 110 PCT OF INVOICE VALUE WITH CLAIMS PAYABLE AT DESTINATION IN CURRENCY OF DRAFT COVERING ICC（A）, INSTITUTE WAR CLAUSES（CARGO）, INSTITUTE STRIKES CLAUSES（CARGO）, WAREHOUSE TO WAREHOUSE CLAUSES AND SHOWING NO. OF ORIGINALS ISSUED.

3. 细节资料

ALL THE GOODS ARE PACKAGED IN 728 CTNS, AND NET WEIGHT IS 17 760 KGS, GROSS WEIGHT IS 1 890 KGS, PAYMENT BY L/C 45 DAYS SIGHT, PURCHASER'S ORDER NO. TIANTANG2381, L/C NO. NKB210C8, THE GOODS ARE SHIPPED ON MAY 2, 20××.

9.3.2　任务（一）执行与完成

小陈根据资料填写了投保单和保险单（见样单9-3和9-4）。

样单9-3　投保单

中国平安保险股份有限公司
PING AN INSURANCE COMPANY OF CHINA, LTD.
进出口货物运输险投保单
APPLICATION FOR IMP/EXP TRANSPORTATION INSURANCE

被保险人
Insured: CHINA TT INTERNATIONAL TECHNICAL I/E COPR.

本投保单由投保人如实填写并签章后作为向本公司投保货物运输保险的依据，本投保单为该货物运输保险单的组成部分。

The Applicant is required to fill in the following items in good faith and as detailed as possible, and affix signature to this application, which shall be treated as proof of application to the Company for cargo transportation insurance and constitute an integral part of the insurance policy.

项目 9 出口投保单证 Export Insurance Documents

兹拟向中国平安保险股份有限公司投保下列货物运输保险: Herein apply to the Company for Transportation Insurance of following cargo: ABC 34KL-B CORDLESS DRILL 728 CTNS 1-728	请将投保的险别及条件注明如下: Please state risks insured against and conditions: (　) PICC (C.I.C.) Clause　(×) S.R.C.C. (×) ICC Clause　　　　　(　) W/W (　) All Risks　　　　　(　) TPND (　) W.A.　　　　　　　(　) FREC (　) F.P.A.　　　　　　(　) IOP (×) ICC Clause A　　　(　) RFWD (　) ICC Clause B　　　(　) Risk of Breakage (　) ICC Clause C　　　(　) Risks During
请在上面注明保险货物项目、唛头、数量及包装。 Please state description, marks, quantity and packing of cargo insured here above.	(　) Air TPT All Risks　(　) Transhipment (　) Air TPT Risks (　) O/L TPT All Risks (　) O/L TPT Risks (×) War Risks

装载运输工具(船名/车号): 船龄: Per conveyance S.S.: TIANLI2　Age of Vessel:	集装箱运输: 是√ 否□　整船运输: 是□ 否□ Container Load: Yes √ No □ Full Vessel Charter: Yes No
发票或提单号 Invoice No. or B/L No. Invoice No. :A123	开航日期:　　　　年　月　日 Slg. on or abt AS PER B/L　Year　Month　Day
自: 国　　　　港/地　经: 港/地　至: 国　　　　港/地 From: SHANGHAI, CHINA　Via:　　To: TORONTO, CANADA	
发票金额 Invoice Value: USD 38 339.00	保险金额 Amount Insured: USD 42 172.90
费率 Rate:	保险费 Premium:
备注 Remarks:	
投保人兹声明上述所填内容属实, 同意以本投保单作为订立保险合同的依据; 对贵公司就货物运输保险条款及附加险条款(包括责任免除和投保人及被保险人义务部分)的内容及说明已经了解。 I declare that above is true to the best of my knowledge and belief, and hereby agree that the application be incorporated into the policy. I have read and understand the Company's cargo transportation insurance and extensions (including the Exclusions and the applicant's or insured's Obligations).	
投保人签章:　　　　　　联系地址: Name/Seal of Proposer　　Address of Proposer:×× × TIANTANG VILLAGE,NANJING,CHINA CHINA TT INTERNATIONAL TECHNICAL I/E COPR. ×××	
送单地址:　　　　同上√　　或　　电话:　　期:　　年　月　日 Delivery Address:　　Ditto √　　or　　Tel:　　Date:　　APRIL 28,20××	

样单 9-4 保险单

中国平安保险股份有限公司
PING AN INSURANCE COMPANY OF CHINA, LTD.
NO. 1000005959

货物运输保险单

CARGO TRANSPORTATION INSURANCE POLICY

被保险人： CHINA TT INTERNATIONAL TECHNICAL I/E COPR. ×××TIANTANG VILLPGE, NANJING, CHINA

中国平安保险股份有限公司根据被保险人的要求及其所交付约定的保险费，按照本保险单背面所载条款与下列条款，承保下述货物运输保险，特立本保险单。

This Policy of Insurance witnesses that PING AN INSURANCE COMPANY OF CHINA, LTD., at the request of the Insured and in consideration of the agreed premium paid by the Insured, undertakes to insure the under mentioned goods in transportation subject to the conditions of Policy as per the clauses printed overleaf and other special clauses attached hereon.

保单号 Policy No.	赔款偿付地点 Claim Payable at TORONTO IN USD

发票或提单号
Invoice No. or B/L No. A123

运输工具 Per Conveyance S.S. TIANLI 2	查勘代理人 Survey By:	正本份数 Nos. of Origial: THREE (3)
起运日期 Slg. on or abt. AS PER B/L	自 From: SHANGHAI	至 To: TORONTO

保险金额
Amount Insured USD 42 172.90（SAY USD FORTY-TWO THOUSAND ONE HUNDRED AND SEVENTY-TWO CENTS NINETY）

保险货物项目、唛头、数量及包装： Description, Marks, Quantity & Packing of Goods:	承保条件 Conditions:
ABC 34KL-B CORDLESS DRILL 728 CTNS 1-728	COVERING ICC（A）, INSTITUTE WAR CLAUSES（CARGO）, INSTITUTE STRIKES CLAUSES（CARGO）， WAREHOUSE TO WAREHOUSE CLAUSES

签单日期
Date: APR.30,20××

PING AN INSURANCE COMPANY OF CHINA, LTD.
Authorized Signature

9.3.3 任务（二）及要求

公司安排小陈根据信用证中保险单据的规定填写保险单，并支付保险费。保险单据内容如下：

相关信息：
开航日期以及保单日期：AUG.23,20××
船名及航次：DONGFENG V.073E
保险单号码：PYIE28053
保险费率：平安险 0.15%，破碎险 0.02%，不计免赔率
USD 126.23

9.3.4 任务（二）执行与完成

小陈顺利完成保险单填写并检查无误。

中国人民保险公司 ×× 分公司
海洋货物运输保险单

发票号码	第一正本	保险单号码
INVOICE NO.: 5332	THE FIRST ORIGINAL	POLICY NO.: PYIE28053

中国人民保险公司（以下简称本公司）根据 <u>（以下简称被保险人）</u> 的要求，由被保险人向本公司缴付约定的保险费，按照本保险单承保险别和背面所载条款与下列特殊条款承保下述货物运输保险，特立本保险单。

This Policy Of Insurance witnesses that People's Insurance Company of China （hereinafter called "the Company"）at the request of <u>TANGSHAN BY OSSEOUS CERAMIC CO.,LTD.</u> （hereinafter called the "Insured"）and in consideration of the agreed premium being paid to the Company by the Insured, undertakes to insure the under mentioned goods in transportation subject to the conditions of this Policy as per the Clauses printed overleaf and other special clauses attached hereon.

唛头 Marks. & Nos.	包装及数量 Quantity	保险货物项目 Description of Goods	保险金额 Amount Insured
N/M	270 CARTONS	84 pcs Lotus Shape Bone China Dinner Set	USD 74 250.00

总保险金额
Total Amount Insured <u>US DOLLARS SEVENTY-FOUR THOUSAND TWO HUNDRED AND FIFTY ONLY</u>
保费　　　　　　　费率　　　　　　　装载运输工具
Premium PAID　Rate <u>As Arranged</u>　Per Conveyance S.S. <u>DONG FENG V.073E</u>
开航日期　　　　　　　　　　自　　　　　　　　　至
Slg on or abt. <u>AUG.23,20××</u> From <u>XINGANG,CHINA</u> To <u>LONDON, THE UNITED KINGDOM</u>
承保险别
Conditions:
COVERING FPA PLUS RISK OF CLASH & BREAKAGE AS PER OCEAN MARINE CARGO CLAUSE OF THE PEOPLE'S INSURANCE COMPANY OF CHINA DATED 1/1/1981.

所保货物,如遇出险,本公司凭第一正本保险单及其有关证件给付赔款。所保货物,如发生本保险单项下负责赔偿的损失或事故,应立即通知本公司下述代理人查勘。

Claims, if any, payable on surrender of the first original of the Policy together with other relevant documents. In the event of accident whereby loss or damage may result in a claim under this Policy immediate notice applying for survey must be given to the Company's Agent as mentioned hereunder:

特殊条款
SPECIAL CONDITIONS:

中国人民保险公司××分公司
THE PEOPLE'S INSURANCE CO. OF CHINA
×× BRANCH

赔款偿付地点
Claim Payable At LONDON IN USD   ×××
日期   地点
Date AUG.23,20×× Place XINGANG, CHINA

项目小结

本项目从保险单日期有误引发争端的案例入手,说明了在贸易实践中保险单据的办理一定要及时,保险单据的签发日期必须早于装运期。在单证工作中,缮制投保单和保险单据时务必坚守诚信原则,不欺骗、不隐瞒保险标的物的真实情况,因此在学习本项目过程中应该注意培养学生诚信的品质。

9.4 技能训练

1. 实训题

根据资料缮制投保单及保险单。
(1)有关信用证条款如下。
L/C NO. 25DF/04 DATED AUG.25,20××
BENEFICIARY:QINGDAO LIGHT INDUSTRIAL PRODUCTS IMP & EXP CORP.
APPLICANT:ABC COMPANY LONDON
EVIDENCING SHIPMENT OF:SPORTS SHOES 12 600 PAIRS AT USD 1.20 PER PAIR CIF LONDON
TOTAL AMOUNT:USD 15 120.00
DOCUMENT REQUIRED:
INSURANCE POLICY OR CERTIFICATE IN DUPLICATE MADE OUT TO ORDER AND ENDORSED IN BLANK

项目 9　出口投保单证 Export Insurance Documents

COVERING ALL RISKS AS PER CHINA INSURANCE CLAUSE（CIC）1/1/1981 OF THE PEOPLE'S INSURANCE COMPANY OF CHINA

（2）补充资料如下。

INVOICE NO.:SD537

PACKING:100 CARTONS

SHIPMENT FROM QINGDAO TO LONDON LATEST ON SEP.15,20××

（3）缮制投保单及保险单。

2. 翻译题

（1）Insurance Policies or Certificate in two fold payable to the order of commercial bank of London Ltd. covering marine institute cargo clauses（a）（1/1/1981）, institute strike clauses cargo, institute war clauses cargo for invoice value plus 10% including warehouse to warehouse up to the final destination at Swissland, marked premium paid, showing claims if any, payable in Germany, naming settling agent in Germany.

（2）Insurance Policy or Certificate, issued to the applicant（as indicated above）, covering risks as per institute cargo clauses（a）, and institute war clauses（cargo）including warehouse to warehouse clause up to final destination at Schorndorf, for at least 110 pct of CIF value, marked premium paid showing claims if any payable in Germany, showing settling agent in Germany.

（3）Marine Insurance Policy or Certificate in duplicate,endorsed in blank, for full invoice value plus 10 percent stating claim payable in Thailand covering FPA as per ocean marine cargo clause of the People's Insurance Company of China dated 1/1/1981,including T.P.N.D. loss and /or damage caused by heat, ship's sweat and odour, hoop-rust, breakage of packing.

（4）Insurance Policy or Certificate in duplicate endorsed in blank of 110% of invoice value covering all risks and war risks as per C.I.C. with claims payable at Singapore in the currency of draft（irrespective of percentage）, including 60 days after discharges of the goods at port of destination（of at station of destination）subject to C.I.C.

项目 10　原产地证书
Certificate of Origin

项目导言

党的二十大报告指出，中国坚持经济全球化正确方向，推动贸易和投资自由化便利化，推进双边、区域和多边合作。但是，在当今国际多边贸易体制框架下，世界各国根据各自的对外贸易政策，普遍实行进口贸易管制，对进口商品实施差别关税和数量限制。进口国要求出口国出具货物的原产地证明已成为国际惯例。原产地证明作为货物的"国籍"的证明，是进口国海关计征税率的依据。享受普惠制待遇的情况，出口商须提交普惠制原产地证书；享受世贸组织成员之间最惠国待遇的情况，出口商则须提交一般原产地证书。

项目目标

知识目标：
1. 掌握原产地证书的作用、种类。
2. 掌握普惠制原产地证书的内容。
3. 了解一般原产地证书的内容。

技能目标：
1. 能够制作普惠制原产地证书。
2. 能够依据信用证要求制作一般原产地证书。
3. 能够根据贸易实际判定是否需要原产地证书及所需原产地证书种类。

思政目标：
1. 培养严谨的工作作风。
2. 及时关注国际经济形势和外贸政策变化，拓宽国际视野。

项目关键词

- 原产地证书　　　　　　　　Certificate of Origin（C/O）
- 普惠制原产地证书　　　　　Generalized System of Preferences Certificate of Origin
- 区域全面经济伙伴关系协定　Regional Comprehensive Economic Partnership（RCEP）

10.1 原产地证书案例

10.1.1 案情描述

2020年11月15日,《区域全面经济伙伴关系协定》(Regional Comprehensive Economic Partnership,以下简称《协定》)正式签署。《协定》包括20个章节,涵盖货物、服务、投资等全面的市场准入承诺,是一份全面、现代、高质量、互惠的自贸协定。其中,货物原产地规则是货物贸易的基础,区域内的原产地累积规则是《协定》的重要成果。

《协定》成员国包括东盟10国(包括文莱、柬埔寨、印度尼西亚、老挝、马来西亚、缅甸、菲律宾、新加坡、泰国、越南)和中国、日本、韩国、澳大利亚、新西兰,共15个国家。2022年1月1日,《协定》正式生效,首批生效的国家包括文莱、柬埔寨、老挝、新加坡、泰国、越南等东盟6国和中国、日本、澳大利亚、新西兰。2022年2月1日,《协定》对韩国生效。2022年3月18日,《协定》对马来西亚生效。

《协定》规定了符合以下三种情况的可以视为原产货物。

1. 在一缔约方完全获得或者生产的货物

(1)在该缔约方种植、收获、采摘或者采集的植物和植物货物,包括果实、花卉、蔬菜、树木、海藻、菌类和活植物。

(2)在该缔约方出生并饲养的活动物。

(3)从该缔约方饲养的活动物获得的货物。

(4)在该缔约方通过狩猎、诱捕、捕捞、耕种、水产养殖、采集或者捕捉直接获得的货物。

(5)从该缔约方土壤、水域、海床或者海床底土提取或者得到的未包括在第(1)项至第(4)项内的矿物质及其他天然生成物质。

(6)由该缔约方船只依照国际法规定,从公海或者该成员方有权开发的专属经济区捕捞的海洋渔获产品和其他海洋生物。

(7)由该缔约方依照国际法规定从该成员方领海以外的水域、海床或海床底土获得的未包括在第(6)项内的货物。

(8)在该缔约方加工船上完全使用第(6)项和第(7)项所述的货物加工或者制造的货物。

(9)在该缔约方生产或消费中产生的,仅适用于废弃处置或者原材料回收利用的废碎料;或者在该缔约方收集的仅适用于废弃处置、回收原材料或回收利用的旧货物。

(10)在该成员方仅使用第(1)项至第(9)项所列货物或其衍生物获得或者

生产的货物。

2. 在一缔约方仅使用来自一个或者一个以上缔约方的原材料生产的货物

与第 1 种情况相比，第 2 种情况的货物的原材料不一定是在一个成员国完全获得，但是必须已经获得原产资格。

3. 使用非原产材料并且符合特定原产地规则

第 3 种情况规定了《协定》成员国产品使用非原产材料的情况需要符合特定原产地规则的要求，具体可以分为 3 种标准，分别是：区域价值成分（RVC）40% 标准、税则归类改变（CTC）标准、加工工序标准。《协定》在其附件《产品特定原产地规则》中对每一个子目作出了产品特定规定，产品特定规定可能包含 1 个标准，也可能包括 2 个或 3 个标准。《协定》规定，对于一项产品特定原产地规则包含多个标准的，货物出口商可以自行决定货物适用的具体标准，即只要符合一种标准的规定就可以判定该货物符合特定原产地规则。

（1）区域价值成分 40% 标准

"区域价值成分 40%" 是指根据区域价值成分计算所得货物的区域价值成分不少于 40%。区域价值成分的计算方法有两种，分别是：

A. 间接 / 扣减公式

$$RVC=(FOB － VNM) / FOB×100\%$$

B. 直接 / 累加公式

$$RVC=(VOM + 直接人工成本 + 直接经营费用成本 + 利润 + 其他成本)/ FOB×100\%$$

其中，FOB= 产品离岸价格；VOM= 区域内原产材料价值；VNM= 非原产材料价值。

（2）税则归类改变标准

税则归类改变标准，是指当货物与生产该货物的非原产材料被归入《商品名称及编码协调制度》(The Harmonized Commodity Description and Coding System, 简称 HS) 中的不同税号时，即可视为该货物经过生产制造已经发生了实质性改变，并获得原产资格。

税则归类改变标准可以分为三种情况：

① 章改变（CC），即税则号前两位发生改变。要求用于生产货物的所有非原产材料发生 HS 编码两位数级的税则归类改变。主要集中于第 03-05、07、08、11-16、19、20、22-24、50-55、56-63 等章节。

② 品目改变（CTH），即税则号前四位数发生改变。要求用于生产货物的所有非原产材料发生 HS 编码四位数级的税则归类改变。品目改变标准主要集中于第 22-27、50-55 等章节。

③ 子目改变（CTSH），即税则号前六位数发生改变。要求用于生产货物的所有非原产材料发生 HS 编码六位数级的税则归类改变。主要集中于第 84、85、90 和 94 等章节。

（3）加工工序标准

加工工序标准是指在一缔约方进行的赋予制造、加工后所得货物原产地资格的主要工序。《协定》只采用了"化学反应"这一种加工工序标准。适用化学反应规则的货物，如果在一缔约方发生了化学反应，应当视为原产货物。《协定》对化学反应（包括生物化学反应）的定义是指通过键断裂并形成新的分子键，或者通过改变分子中原子的空间排列而形成新结构分子的过程。同时规定溶于水或其他溶剂、去除包括水在内的溶剂、添加或去除结晶水不属于化学反应。化学反应标准主要集中在第29章的部分产品，基本上都同时包含了品目改变或区域价值成分40%，如无环烃（HS2901）、环烃（HS2902）、酚（HS2907）等的产品特定规则都是品目改变或区域价值成分40%或化学反应。

> **知识拓展**

区域价值成分累积规则

"累积"是一项重要的补充规则，是指在确定产品的原产资格时，把产品生产中所使用自贸协定其他缔约方的原产材料视为产品生产所在缔约方的原产材料，将自贸区域看成一个整体，促进区域内的贸易自由。《协定》原产地规则中的累积规则是指《协定》区域价值成分的累积规则。区域价值成分的累积规则因为在15个成员国实行原材料价值累积，各成员国货物贸易互补性强，深化了15个缔约方间产业链供应链间的联系，对于形成共同市场有非常重要的意义。

案例1：由悬挂我国国旗并在我国注册的船只在公海捕获的金枪鱼在我国加工船上加工后出口到日本。

案例2：我国某钢铁生产企业利用中国境内回收的废钢铁，经炼铁、热轧、冷轧等工序加工制造成冷轧钢板（HS7225）出口到缅甸。

案例3：我国某棉纺企业生产的纯棉坯布出口到泰国，纯棉坯布使用的棉纱线（HS5205）是本企业生产的，生产棉纱线使用的棉花（HS5203）是从印度进口。

案例4：我国某企业出口日本的竹砧板，在我国境内加工，使用的原材料是塑料垫（HS3926.90）和中国产的毛竹、胶水。塑料垫使用的原材料为聚乙烯颗粒（HS3901.10），是由沙特进口，制成塑料垫后税号改为HS3926.90。

案例5：由中国某企业生产出口到泰国的遮阳伞，FOB价为6.9美元/把，具体生产成本如表10-1所示。

表10-1　生产成本表

原材料名称	每把伞所含原材料价值/美元	原产国
伞骨	3.55	中国
车线	0.05	中国
PG布	2.85	意大利
PE袋膜	0.04	中国
制造成本及费用总和	0.41	中国

遮阳伞（HS6601.91）所适用的原产地标准之一为区域价值成分40%。

案例6：中国企业生产的燕麦片（HS1104.12）出口到韩国，生产所用原材料燕麦（HS1004）从法国进口。

案例7：在前述案例3中提到过的棉花纺织加工成棉纱的过程，就是品目改变，中国企业进口印度棉花（HS5203）纺织加工成棉纱（HS5205）出口到泰国。

案例8：中国企业使用从俄罗斯进口的建筑用石（HS2515）添加中国产化学试剂，混合生产混凝土粒料（HS2517）出口到韩国。

案例9：中国企业生产的水族箱（HS7013.99）（FOB价58美元/个）出口到新加坡，水族箱的原产地标准之一是区域价值成分40%。所使用的原材料如表10-2所示。

表10-2 原材料表

原材料名称	HS 编码	每个水族箱所含原材料价值/美元	原产国
节能灯	8539.31	6.6	中国
水泵	8413.81	6.8	中国
插头	8536.69	1.8	中国
喷胶棉	5601.22	0.2	中国
聚苯乙烯塑料粒	3901.1	15	越南
电源线	8544.11	5	泰国
玻璃前后板	7009.1	18	印度
制造成本及费用总和	/	4.6	中国

10.1.2 案例分析

案例1：由悬挂我国国旗并在我国注册的船只在公海捕获的金枪鱼在我国加工船上加工后出口到日本，出口金枪鱼就是中国完全原产。该案例适用第1（6）种情况。

案例2：我国某钢铁生产企业利用中国境内回收的废钢铁，经炼铁、热轧、冷轧等工序加工制造成冷轧钢板（HS7225）出口到缅甸，冷轧钢板是中国完全获得或者生产的货物。该案例适用第1（9）种情况。

案例3：我国某棉纺企业生产的纯棉坯布出口到泰国，纯棉坯布使用的棉纱线（HS5205）是本企业生产的，生产棉纱线使用的棉花（HS5203）是从印度进口的，由于《协定》对棉纱线原产规定是品目改变，所以由印度棉花加工成棉纱线后，棉纱线取得了中国原产资格，所以该企业生产的纯棉坯布符合第2种情况的规定，是中国完全原产。

案例4：我国某企业出口日本的竹砧板，在我国境内加工，使用的原材料是塑料垫（HS3926.90）和中国产的毛竹、胶水。塑料垫使用的原材料为聚乙烯颗粒（HS3901.10），是由沙特进口，制成塑料垫后税号改为HS3926.90，品目发生改变，取得了中国原产资格，所以出口竹砧板符合第2种情况规定，为完全使用原产材料生产。

案例5：由中国某企业生产出口到泰国的遮阳伞，FOB价为6.9美元/把，具体生产成本如下：

遮阳伞（HS6601.91）所适用的原产地标准之一为区域价值成分40%。

a. 根据扣减法计算：RVC=（6.9−2.85）/6.9×100%=58.7%

b. 根据累加法计算：RVC=(3.55 +0.05+0.04+0.41)/6.9×100%=58.7%

通过两种计算公式得出结果区域价值成分为58.7%，大于40%，所以符合第3(1)种情况规定，可以判定遮阳伞为中国原产。

案例6：

中国企业生产的燕麦片（HS1104.12）出口到韩国，生产所用原材料燕麦（HS1004）从法国进口，燕麦加工成燕麦片，产品从10章改变为11章，符合《协定》特定原产地规则中燕麦片"章改变"标准，因此符合第3(2)种情况规定，可以判定燕麦片为中国原产。

案例7：

在前述案例3中提到过的棉花纺织加工成棉纱的过程，就是品目改变，中国企业进口印度棉花（HS5203）纺织加工成棉纱（HS5205）出口到泰国，加工过程商品发生了品目改变，因此符合第3(2)种情况规定，可以判定出口棉纱为中国原产。

案例8：

中国企业使用从俄罗斯进口的建筑用石（HS2515）添加中国产化学试剂，混合生产混凝土粒料（HS2517）出口到韩国，非原材料到产品发生了品目改变，因此符合第3(2)种情况规定，可以判定混凝土粒料为中国原产。

案例9：

中国企业生产的水族箱（HS7013.99）（FOB价58美元/个）出口到新加坡，水族箱的原产地标准之一是区域价值成分40%。所使用的原材料如下：

如果没有累积规则，区域价值成分按扣减法计算，马来西亚、泰国、印度的原材料都需要扣除，RVC=（58-15-5-18)/58×100%=34%，结果低于40%，达不到《协定》规定的原产要求。

因为有了累积规则，马来西亚和泰国都可以按照原产累积，即只需要扣除原产印度的成分，RVC=（58-18)/58×100%=69%，大于40%的要求，符合区域价值成分累积规则的规定，即《协定》原产地规则中的累积规则的规定，因此水族箱满足原产要求。

10.1.3 案例启示

出口商应多了解相关的规定，学习海关总署网站发布的政策及《协定》，在出口货物时按照规定提交符合要求的原产地证书以获得相应的优惠。

10.1.4 引申问题

不同的进口国要求的原产地证书不同，双边贸易协定、多边贸易协定等也决定着原产地证书的种类与内容。那么，各进口国（地区）要求什么样的原产地证书，需要到什么机构办理？

10.2 必备知识

10.2.1 原产地证书及其出具机构

1. 原产地证书

原产地证书（Certificate of Origin，C/O），用于证明商品原产地，是货物的生产或制造地的证明文件。

2. 签发原产地证书的三大机构

（1）中华人民共和国海关总署（General Administration of Customs of the People's Republic of China）。

（2）中国国际贸易促进委员会（China Council for the Promotion of International Trade）。

（3）中华人民共和国商务部（Ministry of Commerce of the People's Republic of China）。

10.2.2 原产地证书的作用

在国际贸易中，世界各国根据各自的对外贸易政策，普遍实行进口贸易管制，对进口商品实施差别关税和数量限制，并由海关执行统计。进口国要求出口国出具货物的原产地证明，已成为国际惯例，因此，原产地证书是国际贸易所需的一项重要证明文件。总体来说，原产地证书有以下几个方面的作用。

（1）原产地证书是各国海关据以征收关税和实施差别待遇的有效凭证。通常，进口国与出口国的政府之间签订关税协定，以条约形式规定协定税率（Agreed Customs Rate）或最惠国条款（Most Favored Nation Clause）。在实际贸易中，买方往往要求卖方提供有效的原产地证书，以证明进口货物的原产地确系缔约的对方国，才能提供相应的税率待遇。

（2）原产地证书是进口国海关实行进口限制和不同进口配额的依据文件。世界各国根据其贸易政策，为保护本国工业生产和满足国际贸易竞争需要，往往对某些货物实行限制,制定一些进口货物数量控制措施,如进口配额管理、许可证制度、反倾销制度、反补贴制度。为实施这些制度,需要确定进口的货物是来自哪个国家,然后确定这批货物是否受到进口数量限制,是否需持有进口许可证,以及是否需要征收反倾销、反补贴税。因此,原产地证书就成为实施这些制度的重要工具。

(3)原产地证书是海关借以对进口货物进行统计的重要依据。原产地证书有助于各国对进出口货物进行统计。

(4)原产地证书是贸易双方进行交接、结汇的必备单据。例如:买方在申请开立信用证时要求卖方提供一般原产地证书以确保其自身利益得到保障,银行也以原产地证书作为判断信用证是否议付的重要凭证。

10.2.3 原产地证书的种类

1. 普惠制原产地证书

普惠制原产地证书(Generalized System of Preferences Certificate of Origin),是普惠制的主要单据。普惠制是一种关税制度,是发达国家对从发展中国家进口某些适合的产品时给予减免或免税的优惠待遇。

曾经给予我国普惠制优惠待遇的有欧盟(法国、意大利、德国、荷兰、比利时、卢森堡、爱尔兰、丹麦、希腊、西班牙、葡萄牙、奥地利、芬兰、瑞典、爱沙尼亚、拉脱维亚、立陶宛、马耳他、塞浦路斯、波兰、捷克、斯洛伐克、匈牙利、斯洛文尼亚、罗马尼亚、保加利亚、克罗地亚)、英国、挪威、瑞士、土耳其、列支敦士登、澳大利亚、新西兰、日本、加拿大、俄罗斯、白俄罗斯、乌克兰、哈萨克斯坦。

近年来,随着我国经济发展和综合实力的提升,部分国家陆续宣布取消给予我国的普惠制待遇:

(1)2014年7月1日起,瑞士、列支敦士登、加拿大停止对中国的普惠优惠。

(2)2015年1月1日起,欧盟(当时英国仍为欧盟成员)、土耳其(欧盟的关税同盟国)停止对中国的普惠优惠。

(3)2019年4月1日起,日本停止对中国货物的普惠制优惠。

(4)2021年10月12日起,俄罗斯、哈萨克斯坦、白俄罗斯(欧亚经济联盟成员)取消对中国的关税优惠。

目前保留给予我国普惠制待遇的国家还有3个,分别是挪威、新西兰、澳大利亚。

自2021年12月1日起,中国海关不再对输往欧盟成员、英国、加拿大、土耳其、乌克兰等32个国家的货物签发普惠制原产地证书。海关总署公告停止签发以上32个国家普惠制待遇原产地证书。

> **小提示**
>
> 出口时，若国外客户所属国家给予我国普惠制待遇，则需要我方提交普惠制原产地证书。

2. 一般原产地证书

一般原产地证书是证明货物原产于某一特定国家或地区，享受进口国正常关税（最惠国）待遇的证明文件。它的适用范围是征收关税、贸易统计、保障措施、歧视性数量限制、反倾销和反补贴、原产地标记、政府采购等。

3. 区域性经济集团互惠原产地证书

（1）中国-东盟自贸协定原产地证书（格式E）（ASEAN-China Free Trade Area Preferential Tariff Certificate of Origin Form E），简称东盟证书或 FORM E 证书。

2004年11月29日，我国与东盟签署了《中华人民共和国政府与东南亚国家联盟成员政府全面经济合作框架协议货物贸易协议》。2005年7月20日中国-东盟自贸区降税进程全面启动。东盟是东南亚国家联盟（Association of Southeast Asian Nations，ASEAN）的简称。东盟的10个成员分别是文莱、印度尼西亚、马来西亚、菲律宾、新加坡、泰国、柬埔寨、老挝、缅甸和越南。

中国-东盟自贸协定原产地证书

（2）中国-智利自贸协定原产地证书（Certificate of Origin Form F for China-Chile FTA），简称中智证书或 FORM F 证书。

中国与拉美国家签署的第一个自由贸易协定《中华人民共和国政府和智利共和国政府自由贸易协定》自2006年10月1日开始正式实施，中国近6 000种输往智利的产品可凭检验检疫机构签发的 FORM F 证书享受零关税优惠。

中国-智利自贸协定原产地证书

（3）中国-巴基斯坦自贸协定原产地证书（Certificate of Origin China-Pakistan FTA），简称中巴证书或 FORM P 证书。

《中华人民共和国政府和巴基斯坦伊斯兰共和国政府自由贸易区服务贸易协定》自2009年10月10日起正式实施，中国与巴基斯坦分两个阶段实施降税。第一阶段在协定生效后5年内，双方对占各自税目总数85%的产品按照5种类别，以不同的降税幅度实施降税。第一阶段降税计划实施后，双方将从协定生效第6年开始，在对以往情况进行审评的基础上，对各自产品实施第二阶段降税。目标是在不太长的时间内，在照顾双方各自关注的基础上，使各自零关税产品占税号和贸易量的比例均达到90%。

中国-巴基斯坦自贸协定原产地证书

（4）亚太贸易协定原产地证书（Certificate of Origin Asia-Pacific Trade Agreement），简称亚太证书或 FORM B 证书。

《亚太贸易协定》前身是《曼谷协定》，全称为《亚洲及太平洋经济和社会委员会发展中成员关于贸易谈判的第一协定》，是由亚太区域发展中国家组成的关税互惠组织，其宗旨是通过该协定成员对进口商品相互给予关税和非关税优惠，不断促进成员之间的经济贸易合作与共同发展。《亚太贸易协定》成员分别是中国、韩国、印度、孟加拉国、老挝和斯里兰卡。

享受关税减让优惠的货物必须符合以下条件：

① 属于《亚太贸易协定》进口成员关税减让优惠产品清单的范围。

② 符合《亚太贸易协定》原产地规则。同批货物中的每项商品均要符合该规则。

③ 符合《亚太贸易协定》原产地规则中的直接运输条款规定。一般情况下，货物必须按照《亚太贸易协定》项下进出口货物原产地管理办法第十一条的规定从出口国直接运输到进口国。

亚太贸易协定原产地证书

（5）中国-新加坡自贸协定原产地证书（China-Singapore Free Trade Area Preferential Tariff Certificate of Origin），简称中国-新加坡证书。

中国-新加坡自贸区谈判启动于 2006 年 8 月，经过 8 轮艰苦而坦诚的磋商，双方于 2008 年 9 月圆满结束谈判。《中华人民共和国政府和新加坡共和国政府自由贸易协定》涵盖了货物贸易、服务贸易、人员流动、海关程序等诸多领域，是一份内容全面的自由贸易协定。双方在中国-东盟自贸区的基础上，进一步加快了贸易自由化进程，拓展了双边自由贸易关系与经贸合作的深度与广度。该协定于 2009 年 1 月 1 日开始实施。

（6）中国-新西兰自贸协定原产地证书（China-Singapore Free Trade Area Preferential Tariff Certificate of Origin），简称中国-新西兰证书。

2008 年 4 月 7 日，《中华人民共和国政府与新西兰政府自由贸易协定》在两国总理的见证下正式签署。这是中国与发达国家签署的第一个自由贸易协定，也是中国与其他国家签署的第一个涵盖货物贸易、服务贸易、投资等多个领域的自由贸易协定。该协定于 2008 年 10 月 1 日开始生效。

（7）中国-秘鲁自贸协定原产地证书（Certificate of Origin Form for China-Peru FTA），简称中国-秘鲁 FTA 证书。

《中华人民共和国政府与秘鲁共和国政府自由贸易协定》是中国和秘鲁两国在 WTO 承诺基础上，协定相互进一步开放货物贸易、服务贸易，并加强投资和合作的法律文件。该协定于 2010 年 3 月 1 日起实施。

（8）中国-哥斯达黎加自贸协定原产地证书（Certificate of Origin form for China-Costa Rica Free Trade Agreement），简称中哥证书或 Form L 证书。

中国-哥斯达黎加自贸协定原产地证书

《中华人民共和国政府和哥斯达黎加共和国政府自由贸易协定》于 2011 年 8 月 1 日起开始实施。中国和哥斯达黎加对各自 90% 以上的产品分阶段实施零关税，中国的纺织原料及制品、轻工、机械、电器设备、蔬菜、水果、汽车、化工、生毛皮及皮革等产品，和哥斯达黎加的咖啡、牛肉、猪肉、菠萝汁、冷冻橙汁、果酱、鱼粉、矿产品、生皮等产品，将从降税安排中获益。自 2011 年 8 月 1 日起，中国各地出入境检验检疫机构开始签发中国-哥斯达黎加自贸协定原产地证书，企业凭原产地证书可享受关税减免。

> **小提示**
> 出口商一定要确保提供的原产地证书符合不同国家的特殊关税要求。

10.2.4 普惠制原产地证书和一般原产地证书的缮制

1. 普惠制原产地证书的制单要点

普惠制，即普遍优惠制度，是工业发达国家对发展中国家或地区出口的制成品或半制成品货物，普遍给予关税优惠待遇的制度。凡享受普惠制待遇的商品，出口商一般应向给惠国提供普惠制原产地证书。

普惠制原产地证书缮制要求如下。

（1）出口商名称、地址及国家（Exporter's Name, Address, Country）。此栏是强制性填写的，必须填写出口商的全称和详细地址，包括街道及门牌号码等。

（2）收货人名称、地址、国家（Consignee's Name, Address, Country）。一般为给惠国的收货人名称和地址，不能填写中间商名称和地址。

（3）运输方式和路线（Means of Transport and Route）。本栏按信用证或合同规定，填写起运地、目的地及采用的运输方式。

（4）供官方使用（For Official Use）。本栏由签证机构根据需要填写。

（5）商品项目编号（Item Number）。全部货物有几种商品，就编几个号码，如 1、2、3 等。若只有一种商品，此栏填写"1"。

（6）唛头（Marks & Nos.）。本栏应按实际填写，若唛头过多可利用第（7）（8）栏。

（7）品名及包装种类和件数（Description of Goods；Number and Kind of Packages）。本栏一般应按商业发票填写，品名要具体，不得概括；包装种类和件数要同时用阿拉伯数字和英文表示，在末行要打上表示结束的符号"****"，以防添加内容。若货物为散装，则在品名后加注"In Bulk"。

（8）原产地标准（Origin Criterion）。本栏根据规定填写，要求如下。

① 完全自产于出口国的产品，输往给惠国时，填写"P"；对澳大利亚和新西兰出口时，可不必填写。

② 经过出口国充分制作或加工的产品，输往下列国家时，其填写要求各有不同。

加拿大：对于在两个或两个以上受惠国内加工或制作且符合原产地标准的产品，填写"G"，其他填写"F"。

日本、挪威、瑞士和欧盟：填写"W"，其后注明出口产品 HS 编码的前 4 位税则号，如"W"9618。

白俄罗斯、保加利亚、捷克、匈牙利、哈萨克斯坦、波兰、俄罗斯、乌克兰和斯洛伐克：对于在出口受惠国增值的产品，填写"Y"，其后注明进口原料和部件的价值在出口产品离岸价格中所占的百分率，如"Y45%"；对于在一个受惠国生产而在另一个或数个其他受惠国制作或加工的产品，填写"PK"。

澳大利亚和新西兰：本栏不必填写，在第（12）栏作出适当申报即可。

美国：对于单一国家生产的货物，填写"Y"，对于被认定的国家集团生产的货物填写"Z"，其后注明本国原料的成本或价值再加上直接加工成本在该出口货物出厂价中所占的百分率，如"Y35%"或"Z35%"。

> 小提示
>
> 此栏是普惠制原产地证书的核心，务必确定好原产地的标准。

（9）重量或数量（Gross Weight or Other Quantity）。本栏填写出口货物量值及商品计量单位，若无则填写重量。

（10）发票号码及日期（Number and Date of Invoices）。本栏填写商业发票号码及日期。

（11）出口商声明（Declaration by the Exporter）。出口商声明已事先印好，由出口商填写签发地点、日期并加盖公章和专人签字，公章应为中英文对照章，且签字与公章不得重合。

（12）证明（Certification）。由签证机构填写签发地点、日期，盖章并手签。

2. 普惠制原产地证书示例（见样单10-1）

样单10-1　普惠制原产地证书

普惠制原产地证书

(1) Exporter's name, address, country	Reference No. **GENERALIZED SYSTEM OF PREFERENCES CERTIFICATE ORIGIN** （combined declaration and certificate） **FORM A** Issued in **THE PEOPLE'S REPUBLIC OF CHINA** （COUNTRY）			
(2) Consignee's name, address, country	see notes. overleaf			
(3) Means of transport and route（as far as known）	4.For official use			
(5) Item number	(6) Marks & Nos.	7. Description of goods; Number and kind of packages	(8) Origin criterion (see notes overleaf)	(9) Gross weight or other quantity	(10)Number and date of invoices

续表

(12) Certification 　It is hereby certified, on the basis of control out, that the declaration by the exporter is correct. ……………………………………………… Place and date, signature and stamp of certifying authority	(11) **Declaration by the exporter** 　The undersigned hereby declares that the above details and statements are correct; that all the goods were produced in ……**CHINA**…… and that they comply with the origin requirements specified for those goods in the generalized system of preferences for goods exported to ……………………………………………… 　　　　　　　(importing country) ……………………………………………… Place and date, signature and stamp of certifying authority

3. 一般原产地证书的制单要点

中华人民共和国一般原产地证书，又称一般原产地证书，是指中华人民共和国出口货物原产地证书，它是证明中国出口货物符合《中华人民共和国货物原产地规则》，且原产地确实是中华人民共和国的证明文件。中国国际贸易促进委员会（CCPIT）与国家出入境检验检疫局（CIQ）都可签发一般原产地证书，其签发格式与编号统一由国家指定机构印制发放。在每批货物报关出运前3天，出品商须根据信用证、合同规定缮制好一般原产地证书，并按要求向上述机构申请签发一般原产地证书。申请时，提交全套原产地证书及合同、商业发票和装箱单的副本各一份，签证机构在证书（一正三副）正本上盖章，并留一份黄色副本备查。

知识拓展

中国国际贸易促进委员会

中国国际贸易促进委员会是由在中国经济贸易领域有代表性的人士、企业和团体组成的全国性对外贸易投资促进机构，成立于1952年。中国国际贸易促进委员会简称中国贸促会，英文名称为China Council for the Promotion of International Trade，英文缩写为CCPIT。中国贸促会的宗旨是，根据中华人民共和国宪法、法律、法规，参照国际惯例，促进中国与世界各国、各地区之间的贸易、投资和经济技术合作，增进中国人民同世界各国、各地区人民和经济贸易界的相互了解与友谊，维护中国公民、法人在海外的正当权益。

一般原产地证书缮制要求如下。

（1）出口商（Exporter）。本栏按实际填写，信用证项下为受益人。

（2）收货人（Consignee）。一般为进口商名称、地址及所在国。

（3）运输方式和路线（Means of Transport and Route）。本栏按信用证或合同规定，填写起运地、目的地及采用的运输方式。

（4）目的地国家或地区（Country/Region of Destination）。一般应与最终收货人或最终目的港国别一致，不能填写中间商国家或地区的名称。

（5）供出证方使用（For Certifying Authority Use Only）。由签证机构在签发后发证书、补发证书或加注其他声明时使用，一般留空不填。

（6）唛头（Marks & Nos.）。本栏按照发票上所列唛头填写，若没有唛头，则填"N/M"，不得留空不填。

（7）品名及包装种类和件数（Description of Goods；Number and Kind of Packages）。本栏一般应按商业发票填写，品名要具体，不得概括；包装种类和件数要按具体单位填写总的包装件数，并在阿拉伯数字后加注英文表述，在末行要打上表示结束的符号"****"，以防后续添加。若货物为散装，则在品名后加注"In Bulk"。

（8）HS编码（HS Code）。本栏按规定填写，不得留空。

（9）数量或重量（Quantity or Weight）。本栏填写出口货物量值及商品计量单位，若无则填写重量。

（10）发票号码及日期（Number and Date of Invoices）。本栏填写商业发票号码及日期。

（11）出口商声明（Declaration by the Exporter）。出口商声明已事先印好，由出口商填写签发地点、日期并盖公章和专人签字。

（12）证明（Certification）。由签证机构填写签发地点、日期，盖章并手签。

4. 一般原产地证书示例（见样单10-2）

样单10-2　一般原产地证书

一般原产地证书

（1）Exporter	Certificate No. CERTIFICATE OF ORIGIN OF THE PEOPLE'S REPUBLIC OF CHINA			
（2）Consignee				
（3）Means of transport and route	（5）For certifying authority use only			
（4）Country/region of destination				
（6）Marks & Nos.	（7）Description of goods; Number and kind of packages	（8）HS code	（9）Quantity or weight	（10）Number and date of invoices
（11）Declaration by the exporter 　　The undersigned hereby declares that the above details and statements are correct; that all the goods were produced in China and that they comply with the rules of origin of the People's Republic of China. …………………………………………… Place and date, signature and stamp of certifying authority	（12）Certification 　　It is hereby certified that the declaration by the exporter is correct. …………………………………………… Place and date, signature and stamp of certifying authority			

10.3 实操指导

10.3.1 任务及要求

公司要求小陈查询一般原产地证书的相关规定,缮制一般原产地证书。

10.3.2 任务执行与完成

原产地真伪查询

微课:原产地证书填写要点解释

小陈根据所学知识以及合同信息完成了一般原产地证书的缮制,见样单10-3。

样单10-3 一般原产地证书

一般原产地证书

(1) Exporter TANGSHAN BY OSSEOUS CERAMIC CO.,LTD. NO.×××　TANGMA ROAD,KAIPING DISTRICT, TANGSHAN CITY,HEBEI PROVINCE,CHINA		Certificate No. :C212411××××0128 CERTIFICATE OF ORIGIN OF THE PEOPLE'S REPUBLIC OF CHINA		
(2) Consignee ABC IMPORT COMPANY, THE UNITED KINGDOM ADDRESS: ××× LAWTON STREET, LONDON, ENGLAND				
(3) Means of transport and route FROM　XINGANG,CHINA TO LONDON THE UNITED KINGDOM BY SEA		(5) For certifying authority use only		
(4) Country/region of destination THE UNITED KINGDOM				
(6) Marks & Nos. N/M	(7) Description of goods; Number and kind of packages 270 CARTONS 84 PCS LOTUS SHAPE BONE CHINA DINNER SET SAY TWO HUNDRED AND SEVENTY CARTONS ONLY **********************	(8) HS code 6911101100	(9) Quantity 270 sets	10. Number and date of invoices INVOICE NO.BY-23 DATE: ××0726
(11) Declaration by the exporter 　　The undersigned hereby declares that the above details and statements are correct; that all the goods were produced in China and that they comply with the rules of origin of the People's Republic of China. TANGSHAN BY OSSEOUS CERAMIC CO.,LTD. TANGSHAN, AUG. 20,20×× ………………………………………………… Place and date, signature and stamp of certifying authority		(12) Certification 　　It is hereby certified that the declaration by the exporter is correct. TANGSHAN, AUG 19, 20×× ………………………………………………… Place and date, signature and stamp of certifying authority		

项目小结

本项目主要学习原产地证书的基本知识以及缮制要求。学生应能够根据实际贸易国家(地区)选择对应的原产地证书,以便满足进口国家的要求;在此基础上,学生应学会缮制普惠制原产地证书以及一般原产地证书。在本项目的学习过程中,学生应注重培养严谨的态度,并及时关注国际经济形势和外贸政策变化。

10.4 技 能 训 练

1. 实训题

根据所给资料和信用证缮制普惠制原产地证书。

(1)运输方式为海运,在香港转船,所有货物均为中国自制。

(2)本信用证下的发票号码为95XW10,开票日期为MAR.12,20××。

(3)普惠制产地证签证机构的签证日期为MAR.13,20××,地点为广州,出口商声明日期为MAR.12,20××。

(4)信用证项下的货物包装规格及唛头如下。

① XUWANG DOCUMENTATION SYSTEMS:

每10套装一纸箱

唛头:BIG TREE

TORONTO

CTNSNO. 1-300

KEEP DRY

(5)信用证相关资料如下。

ISSUING BANK: STANDARD CHARTERED BANK, LONDON

ADVISING BANK: BANK OF CHINA GUANGZHOU

APPLICANT: PETRICO INTERNATIONAL TRADING CORP.

    UO SHEPPARD ARENUE EAST SUITE 406 WILLOWDALE ONTARIO CANADA M2K W2

BENEFICIARY: XUWANG BUSINESS COMPUTING CO., LTD

    RM. NA34. ZIJINGYUAN HOTEL OF ZHONGSHAN UNIVERSITY, GUANGZHOU. P.R. CHINA.

FORM OF L/C: IRREVOCABLE

L/C NO.: 002/95/14020X

ISSUE DATE: ××.02.22

EXPIRY DATE/PLACE: ××.04.30 IN COUNTRY OF BENEFICIARY

L/C AMOUNT: USD 300 000.00

AMOUNT SPECIFICATION: CIF
AVAILABLE WITH/BY: FREELY AVAILABLE BY NEGOTIATION
DRAFTS: AT SIGHT DRAWN ON OURSELVES
TRANSPORT DETAILS: FROM CHINESE PORT NOT LATER THAN 15TH APRIL 2014 TO TORONTO, CANADA
DESCRIPTION OF GOODS:
XUWANG DOCUMENTATION SYSTEMS VERSION 6.0 3 000 SETS
DOCUMENTS REQUIRED: CERTIFICATE OF ORIGIN FORM A DULY NOTARIZED IN SIX COPIES.
CONDITIONS: CONSIGNEE-BIG TREE BUSINESS CO., LTD
SUNRISE STREET EAST, TORONTO, CANADA.

普惠制原产地证书

1. Exporter's name, address, country	Reference No.
	GENERALIZED SYSTEM OF PREFERENCES CERTIFICATE ORIGIN (combined declaration and certificate) **FORM A** Issued in **THE PEOPLE'S REPUBLIC OF CHINA** (COUNTRY)
2. Consignee's name, address, country	
	see notes. overleaf
3. Means of transport and route (as far as known)	4. For official use

5. Item number	6. Marks & Nos.	7. Description of goods; Number and kind of packages	8. Origin criterion (see notes overleaf)	9. Gross weight or other quantity	10. Number and date of invoices

11. Certification It is hereby certified, on the basis of control out, that the declaration by the exporter is correct. .... Place and date, signature and stamp of certifying authority	12. Declaration by the exporter The undersigned hereby declares that the above details and statements are correct; that all the goods were produced in ....**CHINA**........ and that they comply with the origin requirements specified for those goods in the generalized system of preferences for goods exported to .... (importing country) .... Place and date, signature and stamp of certifying authority

其他结汇单证及交单
Other Settlement Documents and Presentation

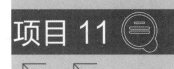
项目 11

项目导言

结汇单证是指在国际贸易结算中,为解决货币收付问题而使用的各种单据及证明。结汇单证是进出口贸易中必不可少的重要单证。出口货物装运之后,出口商应该按照合同或信用证要求,正确缮制各种基本的结汇单证,如发票、装箱单、提单、保险单、产地证等;除此之外,还可能涉及一些其他常见的辅助性结汇单证,如汇票、装运通知、受益人证明等。出口商应在信用证规定的有效时间及交单期内,送交全套单据给银行办理议付和结汇,从而有效地完成出口交易。

项目目标

知识目标:
1. 掌握汇票的定义、种类和填制规范。
2. 掌握装运通知、受益人证明等单据的内容和缮制规范。

技能目标:
1. 能够根据不同的结算方式及贸易信息独立填制汇票。
2. 能够根据资料独立缮制装运通知和受益人证明等结汇单据。

思政目标:
1. 培养耐心细致的态度和诚实守信的品质。
2. 培养善于变通、巧于沟通、专于术业、精于执行的职业素养。

项目关键词

- 汇票　　　　Bill of Exchange/Draft
- 装运通知　　Shipping Advice
- 受益人证明　Beneficiary's Certificate

11.1 汇票填制案例

11.1.1 案情描述

某年2月，江苏某化纤公司因为业务往来，取得一张面额为20万元的银行承兑汇票，汇票到期日为当年3月14日，付款行为吴江某银行。到期后，公司会计对空白的被背书人栏进行补记，但是由于粗心将"化纤"两字误写成"华纤"，导致银行以"背书记载有瑕疵"为由，拒付票款，要求该公司提供其前手某织造厂出具的证明。而该织造厂仅仅是票据形式上的前手，该化纤公司并非从该织造厂处取得汇票。

若无法取得银行要求的证明，该化纤公司就拿不到票款。无奈之下，化纤公司只能到法院起诉。经过法院再三沟通、解释，银行终于认可"华"字属于笔误，决定将该汇票作为付款依据。最终，该公司顺利地从银行兑现20万元。

11.1.2 案例分析

当事人在书写被背书人时将公司名字书写错误，将化纤的"化"字误写成"华"字，结果遭银行拒付，最终经法院协调，当事人得以顺利兑付汇票。

11.1.3 案例启示

看似不起眼的小问题有可能造成很大的影响，导致重大损失，所以单据缮制人员一定要认真仔细，不得疏忽大意。

11.1.4 引申问题

（1）汇票的内容有哪些？
（2）如何正确填制汇票以及其他单据，并在银行顺利议付？

11.2 必备知识

11.2.1 汇票

1. 汇票的定义

汇票是最常见的票据类型之一。《中华人民共和国票据法》（以下简称《票据法》)第十九条规定：汇票是出票人签发的，委托付款人在见票时或者在指定日期无条件支付确定的金额给收款人或者持票人的票据。

2. 汇票的种类

（1）按照出票人的不同，汇票可以分为银行汇票、商业汇票。

① 银行汇票（Banker's Draft）。银行汇票就是银行签发的汇票。

② 商业汇票（Commercial Draft）。商业汇票的出票人为企业法人、公司或者个人。

（2）按照有无附属单据，汇票可以分为光票汇票、跟单汇票。

① 光票汇票（Clean Bill）。光票汇票本身不附带货运单据，银行汇票多为光票。

② 跟单汇票（Documentary Bill）。跟单汇票是需要附带提单、仓单、保险单、装箱单、商业发票等单据才能进行付款的汇票。商业汇票多为跟单汇票，在国际贸易中被广泛使用。

（3）按照付款时间的不同，汇票可以分为即期汇票、远期汇票。

① 即期汇票（Sight Draft）。即期汇票是以提示日为到期日，持票人向付款人提示后，付款人见票立即付款，因此即期汇票又称见票即付汇票。

② 远期汇票（Usance Bill）。远期汇票是付款人在出票一定期限后或特定日期付款的汇票。远期汇票分为 4 类：记载一定的日期为到期日，于到期日付款的，为定期汇票；记载于出票日后一定时期内付款的，为计期汇票；记载于见票后一定时期内付款的，为注期汇票；将票面金额划为几份，并分别指定到期日的，为分期付款汇票。

（4）按照承兑人的不同，汇票可以分为商业承兑汇票、银行承兑汇票。

① 商业承兑汇票（Commercial Acceptance Bill）。商业承兑汇票是由银行以外的付款人承兑的远期汇票。

② 银行承兑汇票（Banker's Acceptance Bill）。银行承兑汇票的承兑人是银行。

3. 汇票的票据行为

汇票使用过程中的票据行为，主要有出票、提示、承兑和付款。这些票据行为都应根据《票据法》加以规范。汇票如需转让，通常应经过背书行为。

（1）出票（Draw/Issue）。

出票是出票人签发汇票并交付给收款人的行为。出票后，出票人即承担保证汇票得到承兑和付款的责任。如汇票遭到拒付，出票人应接受持票人的追索，清偿汇票金额、利息和有关费用。

出票时收款人抬头的填写方式有以下 3 种。

① 限制性抬头（Restrictive Payee）。这种汇票通常会标注"pay ×××Co., Ltd. only"或"pay ×××Co., Ltd., not negotiable"。这种汇票不得流通转让。

② 指示性抬头（To Order）。这种汇票通常会标注"pay ×××Co., Ltd. or order"或者"pay to the order of ×××Co., Ltd."。

③ 持票人或者来人抬头（To Bearer）。这种汇票通常会标注"pay to bearer"或者

"pay to ×××Co., Ltd. or bearer"。

小思考

在实际业务中应该依据什么来确定收款人抬头？

（2）提示（Presentation）。

提示是持票人将汇票提交付款人要求承兑或付款的行为，是持票人要求取得票据权利的必要程序。提示分为付款提示和承兑提示。

（3）承兑（Acceptance）。

承兑是指汇票付款人在持票人向其提示远期汇票时，在汇票上签名，承诺于汇票到期时付款的行为。具体做法是付款人在汇票正面写明"承兑（Accepted）"字样，注明承兑日期，并于签章后交还持票人。付款人一旦对汇票作承兑，即成为承兑人，以主债务人的地位承担汇票到期时付款的法律责任。

（4）付款（Payment）。

付款人在汇票到期日，向提示汇票的合法持票人足额付款。持票人将汇票注销后交给付款人作为收款证明，汇票所代表的债务债权关系即告终止。

（5）背书（Endorsement）。

票据（包括汇票）是可流通转让的证券。根据《票据法》的规定，除非出票人在汇票上记载"不得转让"，汇票的收款人可以以记名背书的方式转让汇票权利，即在汇票背面签上自己的名字，并记载被背书人的名称，然后把汇票交给被背书人，即受让人，受让人成为持票人，是票据的债权人。受让人有权以背书方式再行转让汇票。当汇票多次转让时，背书必须连续，即被背书人和背书人名字前后一致。对受让人来说，所有以前的背书人和出票人都是他的前手；对背书人来说，所有他转让以后的受让人都是他的后手，前手对后手承担汇票承兑和付款的责任。在金融市场上，最常见的背书转让为汇票的贴现，即远期汇票经承兑后，尚未到期，在持票人背书后，由银行或贴现公司作为受让人，从票面金额中扣减按贴现率结算的贴现利息后，将余款付给持票人。

（6）票据贴现（Discount）。

票据贴现是指远期汇票经承兑后，汇票持有人在汇票尚未到期前在贴现市场上转让，受让人扣除贴现利息后将票款付给出让人的行为，或是指银行购买未到期票据的业务。

一般而言，票据贴现可以分为三种，分别是贴现、转贴现和再贴现。

① 贴现是指银行承兑汇票的持票人在汇票到期日前，为了取得资金，贴付一定利息将票据权利转让给银行的票据行为，是持票人向银行融通资金的一种方式。

② 转贴现是指商业银行在资金暂时不足时，将已经贴现但仍未到期的票据，交给其他商业银行或贴现机构给予贴现，以取得资金融通。

③ 再贴现是指中央银行通过买进商业银行持有的已贴现但尚未到期的商业汇票，向商业银行提供融资支持的行为。

（7）拒付和追索（Dishonor & Recourse）。

持票人向付款人提示，付款人拒绝付款或拒绝承兑，均称为拒付。另外，付款人逃匿、死亡或宣告破产，以致持票人无法实现提示，也称为拒付。当汇票被拒付，持票人有追索权，即有向其前手（背书人、出票人）要求偿付汇票金额、利息和其他费用的权利。持票人在追索前必须按规定作出拒绝证书并发出拒付通知。拒绝证书是用以证明持票人已进行提示而未获结果的一种公证文书，由付款地公证机构出具，也可由付款人自行出具退票理由书，或有关的司法文书。拒付通知则是用以通知前手关于拒付的事实，使其准备偿付并进行再追索的文书。

4. 汇票的填制规范

（1）出票人，指签发支付命令要求付款人支付一定金额的人，一般为卖方或债权人。

（2）受票人，就是付款人，即接受支付命令的人。在进出口业务中，受票人通常为进口商或银行。在托收支付方式下，受票人一般为买方或债务人；在信用证中，一般为开证行或其指定的银行。

（3）受款人，是汇票的抬头人，指受领汇票所规定的金额的人。在进出口业务中，一般填写出票人提交单据的银行。之所以不直接填写出票人，主要是因为出票人一般在付款人的银行没有户头，付款人无法直接将款项付进来，而必须先将款项付进受款银行的账户，然后再由受款银行解付给出票人。

（4）付款金额。I栏填写小写金额。货币符号沿用国际标准化组织规定的由3个大写英文字母组成的统一、正规的符号，货币名称后面注意打分节号以及小数点后面保留两位小数，没有数字要补零。另外，货币符号与数字之间不要留下间隙，如 EUR4 231 306.00。有时也可以按照信用证的写法填写。II栏填写大写金额（Amount in Words），无论金额大小，都要用"SAY"开头，用"ONLY"结尾，全部用大写字母及全称。

（5）付款期限，可填写即期和远期两种。即期的如见票即付（at ××× sight），远期的如见票30天付款（at 30 days after sight）。

（6）出票日期及地点。本栏填写出票日期及地点。

（7）出票人签字盖章。此处与签署的提单的背书、相关商业发票和保单一致。

（8）汇票名称。汇票一词用英文表示，中国多使用"Bill of Exchange"，其他国家多使用"Draft"。

（9）出票依据，是指开具该份汇票的根据。一般分为以下两种情况。

① 在信用证支付方式下，本栏主要填写开证行的名称、信用证号及开证日期。例如，"Drawn Under L/C NO. 2509FLC603306 Dated Aug.16, 20×× Issued By Canara Bank, Foreign Department（North）"（凭 Canara Bank 20××年8月16日开出的号码为2509FLC603306的信用证，开立此汇票）。

② 在托收方式下，本栏可以只填写"托收"字样，也可以填写买卖合同号。例如，"Drawn Under S/C No. Hrx06072605, Payment By D/P"（凭第Hrx06072605号销售合同，

付款交单方式,特开立此汇票)或者"Drawn Under D/P"(凭付款交单开立此汇票)。

> **小提示**
> 注意填写的出票依据要和结算方式对应。

托收项下汇票

(10)汇票号码。汇票号码一般与相关的商业发票号码相同,便于存档和查询。

(11)收款依据。为说明出票人收取该款项的依据,一般在此处注明发票号码及贸易术语。例如,"INV. NO. VL06A221(CIF ANTWERPEN)"[此款项系第VL06A221商业发票(CIF ANTWERPEN)项下的货款]。

5. 汇票示例(见样单11-1)

样单11-1 汇票

```
                    (8) BILL OF EXCHANGE
Drawn Under (9)_____
No. (10)_____   Nanjing, China (6)_____

Exchange For (4)-I___   Payable With Interest @___% Per Annum

At (5)___ Sight of this First of Exchange (Second of Exchange Being Unpaid)
Pay to the Order of (3)_____

The Sum of (4)-II_____

Value Received Against Shipment of Goods as Per (11)_____
To: (2)_____
                              (1)_____
                              (7)_____
```

11.2.2 装运通知

1. 装运通知的内容

装运通知的内容通常包括货名、装运数量、船名、装船日期、契约或信用证号码等。装运通知大多以电报方式发出。出口商作此项通知时,有时附上或另行寄出货运单据副本,以便进口商明了装货内容;若出现货运单据正本迟到的情况,为便于进口商办理提货,银行仍可及时办理提货担保(Delivery Against Letter of Guarantee)。

在装运货物后,按照国际贸易的习惯做法,卖方应立即发送装运通知给买方或其指定的人,从而方便买方办理保险和安排接货等事宜。如卖方未及时发送上

项目 11　其他结汇单证及交单 Other Settlement Documents and Presentation

述装船通知给买方而使其不能及时办理保险或接货，卖方就应负责赔偿买方由此而遭受的一切损害或损失。

2. 装运通知的填制规范

（1）出口商名称及地址。本栏填写出口商的名称和地址。

（2）单据名称。本栏按照信用证要求填写。若信用证要求提供"Shipping Advice""Declaration of Shipment"或"Certified Copy of Telex"等，应按信用证规定缮制该单据的名称。

（3）日期。本栏填写装船通知的发送日期。

（4）抬头人。本栏按信用证规定填写，通常为买方；若信用证没有规定，则填写信用证的申请人。

（5）参考号码。本栏一般填写信用证号码、发票号码、合同号码等。

（6）装运的详细情形。本栏一般按照信用证要求列明具体细节，如品名、重量、数量、唛头、价值、提单号、装运港、目的港、装运日期、船名航次、预计到达时间等。

（7）声明或证明语句。本栏一般可声明货物已装船。如果信用证要求提供的是"Certified Copy of Telex"，则可注明证实单据内容的真实语句。

（8）签署。本栏填写出口商名称以及负责人签字。

3. 装运通知示例（见样单 11-2）

样单 11-2　装运通知

（1）SHANGHAI TY TOOLS MANUFACTURE CO.,LTD.
ROOM×××,YINHAI BUILDING CAOXI ROAD SHANGHAI,CHINA
（2）**SHIPPING ADVICE**
　　　　　　　　　　　　　　　　（3）Date: Sep.16,20××
（4）To：Pt.Hyco Langgeng.
（5）Invoice No.: TY09　　L/C No.: E34444　　S/C No.: SC234
　　Dear Sirs:
　　We hereby inform you that the goods under the above mentioned credit have been shipped. The details of the shipment are as follows.
（6）Commodity: Tools Double Open End Spanner
　　Quantity: 1 400 Cartons
　　Value: CFR SEMARANG USD 62 000.00
　　Means of Conveyance: FGE DE V.212
　　Date of Sailing: May 10, 20××
　　Port of Loading: SHANGHAI
　　Destination: SEMARANG
（7）We hereby certify that all the contents are true and correct.
　　　　　　　（8）SHANGHAI TY TOOLS MANUFACTURE CO.,LTD.
　　　　　　　　　　　　　　×××

11.2.3 受益人证明

1. 定义

受益人证明是一种由受益人自己出具的证明,证明自己已履行信用证规定的义务或证明自己已履行信用证的要求,如证明已按要求寄单。受益人证明一般无固定格式,内容多种多样,以英文制作,通常签发一份。

2. 基本要求

(1)证明的名称。这种证明的名称因所证明事项不同而不同,有寄单证明,寄样证明,取样证明,货物产地、品质、唛头、包装和标签情况证明,产品生产过程证明等。

(2)证明上通常会显示发票号、合同号或信用证号,以表明与其他单据的关系。

(3)证明的内容应严格与合同或信用证规定相符。

(4)因受益人证明具有证明性质,按有关规定,证明人(受益人)必须签署。

3. 注意事项

(1)证明的名称应合适恰当。

(2)证明的一般行文规则是以所提要求为准直接照搬照抄,但有时也应作必要的修改。如信用证规定"Beneficiary's certificate evidencing that two copies of non-negotiable B/L will be dispatched to applicant within two days after shipment",在制作单据时应将要求内容中的"will be dispatched"改为"have/has been dispatched";再比如信用证规定"Beneficiary's certificate stating that certificate of manufacturing process and of ingredients issued by ABC Co. should be sent to Sumitomo Corp.",在制作证明时应将要求内容中的"should be sent"改为"have/has been sent"。

(3)证明文件通常以"This is to certify/declare/state/evidence"或"We hereby certify"等开始。

4. 受益人证明示例(见样单11-3)

样单11-3 受益人证明

受益人证明

SHANGHAI TY TOOLS MANUFACTURE CO.,LTD.
ROOM ×××, YINHAI BUILDING CAOXI ROAD SHANGHAI,CHINA
Beneficiary's Certificate
Shanghai, May 7, 20××

To: ACCOUNTEE (OR BUYER),
OR To :WHOM IT MAY CONCERN,
    THIS IS TO CERTIFY THAT THE GOODS ARE ORIGINALLY SHIPPED FROM NANNING AND IN CONFORMITY WITH THE CONTRACT NO. 20210228.

SHANGHAI TY TOOLS MANUFACTURE CO.,LTD.
×××

11.2.4 信用证交单

1. 信用证交单的定义

信用证交单是指出口商（信用证受益人）在规定时间内向银行提交信用证规定的全套单据，这些单据经银行审核后，由银行根据信用证规定的付汇方式办理结汇。

（1）注意事项。

①单据的种类和份数与信用证的规定相符。

②单据内容正确，包括所用文字与信用证一致。

③交单时间必须在信用证规定的交单期和有效期之内。

（2）交单方式。

交单方式有两种：一种是两次交单，也称预审交单，即在运输单据签发前，出口商先将其他已备妥的单据交银行预审，发现问题及时更正，待货物装运后出口商收到运输单据，可以当天议付并对外寄单；另一种是一次交单，即出口商在收齐全套单据后一次性送交银行，此时货已发运，银行审单后若发现不符点需要退单修改，容易造成逾期而影响收汇安全。因此，出口商宜与银行密切配合，采用两次交单方式，加速收汇。

（3）时间限制。

信用证交单的期限由以下三种因素决定：①信用证的失效日期；②装运日期后所特定的交单日期；③银行在其营业时间外，无接受提交单据的义务。

信用证中有关装运的任何日期或期限中的"止""至""直至""自从"等类似词语，都可理解为包括所述日期。"以后"一词理解为不包括所述日期。"上半月""下半月"理解为该月1日至15日和16日至该月的最后一日，首尾两天均包括在内。"月初""月中"或"月末"理解为该月1日至10日、11日至20日、21日至该月最后一日，首尾两天均包括在内。

（4）地点限制。

所有信用证必须规定一个付款、承兑的交单地点，或在议付信用证的情况下须规定一个交单议付的地点，但自由议付信用证除外。

与提交单据的期限一样，信用证的到期地点也会影响受益人的处境。若开证行将信用证的到期地点定在开证行所在国家，而不是受益人国家，这对受益人的处境极为不利，因为受益人必须保证于信用证的有效期内在开证银行营业柜台前提交单据。

2. 单证不符的处理

单证不符是指提交的单据存在与信用证不一致之处或单据之间彼此矛盾。单证不符的单据有可能遭到拒付或不符点扣费。

（1）单证不符的形式。

单证不符包括无关紧要的单证不符和名副其实的单证不符。无关紧要的单证不符不能作为银行拒付的理由;名副其实的单证不符可以作为银行拒付的理由。但是无关紧要和名副其实的单证不符之间没有明确的界限。

(2)单证不符的处理方法。

① 退单给受益人修改。若不符点是由于受益人疏忽所致,通常由议付行退还受益人,修改后再交银行议付。

② 凭保议付。受益人出具保证书承认单据瑕疵,声明如开证行拒付,由受益人偿还议付行所垫付款项和费用,同时电请开证人授权开证行付款。

③ 表提。议付行把不符点开列在寄单函上,征求开证行意见,由开证行接洽申请人是否同意付款。接到肯定答复后议付行即行议付。如申请人不予接受,开证行退单,议付行照样退单给受益人。

④ 电提。议付行暂不向开证行寄单,而是用电传通知开证行单证不符点。如开证行同意付款,再行议付并寄单;若不同意,受益人可及早收回单证,设法改正。

⑤ 有证托收。若单证有严重不符点,或信用证有效期已过,只能委托银行在向开证行寄单函中注明"信用证项下单据作托收处理",作为区别,称之为有证托收。由于申请人已因单证不符而不同意接受,故有证托收往往遭到拒付,是一种不得已而为之的方式。

11.3 实操指导

11.3.1 任务及要求

货物已经出运,发票、装箱单、提单、保险单、产地证等均已办妥,即将办理结汇。因此,公司要求小陈完成装运通知以及受益人证明的缮制,并填写汇票再办理结汇手续。

 小思考

受益人证明的语句和信用证要求的受益人证明的语句有什么区别吗?提示:可以从时态及主语方面对比。

11.3.2 任务执行与完成

小陈根据信用证要求于20××年8月23日缮制受益人证明(见样单11-4)。

项目 11　其他结汇单证及交单 Other Settlement Documents and Presentation

> 样单 11-4　受益人证明

TANGSHAN BY OSSEOUS CERAMIC CO.,LTD.
NO.×××　TANGMA ROAD,KAIPING DISTRICT,TANGSHAN CITY,HEBEI PROVINCE,CHINA
TEL/FAX:86-315-3189×××

Beneficiary's Certificate

Tangshan, Aug.23, 20××

To: ACCOUNTEE (OR BUYER),
OR To: WHOM IT MAY CONCERN,
　WE HEREBY CERTIFY THAT ONE SET OF NON-NEGOTIABLE SHIPPING DOCUMENTS INCLUDING "CERTIFICATE OF ORIGIN OF COPY HAS BEEN SENT DIRECTLY TO YOU AFTER THE SHIPMENT".

TANGSHAN BY OSSEOUS CERAMIC CO.,LTD.
×××

　　小陈根据信用证要求于 8 月 23 日货物出运后第一时间制作装运通知（见样单 11-5）并发送给买方。

> 样单 11-5　装运通知

TANGSHAN BY OSSEOUS CERAMIC CO.,LTD.
NO.×××　TANGMA ROAD,KAIPING DISTRICT,TANGSHAN CITY,HEBEI PROVINCE,CHINA

Shipping Advice

Date: Aug. 23, 20××

To：ABC IMPORT COMPANY, THE UNITED KINGDOM　　S/C No.: 2021UK13BY073
Invoice No.:BY-23　　　　　　　　　　　　　　　　L/C No.:23455
Dear sirs:
We hereby inform you that the goods under the above mentioned credit have been shipped. The details of the shipment are as follows.
Commodity: 84 PCS LOTUS SHAPE BONE CHINA DINNER SET
Quantity: 270 SETS
Value: USD 67 500.00
Means of Conveyance: DONGFENG V.073E
On Board Date: ON AUG.23, 20××
Port of Loading: XINGANG, CHINA
Port of Destination: LONDON, THE UNITED KINGDOM

TANGSHAN BY OSSEOUS CERAMIC CO.,LTD.
×××

8月24日，小陈根据信用证要求制作汇票（见样单11-6），做交单前准备。

样单11-6　汇票

BILL OF EXCHANGE

Drawn Under BARCLAYS COMMERCIAL BANK   L/C No. 23455   Dated July 25,20××

No. BY-23   Tangshan,China Aug. 24,20××

Exchange for USD 67 500.00 payable with interest @＿＿＿% per annum

At ××× sight of this first of exchange（second of exchange being unpaid）
Pay to the order of Bank of China   the sum of US DOLLARS SIXTY-SEVEN THOUSAND FIVE HUNDRED ONLY

To: BARCLAYS COMMERCIAL BANK

TANGSHAN BY OSSEOUS CERAMIC CO. LTD
×××

 小提示

出口退税新政放宽申报期限：自2012年7月1日起，企业申报退税期限，由原来的90天调整为最长470天（从出口之日算起）。

项目小结

本项目的重点及难点是汇票的填制，学生可以通过实操指导部分的练习掌握相应技能。在制单工作中，辅助性结汇单证也应按照信用证要求正确缮制。另外，学生应注重和银行、船公司等相关单位的沟通，协调好各方的需求，并培养善于变通、巧于沟通、专于术业、精于执行的职业素养。

微课：信用证项下汇票的填写技巧

11.4　技能训练

1. 实训题

根据以下内容填制一份汇票。

项目 11 其他结汇单证及交单 Other Settlement Documents and Presentation

ISSUING BANK: DEUTSCHE BANK（ASIA）HONG KONG
L/C NO. AND DATE: 756/05/1495988, NOV. 20, 20××
AMOUNT: USD 19 745.00
APPLICANT: MELCHERS（H.K）LTD., RM.1210, SHUNTAK CENTRE, 200 CONNAUGHT ROAD, CENTRAL, HONG KONG
BENEFICIARY: CHINA NATIONAL ARTS AND CRAFTS IMP. & EXP. CORP. GUANGDONG（HOLDINGS）BRANCH.

  WE OPENED AN IRREVOCABLE DOCUMENTARY CREDIT AVAILABLE BY NEGOTIATION AGAINST PRESENTATION OF THE DOCUMENTS DETAILED HEREIN AND OF BENEFICIARY'S DRAFTS IN DUPLICATE AT SIGHT DRAWN ON OUR BANK.
INVOICE. NO.: ITBE001121
DATE OF NEGOTIATION: DEC. 20, 20××

```
凭
Drawn under ..................................................
信用证           第           号
L/C No...........................
日期
Dated ...........................
按        息        付款
Payable with interest @.................% per annum
号码        汇票金额                                   中国，广州    年  月  日
No.: ..............Exchange for         Guangzhou, China..................
见票        日 后（本 汇 票 之 副 本 未 付）
At........................Sight of this FIRST of Exchange（Second of exchange being unpaid）
pay to the order of BANK OF CHINA, TIANJIN BRANCH 或其指定人
付款金额
The sum of.........................................................................
..........................................................................
To...........................................................
                              .......................................
```

2．实训题

根据以下资料，制作一份受益人证明。

L/C NO.: 894010151719
BENEFICIARY: ×××IMPORT AND EXPROT CORP.
　　　　　　×××LIANHU ROAD,NANJING, CHINA
APPLICANT: FLY TRAVEL GOODS I/E GROUP.
　　　　　　OSSERSTRA 12, 7256DZ ENSCHEDE THE NETHERLANDS
DOCUMENTS REQUIRED:
+CERTIFICATE ISSUED BY BENEFICIARY STATING THAT GOODS UNDER ORDER NO.8561 HAS BEEN SHIPPED BEFORE MAR.6, 20×× AND ALL THE REQUIRED DOCUMENTS HAVE BEEN FAXED TO THE APPLICANT IN ONE WEEK AFTER SHIPPING DATE.
+SHIPPING ADVICE
（INVOICE & PACKING LIST NO.: SUNJA0306. B/L NO.: NIFBCMAFF990887）

3. 实训题

根据以下信息缮制装运通知。
卖方: GUANGZHOU ××× TRADING COMPANY
买方: XYZ COMPANY THE UNITED KINGDOM
货物名称: 100% COTTON LADIES SKIRTS
数量: 10 000 PCS　包装: 1 000 CTNS
总重: 2 500 KGS　净重: 2 000 KGS
装船日期: MAR.2, 20××　船名: DONGFENG V.234
装运港: 广州　目的港: 伦敦

模块三
职场新人之进口单证实操

20××年8月25日,小陈将[整]套单据收齐后一次性送交银行,[银]行审单后未发现不符点,公司顺[利]办理了交单议付手续。小陈完成[了]全部出口单证工作,收获了她的[第]一份劳动成果,在开心的同时心[中]更充满了自信。

20××年9月,公司计划从日[本]进口陶瓷餐具高身碗3件套,经过[公]司业务人员和日本S.W.TRADE [C]O.,LTD的反复磋商,双方最终于[9]月4日就交易条件达成一致。因[为]小陈在出口单证缮制工作中表现[优]异,公司领导决定把签合同及后[续]的进口制单工作交给小陈,使小[陈]尽快熟悉进口业务,并开展进口[单]证工作。

项目 12　申请开立信用证
Application for Documentary Credit

项目导言

党的二十大报告指出，合理缩减外资准入负面清单，依法保护外商投资权益，营造市场化、法治化、国际化一流营商环境，推动共建"一带一路"高质量发展。在进口业务中，通常采用信用证结算方式。进出口双方在贸易合同中确立以信用证方式结算，进口商即可按贸易合同规定向当地银行申请开立信用证，填写信用证申请书，进口商即成为开证申请人。信用证申请书是银行开具信用证的依据。银行按照信用证申请书开立信用证后，在法律上就与进口商构成了开立信用证的权利与义务的关系，双方的契约就是信用证。

项目目标

知识目标：
1. 掌握信用证申请书的内容。
2. 掌握申请开立信用证的程序。
3. 理解开立信用证的注意事项。

技能目标：
1. 能够独立填写信用证申请书。
2. 能够根据合同信息填制信用证申请书。
3. 能够选择资信优良的银行开立信用证。

思政目标：
1. 培养研判复杂多变的国际政治经济形势的思维。
2. 提高外贸风险防范意识，正确选择资信优良的开证行。

项目关键词

（不可撤销）信用证申请书　　Application for Irrevocable Documentary Credit

项目 12　申请开立信用证 Application for Documentary Credit

12.1　信用证案例

12.1.1　案例描述

我国进口商 XY 公司与美国出口商 Z 公司签订合同进口一批木材，合同规定采用信用证方式结算。XY 公司在信用证申请书上注明禁止转运，并且要求提交的运输单据种类为海运提单。开证行根据信用证申请书使用 SWIFT 开出信用证。Z 公司提交的海运提单包含了海运全程运输，并且提单上注明"CONTAINER SHIPMENT TRANSHIPMENT WILL TAKE PLACE"。开证行审单以后确认单证相符，并对外付款。申请人 XY 公司收到单证后指出开证行未尽详细审单的职责，不应对外付款，理由是"提单上显示了转运语句，单证有不符点"。

12.1.2　案例分析

XY 公司所指出的不符点不成立。因为，根据《跟单信用证统一惯例（UCP600）》第十九条 c(ii) 款的规定，"即使信用证禁止转运，注明将要或可能发生转运的运输单据仍可接受"。所以，如果申请人希望在任何情况下都禁止转运发生效力，则必须在开立信用证时排除《跟单信用证统一惯例（UCP600）》第十九条 c 款的适用。

12.1.3　案例启示

本案例说明，虽然信用证是根据信用证申请书开立的，并且独立于合同之外，但在审核相关单据时，应当根据有关规定而不是盲目照搬申请书或信用证的字句来判断单证是否相符。

12.1.4　引申问题

（1）什么是信用证申请书？
（2）申请开立信用证的程序有哪些？如何申请开立信用证？
（3）应该怎样做才能确保开立的信用证正确合理？

12.2 必备知识

12.2.1 信用证申请书

1. 信用证申请书的定义

信用证申请书是指在交易合同中订立以信用证方式结算的条件下，由进口商向银行提出开立信用证的申请书。开证行一般为客户提供统一格式的空白申请书，申请书上印有信用证的基本内容，作为银行开立信用证的依据。

2. 信用证申请书的主要内容

中国农业银行信用证申请书

在信用证申请书上除注明信用证的种类外，还应写明以下内容：①受益人的姓名和地址；②信用证的金额和使用的货币种类；③使用哪种单据，如全套货运单据、商业发票、保险单据等；④货物的种类及数量；⑤交货条件，包括交货时间、地点、交货方式、收货人等；⑥是否分批交货；⑦是否保兑；⑧金额的偿付等。

12.2.2 信用证申请书的填制规范及审核

微课：信用证申请书的填制规范

1. 信用证申请书的填制规范

（1）申请日期（Date）。在申请书右上角填写实际申请日期。

（2）致（To）。银行印制的申请书上事先都会印制开证银行的名称、地址，银行的 Swift Code、Telex No. 等也可同时显示。例如，"致：中国银行浙江支行（To：Bank of China, Zhejiang Branch）"。

（3）信用证的开立方式（Issued by）。信用证的开立方式多为电开，也可以是信开、快递或简电开立。如果是保兑信用证或可转让信用证，应在此加注有关字样。

（4）信用证号码（L/C No.）。此栏由银行填写。

（5）申请人（Applicant）。此栏填写申请人的全称及详细地址，有的要求注明联系电话、传真号码等。

（6）受益人（Beneficiary）。此栏填写受益人的全称及详细地址。

（7）通知行（Advising Bank）。此栏由开证行填写，应填写出口地银行。

（8）信用证金额（Amount）。信用证金额分别用数字和文字两种形式表示，并且标明币制。如果允许有一定比例的上下浮动，要在信用证中明确表示出来。

（9）到期日期和地点（Date and Place of Expiry of the Credit）。此栏填写信用证的有效期及到期地点。

（10）分批装运（Partial Shipment）、转运（Transhipment）。根据合同的实际规定选择是否允许分批装运、转运，可在条款前打"×"。

（11）装运地/港（Loading on board）、目的地/港（For Transportation to）、最迟装运日期（Not Later Than）。此栏按实际填写装运地/港、目的地/港的名称及最迟装运日期，如允许有转运地/港，也应清楚标明。

（12）信用证的兑付方式（Credit Available with）。在所提供的即期、承兑、议付和延期付款4种信用证有效兑付方式中选择与合同要求一致的类型。

（13）汇票要求（Beneficiary's Draft）。金额应根据合同规定填写为发票金额的一定百分比或发票金额的100%（全部货款都用信用证支付），如部分信用证、部分托收时按照信用证的金额比例填写。付款期限根据实际情况填写即期或远期，如属后者必须填写具体的天数。信用证条件下的付款人通常是开证行，也可能是开证行指定的另外一家银行。

（14）单据条款（Documents Required）。各银行提供的申请书中已印就的单据条款通常为十几条，从上至下一般为发票、提单、空运单、铁路运输单据、运输备忘录、保险单、装箱单、质量证书、装运通知和受益人证明等，最后一条是"Other Documents, If Any"（其他单据），如要求提交超过上述所列范围的单据就可以在此栏填写，比如有的合同要求"Certificate of No Solid Wood Packing Material"（无实木包装材料证明）、"Certificate of Free Sale"（自由销售证明书）、"Certificate of Conformity"（合格证明书）等。申请人填制这部分内容时应依据合同规定，不能随意增加或减少。选中某单据后应按单据的具体要求（如一式几份、是否签字、正副本的份数、单据中应标明的内容等）如实填写。如印制好的申请书内容要求不完整，应在其后予以补足。

（15）商品描述（Description of Goods）。本栏填写的所有内容（品名、规格、包装、单价、唛头）都必须与合同内容相一致。有特殊要求的情况必须清楚列明，如价格条款里附带"As Per *INCOTERMS*® 2020"，数量条款中规定"More or Less"或"About"，包装条款规定使用某种特定包装物等。

（16）附加指示（Additional Instructions）。该栏通常体现为以下一些条款：

+All documents must indicate contract number（所有单据加列合同号码）。

+All banking charges outside the opening bank are for beneficiary's account（所有开证行以外的银行费用由受益人承担）。

+Both quantity and amount for each item 10% more or less allowed（每项数量与金额允许10%增减）。

+Third party as shipper is not acceptable（第三方作为托运人是不能接受的）。

+Documents must be presented within ××× days after the date of issuance of the transport documents but within the validity of this credit（单据必须在提单日后×××天送达银行并且不超过信用证有效期）。

+Short Form/Unclean/Charter Party B/L is unacceptable（银行不接受简式/不清洁/租船提单）。

+All documents to be forwarded in one cover, unless otherwise stated above（除非有相反规定，所有单据应一次提交）。

+Prepaid freight drawn in excess of L/C amount is acceptable against presentation of original charges voucher issued by shipping co./air line or its agent（银行接受凭船公司/航空公司或其代理人签发的正本运费收据索要超过信用证金额的预付运费）。

+Document issued prior to the date of issuance of credit not acceptable（不接受早于开证日出具的单据）。

如需要已印就的上述条款，可在条款前打"×"，对合同涉及但未印就的条款还可以做补充填写。

（17）授权人名称、签字、电话、传真、账号等内容（Name, Signature of Authorized Person, Tel No., Fax, Account No.）。

2. 信用证申请书示例（见样单12-1）

样单12-1 信用证申请书

IRREVOCABLE DOCUMENTARY CREDIT APPLICATION

（2）TO: BANK OF TOKYO, THE TOKYO　　　　　（1）DATE: MAY 2, 20××

（7）Advising Bank HONG KONG & SHANGHAI BANKING CORP. SHANGHAI BRANCH P.O. BOX 001-110 365 TIAN TIAN ROAD, SHANGHAI	（4）L/C No. S-158CN Contract No. SS-19-148
	（9）Date and place of expiry of the credit JULY. 15, 20×× IN CHINA
（5）Applicant ABC TRADING JAPAN CO., LTD. TRADING BUILDING, 1-CHOME, CHIYODAKU, TOKYO 102 JAPAN	（6）Beneficiary(full name and address) SHANGHAI SHENGSHI IMP./EXP. CO., LTD. 18FL. SHENGSHI BUILDING, 168 ZHONGSHANGHAI ROAD（N）， SHANGHAI CHINA
（10）Partial shipment ☒ allowed ☐ not allowed	（10）Transhipment ☒ allowed ☐ not allowed

（10）Partial shipment ☒ allowed ☐ not allowed	（10）Transhipment ☒ allowed ☐ not allowed	（3）Issued by （ ）Issued by mail （ ）With brief advice by transmission （×）Issued by swift
（11）Loading on board SHANGHAI, CHINA For transportation to TOKYO, JAPAN Not later than JUNE.30, 20××		（8）Amount（Both in figures and words） USD 268 000.00 （SAY:U.S.DOLLARS TWO HUNDRED AND SIXTY EIGHT THOUSAND ONLY.

项目 12　申请开立信用证 Application for Documentary Credit

续表

（15）Description of goods: 23 600 PCS OF 100% SILK SCARVES UNDER SALES CONFIRMATION NO. SS-19-148 PRICE TERM: CIF TOKYO	（12）Credit available with ☐by sight payment　☐by acceptance　☒ by negotiation ☐by deferred payment at against the documents detailed herein （13）☒ and beneficiary's draft for 100% of the total invoice value at sight drawn on the issuing bank. ☐FOB ☒ CIF TOKYO or other terms:

（14）**Documents required:**（marked with ×）

1.（×）Commercial Invoice in triplicate showing country of origin.

2.（×）**Full set of clean on board marine bill of lading made out to order of shipper and blank endorsed, marked "Freight Prepaid" and notify Applicant**

3.（×）Packing List in triplicate.

4.（×）G.S.P. Form A in one original and one copy.

5.（×）Insurance Policy or Certificate for 110pct of the invoice value against all risks and war risks as per PICC Clauses.

6.（×）Shipping Advise stating this L/C No., S/C No., B/L No., Name of Goods and the Vessel No.

7. Other Documents, If Any.

（16）**Additional instructions:**

1.（×）All banking charges outside the opening bank and acceptance fee are for beneficiary's account.

2.（×）Documents must be presented within 15 days after the date of issuance of transport documents but within the validity of this credit.

3.（×）**Third party as shipper is not acceptable.**

4.（×）**Short Form/Blank back B/L is not acceptable.**

5.（×）**Both quantity and amount 5% more or less are allowed.**

6.（×）All documents to be forwarded in one cover unless otherwise stated above.

7.（×）**Commercial Invoice must state this L/C No. and the S/C No.**

8.（×）**Each set of discrepant documents will be assessed USD 70.00 representing our fees for handling discrepancies. These fees are for the beneficiary's account and will be automatically deducted from the proceeds of the payment when effected.**

9.（×）**All draft must be marked drawn under bank of Tokyo, the Tokyo stating the documentary credit number and the date of this credit.**

（17）ABC TRADING JAPAN CO., LTD.

×××

（with seal）

3. 信用证申请书的审核

审核一份信用证申请书大体可以分为三个环节，即审核信用证申请书真实性，审核信用证申请书表面完整性，审核信用证申请书表面一致性。

（1）审核信用证申请书真实性。

信用证开立应具有真实贸易基础，因此银行只负责审核信用证表面真实性，具体操作应比照合同进行审查。

信用证申请书的申请人和受益人应分别为合同的买方和卖方；如不一致，应要求申请人提供申请人与买方或受益人与卖方关系的书面说明，如代理协议。

信用证申请书上的货物描述，应与合同一致。申请人在货物描述一栏中注明具体描述参考某一出处或某一合同的情况是不允许的，例如，"Details as per contract No.02PB-94559GM"（细节依照 02PB-94559GM 号合同）。同时申请人应避免过多描述货物。

我国对一些商品的进口是有限制的，银行有责任对其进行审查，即进口商在开证前应申报办理限制进口的商品的批件、机电审批等手续，提交批件、机电审批等资料；若该商品无监管资料，应提供税号。信用证开证金额应小于或等于合同金额。

（2）审核信用证申请书表面完整性。

信用证申请书的有效期及地点、分批装运、转运、起运港、到运港、最迟装船期、价格条款、信用证兑付方式、费用承担方式（附加条款第一项）都是客户必须填写的项目，且仅可选择一项。例如，信用证兑付方式既可以选择议付，也可选择即期付款，但不可两项都选。通知行、付款行客户可不指定。注意审核信用证申请书背面是否已加盖申请人财务章、法人章。

（3）审核信用证申请书表面一致性。

① 信用证有效期应大于最迟装船期，二者之间的时间差为单据提交时间。

② 到运港必须为中国港口，保证货物进口到我国。

③ 价格条款与信用证要求的商业单据中的运费和保险单密切相关。

FOB（Free on Board）（船边交货），卖方负责将货物装上买方指定的船只，即完成交货。租船定仓、支付运费、办理保险都由买方负责，且该条款只适用于海运，所以在信用证申请书中应要求海运提单，运费应标注"待付"（To Collect），不应要求保险单。

FCA（Free Carrier）（交至承运人），卖方承担的责任类同于 FOB 条款，但可适用于各种运输方式。开证申请运费标注"待付"（To Collect），不应要求保险单。

CFR（Cost and Freight）（成本加运费），卖方负责运输过程的成本及费用，所以由卖方负责运费。开证申请运费标注"已付"（Prepaid），不应要求保险单。

CPT（Carriage Paid to）（运费付至），该条款类同于 CFR 条款。开证申请运费标注"已付"（Prepaid），不应要求保险单。

CIF Cost, Insurance and Freight（成本、保险加运费付至），该条款卖方负责运输过程的成本、费用并负责办理保险。开证申请运费标注"已付"（Prepaid），并应要求保险单。该条款只适用于海运，所以在开证申请书中单据应要求海运提单。

CIP Carriage and Insurance Paid to（运费、保险费付至），卖方承担的责任类同于 CIF 条款，但可适用于各种运输方式。开证申请运费标注"已付"（Prepaid），并应要求保险单。当起运港为保税区仓库（Bonded Warehouse），运输单据不要求提单，银行可不审核价格条款及要求的商业单据。

12.2.3 信用证申请书的开立程序及注意问题

1. 信用证申请书的开立程序

（1）递交有关合同的副本及附件（如进口许可证）。

（2）填写信用证申请书，必须按照合同条款的具体规定写明对信用证的各项要求，内容要明确、完整，无词意不清的记载。

（3）缴付保证金。按照国际贸易的习惯做法，进口商向银行申请开立信用证时，应向银行缴付一定比例的保证金，其金额一般为信用证金额的百分之几到百分之几十，一般根据进口商的资信情况而定，除非开证行对开证申请人有授信额度。

（4）支付开证手续费。进口商在申请开证时，必须按规定支付一定金额的开证手续费。

2. 开立信用证的注意事项

（1）申请开立信用证前，一定要落实进口批准手续及外汇来源。

（2）开证时间应以保证卖方收到信用证后能在合同规定的装运期内出运为原则。

（3）开证要求"证同一致"，必须以对外签订的正本合同为依据，不能以"参阅×××号合同"为依据，也不能将有关合同附件附在信用证后，因为信用证是一个独立的文件，不依附于任何贸易合同。

（4）如为远期信用证，要明确汇票期限，价格条款必须与相应的单据要求、费用负担及表示方法相符。

（5）由于银行是凭单付款，不管货物质量如何，也不受合同约束，所以为使货物质量符合规定，可在开证时要求对方提供检验证书、明确货物的规格品质、指定检验机构。

（6）明确信用证内容，明确规定各种单据的出单人，以及各单据表述的内容。

（7）合同规定的条款应转化在相应的信用证条款里，因为信用证结算方式下，只要单据表面与信用证条款相符合，开证行就必须按规定付款。

（8）如信用证申请书中含有某些条件而未列明应提交与之相应的单据，银行将认为未列此条件，而不予理睬。注意明确信用证为可撤销或不可撤销信用证。

（9）国外通知行由开证行指定。如果进出口商在订立合同时，坚持指定通知行，可供开证行在选择通知行时参考。

（10）在信用证中规定是否允许分批装运、转运及是否接受第三者装运单据等条款。

（11）我方开出的信用证一般不接受其他银行保兑的要求。

（12）我方一般不开出可转让信用证。

12.3　实操指导

12.3.1　任务及要求

唐山 BY 骨质瓷有限公司与日本的 S.W TRADE CO., LTD. 进行了交易条件的磋商，双方最终于 20×× 年 9 月 4 日就如下交易条件达成一致，公司则按这些交易条件从 S.W TRADE CO. LTD 进口陶瓷餐具高身碗 3 件套。

买方：唐山 BY 骨质瓷有限公司（TANGSHAN BY OSSEOUS CERAMIC CO., LTD.）
地址：中国河北省唐山市开平区唐马路×××号（NO.××× TANGMA ROAD,KAIPING DISTRICT, TANGSHAN CITY,HEBEI PROVINCE,CHINA）电话：86-315-3189×××
卖方：S.W TRADE CO., LTD
　　　3-4 ,AWB ROAD OSAKA JAPAN
电话：081-548-742
商品：陶瓷餐具高身碗 3 件套
规格：

【尺寸】	大号（蓝色）：直径 13 厘米，高 7 厘米
	中号（粉色）：直径 12 厘米，高 6 厘米
	小号（绿色）：直径 11 厘米，高 5 厘米
【工艺】	釉下彩
【等级】	一等

数量：1 200 sets
单价：30 美元 / 套
总金额：36 000.00 日元
包装：每套装一盒，每 2 套装一纸箱。
每箱毛重 11 千克，每箱净重 10 千克，每箱体积 0.024 立方米
支付方式：不可撤销信用证
装运港：大阪
目的港：新港
运输方式：海运
最晚装期：20××-09-30（LATEST DATE OF SHIPMENT 210930）
购货确认书编号：BY654866
分批装运：允许
转运：允许
开证行名称：中国银行唐山分行

公司安排小陈根据上述交易条件制作合同。小陈在 20×× 年 9 月 4 日完成合同制作，并将公司签字盖章的合同寄给卖方，要求卖方签字并返还一份合同。经双方签字的合同如样单 12-2 所示。

项目 12 申请开立信用证 Application for Documentary Credit

样单 12-2 销售合同

PURCHASE CONFIRMATION

NO. : BY654866

The Buyer : TANGSHAN BY OSSEOUS CERAMIC CO., LTD.

Signed at : Tangshan, China
Date : Sep. 4, 20××

The Seller: S.W TRADE CO., LTD
3-4, AWB ROAD, OSAKA, JAPAN

The Buyer agrees to buy and the Seller agrees to sell the following goods on terms and conditions as set forth below :

Name of Commodity, Specifications	Quantity	Unit Price	Amount
CERAMIC TABLEWARE HIGH-BOWL（3 PCS/ SET） Specification: Large size（blue）:diameter:13 cm; height :7 cm Medium size（pink）: diameter:12 cm; height :6 cm Small size（green）: diameter:11 cm; height :5 cm	1 200 sets	USD 30.00/SET CIF XINGANG	USD 36 000.00

Total: SAY US DOLLARS THIRTY-SIX THOUSAND ONLY

Quality: First-class, underglaze colour craft

Packing:1 SET/BOX, 2 SETS/ CARTON

Shipment: From OSAKA, JAPAN to XINGANG, CHINA by sea with partial shipment and transhipment allowed. not later than SEP.30, 20××

Port of loading: OSAKA, JAPAN

Port of Destination: XINGANG, CHINA

Insurance: To be covered by seller

Terms of Payment: By irrevocable letter of credit in favour of S.W TRADE CO., LTD. payable at sight. The covering letter of credit must reach the Sellers on or before September 30 and is to remain valid in JAPAN until the 15th day after bill of lading date.

Shipping Marks:N/M

The Buyer's signature:
TANGSHAN BY OSSEOUS CERAMIC CO., LTD.
×××

The Seller's signature:
S.W TRADE CO., LTD.
×××

12.3.2 任务执行与完成

合同签订后，在卖方 S.W TRADE CO., LTD. 的催促下，公司领导决定尽快开立信用证，并将此业务交给小陈办理。小陈来到中国银行唐山分行国际结算部，依据合同申请开立信用证，填写了信用证申请书。20××年9月10日中国银行唐山分行开立了信用证（见样单12-3）。

样单12-3　信用证申请书

IRREVOCABLE DOCUMENTARY CREDIT APPLICATION

TO: BANK OF CHINA TANGSHAN BRANCH　　　　　　Date: September 10, 20××

Advising Bank BANK OF TOKYO	L/C NO. 233434 Contract No.BY654866
	Date and place of expiry of the credit OCT. 15, 20×× IN Japan
Applicant TANGSHAN BY OSSEOUS CERAMIC CO., LTD.	Beneficiary（full name and address） S.W TRADE CO., LTD. 3-4 ,AWB ROAD OSAKA JAPAN TEL :081-548-×××
Partial shipments ☒ allowed ☐ not allowed	Transhipment ☒ allowed ☐ not allowed	Issued by ( ) Issued by mail ( ) With brief advice by transmission (×) Issued by swift
Loading on board/dispatch/taking in charge at/from OSAKA, JAPAN Not later than SEP.30 , 20×× For transportation to XINGANG, CHINA	Amount（Both in figures and words） USD 36 000.00 SAY US DOLLARS THIRTY-SIX THOUSAND ONLY
Description of goods: **CERAMIC TABLEWARE HIGH-BOWL（3 PCS/ SET）** CONFIRMATION NO.BY654866 PRICE TERM: CIF XINGANG	Credit available with ☐ by sight payment ☐ by acceptance ☒ by negotiation ☐ by deferred payment at against the documents detailed herein ☒ and beneficiary's draft for 100% of the total invoice value at sight drawn on the issuing bank.
	Trade term ☐ FOB　☐ CFR　☒ CIF XINGANG ☐ FCA　☐ CPT　☐ CIP＿＿＿＿ ☐ other（please specify）

Documents required: (marked with ×)

1. (×) Signed Commercial Invoice in 2 original（s）and in 2 copy（copies）indicating L/C No. ☒and Contract No.
2. (×) Full set of clean on board marine bill of lading made out to order of shipper and blank endorsed, marked "Freight Prepaid" and notify Applicant.
3. (×) Packing List/Weight Memo in 2 original（s） and in 2 copy（copies） indicating quantity, gross and net weight of each package.
4. (×) Insurance Policy or Certificate for 110 pct of the invoice value against all risks and war risks as per PICC Clauses.

续表

5.（×）Shipping Advise stating this L/C No.,CONTRACT No., B/L No., Name of Goods and the Vessel No. 6.（×）Certificate of Origin in _2_ original（s）and in _1_ copy（copies）issued by＿＿＿＿＿＿ Additional instructions: 1.（×）All banking charges outside the opening bank and acceptance fee are for beneficiary's account. 2.（×）Documents must be presented within 15 days after the date of issuance of transport documents but within the validity of this credit. 3.（×）Third party as shipper is not acceptable. 4.（×）Short Form/Blank back B/L is not acceptable. 5.（　）Both quantity and amount ％ more or less are allowed. 6.（×）All documents to be forwarded in one cover unless otherwise stated above. 7.（×）Commercial Invoice must state this L/C No. and the S/C No. 8.（×）Each set of discrepant documents will be assessed USD 70.00 representing our fees for handling discrepancies. These fees are for the beneficiary's account and will be automatically deducted from the proceeds of the payment when effected. 9（×）All draft must be marked drawn under BANK OF CHINA, stating the documentary credit number and the date of this credit. ☐ Confirmation instruction: ☑Without　☐ May add Requested confirmation party：＿＿＿＿＿＿ ☐ Confirm Requested confirmation party：＿＿＿＿＿＿ ☐ Transfer instruction: ☑ Not Transferable　☐ Transferable Authorized transferring bank：＿＿＿＿＿＿ ☐ Other terms and conditions or see attachment（s）, if any This Credit is subject to Uniform Customs and Practice for Documentary Credits（2007 Revision）International Chamber of Commerce Publication No.600. 　　　　　　　　　　　　　　　　　　　　　TANGSHAN BY OSSEOUS CERAMIC CO., LTD. 　　　　　　　　　　　　　　　　　　　　　　　　　×××

项目小结

进口商应科学、缜密地设置有关条款，细致地缮制信用证申请书，以降低进口风险，保障全面履行合同。由于良好的银行信用是信用证付款保障的关键，因此进口商要有强烈的风险防范意识，申请开立信用证时应多方位调研考察开证行资信。

12.4　技 能 训 练

1．简答题

申请开立信用证的程序是什么？

2．判断题

（1）开立信用证时，进口商在合同中对出口商所做的有关规定应转化为单据，

具体规定在信用证中。   (   )
（2）信用证申请书依合同开立，因此其内容应与合同完全相同。   (   )
（3）信用证申请书中的开证人声明是开证人申请开立信用证应承担的义务和责任的书面承诺。   (   )

3．选择题

合同上要求货物装运前必须经过买方的指定代表检验，如果开证行申请人希望在信用证中体现这一要求，则信用证申请书的填写方式是（   ）

A. DOCUMENTS REQUIRED:APPLICANT MUST INSPECT THE GOODS BEFORE SHIPMENT.
B. DOCUMENTS REQUIREP:THE APPOINTED REPRESENTATIVE OF THE BUYER SHALL INSPECTION.
C. DOCUMENTS REQUIRED:GOODS MUST BE INSPECTED BY THE APPOINTED REPRESENTATIVE OF THE APPLICANT.
D. DOCUMENTS REQUIRED:INSPECTION REPORT SIGNED BY THE APPOINTED REPRESENTATIVE OF THE APPLICANT EVIDENCING THAT GOODS HAVE BEEN INSPECTED BEFORE SHIPMENT AND HAVE PASSED INSPECTION.

4．案例分析

（1）我国进口商甲公司与在上海外高桥保税区注册的乙公司签订买卖合同，规定使用信用证结算方式。甲公司根据合同条款在信用证申请书上填制以下内容。
DATE AND PLACE OF EXPIRY DATE OF L/C: 20××/12/3 CHINA
SHIPMENT FROM SHANGHAI WAIGAOQIAO BONDED WAREHOUSE TO SHANGHAI LATEST DATE OF SHIPMENT: 20××/11/15
PRESENTATION PERIOD: WITHIN 15 DAYS AFTER SHIPMENT DATE
DOCUMENTS REQUIRED:
* INVOICES IN 3 COPIES
* CARGO RECEIPT IN ONE ORIGINAL
* PACKING LIST IN 3 COPIES

甲公司在信用证申请书上未对 CARGO RECEIPT 作任何其他规定及说明。开证行根据此信用证申请书开立了信用证，乙公司于12月25日提交了全套单据，其中 CARGO RECEIPT 上注明交货日期为 20××年11月20日。如果单据上所有其他条件都满足信用证要求，且单单相符，那么，甲公司是否可以对乙公司提交的单据拒付？

（2）我国进口商 A 公司与英国出口商 B 公司签订合同进口木材，采用信用证结算方式。A 公司在信用证申请书上注明"90%的发票金额凭申请书中列的全套单据付款"，另外规定"10 PCT OF INVOICE VALUE SHALL BE PAYABLE AGAINST

项目 12　申请开立信用证 Application for Documentary Credit

THE PERFORMANCE GUARANTEE BY FIRST CLASS BANK"。开证行根据信用证申请书使用 SWIFT 开出信用证。开证行在收到 B 公司的单据后进行了审核,确定单证相符,并在规定的期限内对外付款。A 公司付款赎单后,提出两个不符点:一是履约保函未按照合同规定的格式开立;二是保函由 BANK A 开立,而 BANK A 不是知名银行。A 公司因此认为开证行不应付款,要求开证行退回从其账上扣除的款项。请问,A 公司所指出的不符点成立吗?为什么?

项目 13 进口单证
Import Documents

项目导言

按照货物流向分类,国际贸易分为出口贸易和进口贸易。出口贸易的单证缮制应该依据出口的履行流程学习,进口贸易的单证缮制也应该按照进口的履行流程学习。本项目主要学习的进口单证有进口许可证、入境货物检验检疫申请、进口货物报关单。

项目目标

知识目标:
1. 了解进口许可证的相关知识。
2. 掌握进口许可证的内容。
3. 掌握入境货物检验检疫申请、进口货物报关单的内容。

技能目标:
1. 能够根据相关规定判断是否需要进口许可证。
2. 能够独立填制进口许可证申请表。
3. 能够独立填制入境货物检验检疫申请。
4. 能够及时办理入境货物检验检疫申请及报关手续,并填制进口货物报关单。

思政目标:
1. 学习《商检法》及相关法规,培养"有法可依,有法必依"的观念和意识。
2. 为保护消费者合法权益,维护人民群众生命健康安全,主动配合海关进行检验检疫,提高保护环境、维护国家安全的意识。

项目关键词

- 入境货物检验检疫申请　　Application for Quarantine Inspection of Inbound Cargo
- 进口货物报关单　　The Declaration Form for Import Commodities

13.1 进口信用证案例

13.1.1 案情描述

国内 A 公司与外商签订了一笔进口钢材的合同，货物价值为 504 万美元，合同规定以信用证方式结算。

A 公司依约对外开出信用证后，在信用证装运期内，外商发来传真称货物已如期装运。不久，开证行收到议付行转来的全套单据，单据表明货物于某东欧港口装运，在西欧某港口转运至国内港口。单据经审核无不符点，开证行对外承兑。

A 公司等待一个多月，货物依然未到，深感蹊跷，遂向伦敦海事局进行查询，该局反馈回来的消息是：在所述的装船日未查询到署名船只在装运港装运钢材。由此，A 公司断定这是一起典型的以伪造单据为手段的信用证诈骗。但此时信用证项下单据已经由开证行承兑，且议付行已买断票据，将融资款支付给了受益人。开证行被迫在承兑到期日对外付款，A 公司损失惨重。

13.1.2 案例分析

由于信用证业务处理的是单据，有关各方只能基于单据来完成信用证项下的操作，而开证行付款的唯一依据是单据与信用证相符，只要单证相符，开证行就必须付款。另外，根据《跟单信用证统一惯例（UCP600）》第三十四条规定，银行对任何单据的形式、充分性、准确性、内容真实性、虚假性或法律效力概不负责，对有关各方的信用情况、清偿能力、履约或资信状况，也概不负责。这就形成了银行的一种惯例，即银行只负责单据的表面审核，而对单据的真实与否不加注意，而且审核单据的真实性及有关各方是否有欺诈行为超出了银行的专业知识范围，银行对此也无能为力。

尽管基于银行合理审单原则，有些国家有判决银行未审出虚假单据而承担一定责任的判例，但这也只是一家之言，且争议颇大。况且信用证项下的单据一经承兑，开证行和议付行或收款人之间就从信用证关系转变成票据关系，根据各国票据法的有关规定，在到期日必须付款；虽然有司法方面的救济可利用，但各国法院对于已承兑的信用证款项，尤其在涉及善意持票人、无害第三方利益时，都有明确规定，即不得就此发出法院止付令。这在某种程度上为信用证，尤其是远期信用证项下的诈骗提供了滋生的土壤。

13.1.3 案例启示

1. 核实提单的真实性，防范信用证诈骗

无论是合同还是信用证，均要求客户在装船之后一定时间内（如24小时内）发送装船通知，列明提单号码、装卸港、装船日期、货名、装运数量等内容。这样做是为了通过相应的机构（如伦敦海事局、劳埃德保险公司）或有关船公司查询船只的行踪，确定提单内容的真实性，当然这需要花费一定费用，但为了避免更大的风险，这笔花费还是值得的。一旦查得提单有诈，既可通过审单找出单据不符点以合理拒付，也可寻求司法救济，应用信用证欺诈例外原则，在开证行付款或承兑之前由法院止付信用证项下货款。

2. 合理选择开证行

尽管现在许多银行都可以办理国际结算业务，但各银行的专业素质参差不齐，信用证业务的处理水平也不尽相同，所以进口商在办理进口业务时一定要选择那些专业素质好、审单能力强且责任心强的银行作为开证行，以便能借助银行之力，顺利完成进口贸易。另外，进口商一定要保护好自身的权益——开证行有审单的义务，如果其不履行责任而导致进口商遭受损失，进口商可以向其主张自己的权利，要求赔偿损失。

知识拓展

如何在中国工商银行开立进口信用证？

企业申请开立进口信用证，除提供信贷审查所需的基础资料外，还需要提供以下资料：

1. 企业营业执照副本或复印件，企业开立信用证所使用印鉴的预留样本（限于首次在中国工商银行开立信用证的客户）；
2. 开立进口信用证申请书和开立不可撤销跟单信用证协议或总协议；
3. 进口合同（转口贸易项下，应同时提交进口和出口合同）；
4. 代理进口业务方式下，需提供代理进口协议；
5. 货物贸易企业信息查询表；
6. 中国工商银行要求的其他材料。

经中国工商银行审核后与买方签署开立进口信用证合同。

企业申请开立进口信用证需要具备以下条件：

1. 符合银行国际贸易融资信贷政策；
2. 具有进出口业务经营权；
3. 在货物贸易外汇收支名录内；
4. 符合国家外汇管理局现行的相关外汇管理政策要求。

13.1.4 引申问题

在进口货物时，进口商需要填写的单据主要有入境货物检验检疫申请、进口货物报关单。怎样填写入境货物检验检疫申请、进口货物报关单？

13.2 必备知识

13.2.1 进出口许可证

1. 进出口许可证的定义

进出口许可证是指由国家有关机关给进出口商签发的允许商品进口或出口的证书。进出口许可证制度是我国及世界各国普遍采用的对外贸易管制手段之一。进出口许可证制度要求进出口企业在申领商品的进出口许可证以后，再对外签订合同或办理订货手续。没有进出口许可证，商品一律不准进出口。进出口许可证的主要内容包括：商品名称、规格、数量、进出口商国别、期限、总值、运输方式、贸易方式和支付方式等。

2. 进出口许可证的含义

（1）进出口许可证是国家机关签发的具有法律效力的文件。进出口许可证是国家批准特定企业、单位进出口货物的文件。因此，进出口许可证不得买卖、转让、伪造和变卖。

（2）进出口许可证是批准进出口特定货物的文件。因此，进出口企业必须严格按照进出口许可证规定的贸易方式等内容进出口特定货物。

（3）进出口许可证是一种证明文件。因此，凡实行进出口配额许可证管理和进出口许可证管理的商品，各类进出口企业应在进出口前按规定向指定的发证机构申领进出口许可证，海关凭进出口许可证接受和办理通关手续。

3. 进口许可证的申请程序

申请进口许可证需要遵守一定的流程，以便获得相应文件。

（1）网上申请方式（限消耗臭氧层物质）：企业应先申领用于企业身份认证的电子钥匙（详见商务部配额许可证事务局网站"办事指南"栏目中"企业电子钥匙申请与证书更新简明流程"）。申请时，登录配额许可证事务局网站，进入相关申领系统，在线填写申请表，保存、上报申请表电子数据，及时查看进口许可证申领表状态。初审、复审通过后，申领者可在企业端打印进口许可证申领表，并加盖公章，持相关申请材料到商务部行政事务服务中心领取进口许可证。

进口许可证管理货物目录（2023年）

（2）书面申请方式（限消耗臭氧层物质）：进口经营者将相关申请材料递交商务部行政事务服务中心。

（3）发证机构收到相关行政主管部门批准文件（含电子文本、数据）和相关材料并经审核无误后，3个工作日签发进口许可证。

4. 进口许可证申请表示例（见样单13-1和13-2）、进口许可证更改申请表示例（见样单13-3）

样单13-1 进口许可证申请表（正本）

中华人民共和国进口许可证申请表（正本）

1. 进口商：　　代码：	3. 进口许可证号：
2. 收货人：	4. 进口许可证有效截止日期： 　　年　月　日
5. 贸易方式：	8. 出口国（地区）：
6. 外汇来源：	9. 原产地国（地区）：
7. 报关口岸：	10. 商品用途：
11. 商品名称：　　　　　商品编码：	

12. 规格、型号	13. 单位	14. 数量	15. 单价（币别）	16. 总值（币别）	17. 总值折美元
18. 总计：					

19. 领证人姓名： 联系电话： 申请日期： 下次联系日期：	20. 签证机构审批（初审）： 终审：

中华人民共和国商务部监制　　　　　　　　第一联（正本）签证机构存档

样单 13-2 进口许可证申请表（副本）

中华人民共和国进口许可证申请表（副本）

1. 进口商：　　　代码：	3. 进口许可证号：
2. 收货人：	4. 进口许可证有效截止日期： 　　　年　　月　　日
5. 贸易方式：	8. 出口国（地区）：
6. 外汇来源：	9. 原产地国（地区）：
7. 报关口岸：	10. 商品用途：

11. 商品名称：　　　　　　商品编码：						
12. 规格、型号	13. 单位	14. 数量	15. 单价（币别）	16. 总值（币别）	17. 总值折美元	
18. 总计：						

19. 领证人姓名：	不能获准原因：
联系电话：	1. 公司无权经营；　　　8. 第（　）项须补充说明函； 2. 公司编码有误；　　　9. 第（　）项与批件不符； 3. 到港不妥善；　　　　10. 其他。 4. 品名与编码不符；
申请日期：	5. 单价（高）低； 6. 币别有误； 7. 漏填第（　）项；
下次联系日期：	

中华人民共和国商务部监制　　　　　　　　　　第二联（副本）取证凭证

样单 13-3 进口许可证更改申请表

中华人民共和国进口许可证更改申请表

1. 申请单位：（盖章）		2. 原许可证编号：	
3. 商品名称：		商 品 数 量	
4.更改项目与内容	项 目	更 改 前	更 改 后
	第 项		
	第 项		
	第 项		
	第 项		
	第 项		
5.更改理由			
审批意见		交表日期： 年 月 日	
		领证人单位：	
		领证人姓名： 联 系 电 话：	
		*下次联系： 日期：	
		*接办人： 签章： 年 月 日	

中华人民共和国商务部监制　　　　　　　发证机关留存备案

13.2.2 检验检疫申请

1. 入境货物的检验检疫范围

（1）出入境检验检疫机构对列入《目录》的进出口商品，以及法律、行政法规规定须经出入境检验检疫机构检验的其他进出口商品实施检验（称为法定检验）。
（2）对外贸易合同约定须凭检验检疫机构签发的证书进行结算的。
（3）有关国际条约规定必须经检验检疫的。
（4）输入国家或地区规定必须凭检验检疫机构出具的证书方准入境的。

> **小提示**
> HS 编码的监管条件为"A"，海关对相关商品实施进口商品检验；监管条件为"B"，海关对相关商品实施出口商品检验。

2. 报检的地点和时限

（1）审批、许可证等有关政府批文中规定检验检疫地点的，在规定的地点报检。
（2）大宗散装商品、易腐烂变质商品、废旧物品及在卸货时发现包装破损、重（数）量短缺的商品，必须在卸货口岸检验检疫机构报检。
（3）需结合安装调试进行检验的成套设备、机电仪产品以及在口岸开箱后难以恢复包装的商品，应在收货人所在地检验检疫机构报检并检验。
（4）其他入境货物，应在入境前或入境时向报关地检验检疫机构办理报检手续。
（5）入境的运输工具及人员应在入境前或入境时向入境口岸检验检疫机构申报。
（6）入境货物需对外索赔出证的，应在索赔有效期前不少于 20 日内向到货口岸或货物到达地的检验检疫机构报检。
（7）输入微生物、人体组织、生物制品、血液及其制品或种畜、禽及其精液、胚胎、受精卵的，应当在入境前 30 日报检。
（8）输入其他动物的，应在入境前 15 日报检。
（9）输入植物、种子、种苗及其他繁殖材料的，应在入境前 7 日报检。

3. 入境货物报检应提供的单据

（1）入境货物报检时，应填写入境货物检验检疫申请，并提供外贸合同、发票、提（运）单、装箱单等有关单证。
（2）凡实施安全质量许可、卫生注册、强制性产品认证、民用商品验证或其他需经审批审核的货物，应提供有关审批文。

（3）报检品质检验的还应提供国外品质证书或质量保证书、产品使用说明书及有关标准和技术资料；凭样成交的，须提供成交样品；以品级或公量计价结算的，应同时申请重量鉴定。

（4）报检入境废物时，还应提供国家环保部门签发的进口废物批准证书、废物利用风险报告和经认可的检验机构签发的装运前检验合格证书等。

（5）报检入境旧机电产品的还应提供与进口旧机电产品相符的进口许可证。

（6）申请残损鉴定的还应提供理货残损单、铁路商务记录、空运事故记录或海事报告等证明货损情况的有关证单。

（7）申请重（数）量鉴定的还应提供重量明细单、理货清单等。

（8）货物经收、用货部门验收或其他单位检测的，应提供验收报告或检测结果以及重量明细单等。

（9）入境的动植物及其产品，在提供贸易合同、发票、产地证书的同时，还必须提供输出国家或地区官方的检疫证书；需办理入境审批手续的，还应提供入境动植物检疫许可证。

（10）过境动植物及其产品报检时，应持分配单和输出国家或地区官方出具的检疫证书；运输动物过境时，还应提交出入境检验检疫局签发的动植物过境许可证。

（11）入境旅客、交通员工携带伴侣动物的，应提供进境动物检疫审批单及预防接种证明。

（12）入境食品报检时，应按规定提供进口食品标签审核证书或标签审核受理证明。

（13）入境化妆品报检时，应按规定提供进口化妆品标签审核证书或标签审核受理证明。

（14）来自美国、日本、欧盟和韩国的入境货物报检时，应按规定提供有关包装情况的证书和声明。

（15）因科研等特殊需要，输入禁止入境物的，必须提供出入境检验检疫局签发的特许审批证明。

4. 入境货物检验检疫申请的填制要求

（1）编号。本栏由检验检疫机构报检受理人员填写，前6位为检验检疫机构代码，第7位为报检类代码，第8、9位为年代码，第10位至15位为流水号。实行电子报检后，该编号可在受理电子报检的回执中自动生成。

（2）申请单位登记号。本栏填写申请单位在检验检疫机构登记的号码。

（3）联系人和电话。本栏填写报检人员姓名和联系电话。

（4）申请日期。本栏填写检验检疫机构实际受理报检的日期。

（5）收货人。本栏填写外贸合同中的收货人，应中外文对照填写。

（6）发货人。本栏填写合同中的发货人。

（7）货物名称（中/外文）。本栏填写进口货物的品名，应与合同、发票上的货物名称一致，如为废旧货物应注明。

（8）HS编码。本栏填写进口货物的商品编码，以当年海关公布的商品税则编码分类为准。

（9）产地。本栏填写该进口货物的原产国家或地区。

（10）数量/重量。以商品编码分类中标准数量/重量为准，并应注明数量/重量单位。

（11）货物总值。本栏填写入境货物的总值及币种，应与合同、发票或报关单上所列的货物总值一致。

（12）包装种类及数量。本栏填写货物实际运输包装的种类及数量，如是木质包装还应注明材质及尺寸。

（13）运输工具名称。本栏填写运输工具的名称。

（14）合同号。本栏填写合同、订单或发票的号码。

（15）贸易方式。本栏填写该批货物进口的贸易方式。

（16）贸易国别（地区）。本栏填写进口货物的贸易国别或地区。

（17）提单/运单号。本栏填写货物海运提单号或空运单号，有二程提单的应同时填写。

（18）到货日期。本栏填写进口货物到达口岸的日期。

（19）启运国家（地区）。本栏填写货物的启运国家或地区。

（20）许可证/审批号。需办理进境许可证或审批的货物应填写有关许可证号或审批号。

（21）卸毕日期。本栏填写货物在口岸的卸毕日期。

（22）启运口岸。本栏填写货物的启运口岸。

（23）入境口岸。本栏填写货物的入境口岸。

（24）索赔有效期至。本栏按对外贸易合同中约定的索赔期限填写。

（25）经停口岸。本栏填写货物在运输中曾经停靠的外国口岸。

（26）目的地。货物的境内目的地。

（27）集装箱规格、数量及号码。货物若以集装箱运输，应填写集装箱的规格、数量及号码。

（28）合同订立的特殊条款以及其他要求。在合同中订立的有关检验检疫的特殊条款及其他要求应填入此栏。

（29）货物存放地点。本栏填写货物存放的地点。

（30）用途。本栏填写本批货物的用途，在以下9个选项中选择：①种用或繁殖；②食用；③奶用；④观赏或演艺；⑤伴侣动物；⑥试验；⑦药用；⑧饲用；⑨其他。

（31）随附单据。在随附单据的种类前划"√"或补填。

（32）标记及号码。本栏填写货物的标记号码，应与合同、发票等有关外贸单据保持一致，若没有标记号码则填"N/M"。

（33）外商投资财产。本栏由检验检疫机构报检受理人员填写。

(34)签名。本栏由持有报检员证的报检人员手签。

(35)检验检疫费。本栏由检验检疫机构计费人员核定费用后填写。

(36)领取证单。本栏由报检人在领取检验检疫机构出具的有关检验检疫证单时填写领证日期及领证人姓名。

报检人要认真填写入境货物检验检疫申请,应严格按照合同、发票、提单、运单上的内容填写,内容应完整、无漏项,字迹清楚,不得涂改,且中外文内容一致,并加盖申请单位公章。

5. 入境货物检验检疫申请示例(见样单13-4)

样单13-4 入境货物检验检疫申请

中华人民共和国海关
入境货物检验检疫申请

申请单位(加盖公章):　　　　　　　　　　　　(1)＊编号_____

(2)申请单位登记号:　　(3)联系人:　　(3)电话:　　(4)申请日期:　年　月　日

(5)收货人	(中文)				
	(外文)				
(6)发货人	(中文)				
	(外文)				
(7)货物名称(中/外文)	(8)HS编码	(9)产地	(10)数量/重量	(11)货物总值	(12)包装种类及数量
(13)运输工具名称				(14)合同号	
(15)贸易方式		(16)贸易国别(地区)		(17)提单/运单号	
(18)到货日期		(19)启运国家(地区)		(20)许可证/审批号	
(21)卸毕日期		(22)启运口岸		(23)入境口岸	
(24)索赔有效期至		(25)经停口岸		(26)目的地	
(27)集装箱规格、数量及号码					
(28)合同订立的特殊条款以及其他要求		(29)货物存放地点			
		(30)用途			
(31)随附单据(划"√"或补填)		(32)标记及号码		(33)外商投资财产	□是 □否
□合同　　□原产地证 □信用证　□到货通知 □发票　　□质保书 □提/运单　□理货清单 □兽医卫生证书 □磅码单 □动物检验证书 □验收报告 □植物检疫证书 □许可/审批文件 □卫生证书				(35)＊检验检疫费 总金额 (人民币元) 计费人 收费人	

续表

报检人郑重声明： 1. 本人被授权申请检验检疫。 2. 上列填写内容正确属实。 　　　(34) 签名：_____	(36) 领取证单	
	日期	
	签名	

注：有"*"号栏由海关填写。

6. 进口商品检验检疫的工作流程

（1）检验检疫工作模式。

目前，我国检验检疫制度将进出口商品检验、动植物检疫、卫生检疫三者合并在一起，实行"一次报检、一次抽样、一次检验检疫、一次卫生除害处理、一次收费、一次发证放行"的三检合一模式，推行以电子申报、电子监管、电子通关为主要内容的"三电工程"，实行"先报检，后报关"的工作流程。

（2）检验检疫工作的一般流程。

凡属法定检验检疫商品或合同规定需要检疫机构进行检验并出具检验证书的商品，对外贸易关系人均应及时提请检疫机构检验。

我国进口商品法定检验业务流程如图13-1所示。

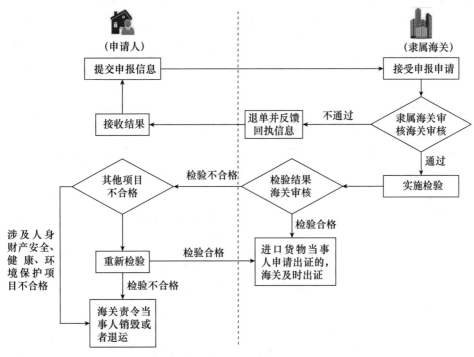

图13-1　我国进口商品法定检验业务流程

① 商检机构受理报检。

由申请人填写入境货物检验检疫申请，并提供有关的单证和资料，如合同、发票、提（运）单、装箱单等。商检机构在审查上述单证符合要求后，受理该批商品的报检，如发现有不符合要求者，可要求申请人补充或修改有关条款。

② 实施检验。

海关根据有关工作规范、企业信用类别、产品风险等级，判别是否需要实施现场检验及是否需要对产品实施抽样检测。

③检验结果。

法定检验的进口商品经海关检验或者口岸查验不合格的，或涉及人身财产安全、健康、环境保护项目不合格的，海关责令当事人销毁或者退运；其他项目不合格的，在海关监督下进行技术处理；经重新检验合格的，方可销售或者使用。

④签发证书。

检验合格的，进口货物当事人申请海关出证的，海关应当及时出证。

13.2.3 进口货物报关及报关单填制

1. 进口货物报关的5个基本环节

（1）申报。

申报是指进口货物的进口商在进口货物时，在海关规定的期限内，以书面或者电子数据交换（EDI）方式向海关报告其进口货物的情况，并随附有关货运和商业单证，申请海关审查放行，并对所报告内容的真实准确性承担法律责任的行为。当前也可直接在中国国际贸易海关单一窗口直接录入信息并申报。

进出口商向海关申报时必须提供发票、装箱单、提运单、报关单、进口批文、减免税证明及加工贸易备案手册等单证。

（2）查验。

查验是指海关在接受报告单位的申报后，依法为确定进出口货物的性质、原产地、货物状况、数量和价值是否与货物申报单上已填报的详细内容相符，而对货物进行实际检查的行政执法行为。海关查验进口货物时，报关员必须在场，并按照海关的要求负责搬移货物、开拆和重封货物的包装等。

（3）征税。

征税是指海关根据国家的有关政策、法规对进口货物征收关税及其他税费。

（4）放行。

放行是指海关在接受进口货物的申报，经过审核报关单据、查验货物、依法征收税款，对进口货物作出结束海关现场监管决定的工作程序。

（5）结关。

结关是指对于经口岸放行后仍需继续实施后续管理的货物，海关在规定的期限内进行核查，对需要补证、补税的货物作出处理直至完全结束海关监管的工作程序。

2. 报关单的常见用语

（1）报关单录入凭单，是指申报单位按照海关规定的格式填写的凭单，用作报关单预录入的依据。

（2）预录入报关单，是指预录入单位录入、打印，并由申报单位向海关申报的报关单。

3. 进口货物报关单的填制内容

（1）预录入编号。

预录入编号指预录入报关单的编号，一份报关单对应一个预录入编号，由系统自动生成。

（2）海关编号。

海关编号指海关接受申报时给予报关单的编号，一份报关单对应一个海关编号，由系统自动生成。

微课：进口货物报关单填写要点提示

（3）境内收货人。

（4）进境关别。

（5）进口日期。

（6）申报日期。

（7）备案号。

（8）境外发货人。

（9）运输方式。

（10）运输工具名称及航次号。

（11）提运单号。

（12）货物存放地点。

（13）消费使用单位。

（14）监管方式。

（15）征免性质。

（16）许可证号。

（17）启运港。

（18）合同协议号。

（19）贸易国（地区）。

（20）启运国（地区）。

（21）经停港。

（22）入境口岸。

（23）包装种类。

（24）件数。

（25）毛重（千克）。

（26）净重（千克）。

（27）成交方式。

（28）运费。

（29）保费。

（30）杂费。

（31）随附单证及编号。
（32）唛头及备注。
（33）项号。
（34）商品编号。
（35）商品名称及规格型号。
（36）数量及单位。
（37）单价。
（38）总价。
（39）币制。
（40）原产国（地区）。
（41）最终目的国（地区）。
（42）境内目的地。
（43）征免。
（44）特殊关系确认。
（45）价格影响确认。
（46）支付特许权使用费确认。
（47）公式定价确认。
（48）暂定价格确认。
（49）自报自缴。
（50）申报单位。
（51）海关批注及签章。

说明：详细填制规范参考项目 8 出口货物报关单的讲解。

13.3　实 操 指 导

13.3.1　任务及要求

小陈根据骨质瓷的商品编码查询最新的《商检法》及其实施条例，确认该陶瓷产品不在法检范围内，是免检产品，无须向海关申请报检，无须填写入境货物检验检疫申请，且该公司进口陶瓷产品无须申领进口许可证。小陈于是联系报关行办理货物进口报关。

10 月 8 日货物入境，小陈按照贸易流程及时办理报关手续。

根据合同及卖方提供的商业发票、提单、装箱单等信息及其他信息可知：

报关口岸：天津新港海关

提单编号：CO081S

申报日期：20××-10-09

进口日期：20××-10-10
运输工具名称：WMDF V.236
商品编号：6911101100

13.3.2 任务执行与完成

20××年10月9日，按照流程，唐山BY骨质瓷有限公司委托××报关行有限公司（9112××××××××××××）小刘（报关员证号：0210××××）针对本笔贸易申请进口报关。小刘根据要求填制进口货物报关单，完成进口报关相关程序。20××年10月10日货物到达天津新港顺利通关。进口货物报关单内容如样单13-4所示。

样单 13-4 进口货物报关单

中华人民共和国海关进口货物报关单

（1）预录入编号：		（2）海关编号：		页码/页数：	
（3）境内收货人 (911302057926994×××) 唐山BY骨质瓷有限公司	（4）进境关别（0202） 新港海关	（5）进口日期 20××1010		（6）申报日期 20××1009	（7）备案号
（8）境外发货人 S.W TRADE CO., LTD.	（9）运输方式（2） 水路运输	（10）运输工具名称及航次号 WMDF V.236		（11）提运单号 CO081S	（12）货物存放地点
（13）消费使用单位 (911302057926994×××) 唐山BY骨质瓷有限公司	（14）监管方式（0110） 一般贸易	（15）征免性质（101） 一般征税		（16）许可证号	（17）启运港
（18）合同协议号 SM654866	（19）贸易国（地区） （JPN） 日本	（20）启运国（地区）（JPN） 日本		（21）经停港 JPN 大阪	（22）入境口岸 （120001） 天津
（23）包装种类 纸质或纤维板制盒/箱	（24）件数 600	（25） 毛重（千克） 6 600	（26）净重（千克） 6 000	（28）成交方式 CIF	（28）运费	（29）保费	（30）杂费
（31）随附单证及编号 合同；发票；装箱单；提/运单；代理报关委托协议（电子）原产地证文件；					
（32）唛头及备注 N/M 1；1*20'/TBGM3456772					

（33）项号	（34）商品编号	（35）商品名称及规格型号	（36）数量及单位	（37）（38）（39）单价/总价/币制	（40）原产国（地区）	（41）最终目的国（地区）	（42）境内目的地	（43）征免
1	6911101100	陶瓷餐具高身碗 CERAMIC TABLEWARE HIGH-BOWL SET PACKING	1 200 SET 6 600 kg	30.00 36 000.00 美元	日本 （JPN）	中国 （CHN）	（130205） 唐山开平	照章征税

续表

(44) 特殊关系确认：否	(45) 价格影响确认：否	(46) 支付特许权使用费确认：否	(47) 公式定价确认：	(48) 暂定价格确认：	(49) 自报自缴：是
报关人员	报关人员证号 0210××××	电话	兹证明对以上内容承担如实申报，依法纳税之法律责任		(51) 海关批注及签章
(50) 申报单位(9112××××××××××××) ××报关行有限公司			申报单位（签章）		

项目小结

从单证的产生来看，单证工作主要是指出口商根据合同和信用证的具体要求，缮制各类外贸单据并交付给进口商，供进口商办理进口通关和接货的手续。所以出口商缮制的单据决定了进口商能否顺利通关及安全收到货物。因此，认真合理审单，做好每一个工作环节的衔接工作，是进口商单证工作的重点。同时，为保护消费者合法权益，维护人民群众生命健康安全，进口商应主动配合海关进行检验检疫。

13.4 技能训练

1. 简答题

（1）进口货物的通关程序是什么？

（2）进口货物报检的时间、地点限制有哪些？

2. 实训题

ABC CORPORATION 从德国 DEF TRADE CORPORATION 进口男士手套(MEN'S GLOVES)，请根据下述信息，缮制信用证申请书、入境货物检验检疫申请和进口货物报关单。

买方：ABC CORPORATION
　　　21 YOUYI ROAD ,SHIJIAZHUANG,CHINA
电话：0311-8657×××
传真：0311-8657×××
代码：98674562
卖方：DEF TRADE CORPORATION
　　　32 TOLI MACH HAMBURG,GERMANY
电话：349-65378×××
传真：349-65379×××
货名：MEN'S GLOVES 男士手套
规格数量：ART NO Y 580 DOZ, ART NO H 620 DOZ

续表

单价：FOB TIANJIN ART NO Y580 USD 46.00/DOZ，ART NO H620 USD 43.00/DOZ
包装：ART NO Y 40 DOZ PER CTN，ART NO H 60 DOZ PER CTN
支付方式：IRREVOCABLE DOCUMENTARY CREDIT AT SIGHT 即期信用证付款
装运地：HAMBURG
目的地：天津
装运期限：LATEST DATE OF SHIPMENT ××0518
提单号：MX090610
到岸日期：20××.05.31
卸毕日期：20××.05.31
运输工具名称：SMDT V.346
报关口岸：天津东港
商品用途：自营内销
购货合同号：WZ09021304
分批装运：允许
转运：允许
开证方式：电开
开证行名称：中国银行石家庄分行
索赔有效期：2年
运费：USD 500.00
保险费：USD 495.00
单据条款：签单商业发票一式3份、品质检验证书1份、数量检验证书1份、一般原产地证书1份、装箱单3份、已装船清洁正本提单3份、保险单1份（按发票金额的110%投保一切险和战争险）

模块四
职场新人之转变职场精英

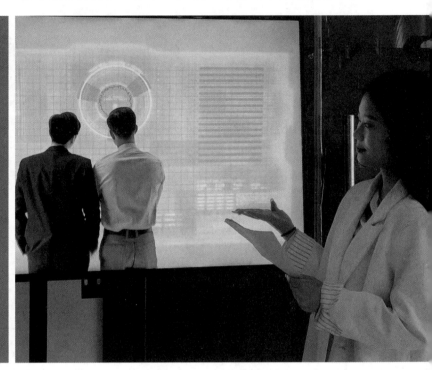

20××年11月，虽然毕业时间不长，但小陈凭借自身的聪颖、努力和公司的栽培与认可，在短短4个月的时间里圆满完成了进出口单证工作，履行了进出口单证岗位职责，为企业创造了效益，显示出其自身具备较强的适应能力和学习能力。

可要想从职场新人转变为职场精英，小陈还需要更多的历练。公司暂时没有新的业务，于是领导交给小陈其他公司以往进出口交易的材料，要求小陈练习制单，提升业务能力，为今后的工作打好基础、积累经验。

项目 14　外贸单证职业能力提升演练

Practice for Foreign Trade Documents

14.1　审证演练

根据合同审核信用证,并且改正信用证与合同不符之处。

合同内容:

SALES CONTRACT

NO.:SD080215
DATE: 20××.04.02

THE SELLER:SHANG HAI SHENG DA CO., LTD
　　　　　UNIT C 5/F JINGMAN TOWER SHANG HAI,CHINA
THE BUYER: ALFAGQ ENTER PRISE
　　　　　28,IMAMGONJ DHAKA,BANGLADESH
THE SELLERS UNDERTAKE TO SELL AND THE BUYERS UNDERTAKE TO BUY THE UNDERMENTIONED GOODS SUBJECT TO THE TERMS AND CONDITIONS AS STIPULATED HERE BELOW:

COMMODITY & SPECIFICATIONS	QUANTITY	UNIT PRICE CIF CHITTAGONG	AMOUNT
STEEL TAPE PULES JH-392W 3M×16MM JH-380W 3M×16MM	2 000 DOZ 500 DOZ	USD 3.6/ DOZ USD 4.2/ DOZ	USD 7 200.00 USD 2 100.00 TOTAL: USD 9 300.00

SAY US DOLLARS NINE THOUSAND THREE HUNDRED ONLY.
PACKING: IN CARTON OF 50 DOZENS
EACH CARTON: 30 cm×20 cm×20 cm;
GW: 12 KGS;
NW: 10 KGS
SHIPPING MARKS:　　　AE
　　　　　　　　　CHITTAGONG
PORT OF SHIPMENT: SHANGHAI, CHINA
PORT OF DESTINATION: CHITTAGONG
TIME OF SHIPMENT: JULY 31, 20××
TERMS OF PAYMENT: THE BUYER SHALL OPEN THOUGH A BANK ACCEPTABLE TO THE SELLER ARE IRREVOCABLE SIGHT LETTER OF CREDIT TO REACH THE SELLERS 60 DAYS BEFORE THE MOUTH OF SHIPMENT. VALID FOR NEGOTIATION IN CHINA UNTIL THE 15TH ARTER THE MOUTH OF SHIPMENT.

项目14　外贸单证职业能力提升演练 Practice for Foreign Trade Documents

THE SELLER:
SHANG HAI SHENG DA CO., LTD
（Signature）

THE BUYER:
ALFAGQ ENTER PRISE
（Signature）

信用证内容：

SEQUENCE TOTAL	27:	1/1
FORM DOC CREDIT	40A:	IRREVOCABLE
DOC CREDIT NUMBER	20:	100678920
DATE OF ISSUE	31C:	××0607
DATE/PLACE OF EXPIRY	31D:	××0831　PLACE: CHINA
APPLICANT	50:	ALFAGA CO., LTD
		26 IMAMGONJ
		DHAKA, BANDLADESH
ISSUING BANK	52A:	AB BANK
		IMAMGONJ BANDLADESH
BENEFICIARY	59:	SHANG DA SENG CO., LTD
		26 HUAIHAI ROAD, SHANGHAI, CHINA
CURR CODE AMT	32B:	CODE HKD AMOUNT 9 300.00
AVAILBLE WITH/BY	41D:	ANY BANK IN CHINA BY NEGOTIATION
DRAFTS AT	42C:	60 DAYS AT SIGHT
DRAWEE	42D:	AB BANK OF IMAMGONJ BANDLADESH
PARTIAL SHIPMENTS	43P:	ALLOWED
TRANSHIPMENT	43T:	NOT ALLOWED
LOADING ON BRD	44A:	CHINA MAIN PORT, CHINA
FOR TRANSPORT TO	44B:	CHITTAGANG SEA PORT, BANGLADESH
LATEST SHIPMENT	44C:	××0731
GOODS DESCRIPTION	45A:	TAPE RULES
		1）2 000 DOZ PAIR MDEL JH-395
		SIZE:3MX 16MM @HKD 3.6 PER DOZEN CIF GHITTAGONG
		2）500 DOZ PAIR MDEL JH-386W
		SIZE:3MX 16MM @HKD 4.20 PER DOZEN CIF GHITTAGONG
		PACKING:EXPORT STANDARD SEAWORTHY PACKING
DOCUMENTS REQUIRED	46A:	
		+SIGNED COMMERCIAL INVOICE IN TRIPLICATE
		+SIGNED PACKING LIST IN TRIPLICATE
		+FULL SET OF 3/3 CLEAN ON BOARD OCEAN

	BILLS OF LOANING AND TWO NON-NEGOTIABLE COPIES MADE OUT TO ORDER MARKED FREIGHT PREPAID AND NOTIFY APPLICANT
	+INSURANCE POLICY FOR 110% INVOICE VALUE AGAINST WPA RISK AND WAR RISK
ADDITIONAL CONDITION 47A:	
	+ALL DRAFT DRAWN HEREUNDER MUST BE MARKED "DRAWN UNDER AB BANK, IMAMGONJ BRANCH CREDIT NO. 100678920, DATED ××0607"
	+T/T REIMBURSEMENT IS NOT ACCEPTABLE.
DETAIL OF CHARGES 71B:	
	ALL BANKING CHARGES OUTSIDE BANGLADESH ARE FOR BENEFICIARY'S ACCOUNT.
PRESENTATION PERIOD 48:	
	DOCUMENTS MUST BE PRESENTED WITHIN 15 DAYS AFTER THE DATE OF ISSUANCE OF THE SHIPPING DOCUMENTS BUT WITHIN THE VALIDITY OF THE CREDIT.
CONFIRMATION 49:	WITHOUT
INSTRUCT TO NEGOTIATING BANK 78:	
	THE AMOUNT AND DATE OF NEGOTIATION OF EACH DRAFT MUST BE ENDORSED ON THE REVERSE OF THIS CREDIT ALL DOCUMENTS INCLUDING BENEFICIARY'S DRAFTS MUST BE SENT BY COURIER SERVICE DIRECTLY TO US IN ONE LOT.UPON OUR RECEIPT OF THE DARFTS AND DOCUMENTS WE SHALL MARK PAYMENT AS INSTRUCTED BY YOU.

14.2 审单演练

根据信用证及补充资料审核单据，改正提单中的错误。

信用证资料：

Form of Doc. Credit	40A: IRREVOCABLE
Doc. Credit Number	20: LC-320-0254771
Date of Issue	31C: ××0922

项目 14 外贸单证职业能力提升演练 Practice for Foreign Trade Documents

Expiry	31D: Date ××1222 Place CHINA
Applicant	50: MARCONO CORPORATION
	RM1001，STAR BLDG.TOKYO,JAPAN
Beneficiary	59: QINGDAO（SHANDONG）HUARUI CO.
	NO.35 WUYI ROAD QINGDAO, CHINA
Amount	32B: Currency USD Amount 70 000.00
Pos./Neg. Tol.（%）	39A: 5/5
Available with/by	1D: ANY BANK BY NEGOTIATION
Draft at	42C: DRAFTS AT SIGHT FOR FULL INVOICE VALUE
Drawee	42A: ROYAL BANK LTD, TOKYO
Partial Shipments	43P: ALLOWED
Transhipment	43T: NOT ALLOWED
Loading in Charge	44A: SHIPMENT FROM CHINESE MAIN PORT
For Transport to	44B: OSAKA, JAPAN
Latest Date of Ship.	44C: ××1210
Descript. of Goods	45A: HALF DRIED PRUNE 2020 CROP
	GRADE SPEC QNTY UNIT PRICE（CASE）（USD/CASE）
	AL: 500 CASE M:500 CASE 1 000 22.0 CFR OSAKA
	BL: 1 200 CASE M:1 200 CASE 2 400 20.0 CFR OSAKA
	PACKING: IN WOODEN CASE, 12KGS PER CASE
	TRADE TERMS: CFR OSAKA
Documents Required	46A:
	+FULL SET OF CLEAN ON BOARD OCEAN BILLS OF LADING MADE OUT TO ORDER OF SHIPPER AND BLANK ENDORSED AND MARKED "FREIGHT PREPAID" AND "NOTIFY MARCONO CORPORATION. RM1001, STAR BLDG.TOKYO, JAPAN"
	+MANUALLY SIGNED COMMERCIAL INVOICE IN TRIPLICATE（3）INDICATING APPLICANT'S REF. NO. SCLI-98-0474.
	+PACKING LIST IN TRIPLICATE（3）.
Details of Charges	71B: ALL BANKING CHARGES OUTSIDE JAPAN ARE FOR ACCOUNT OF BENEFICIARY
Presentation Period	48: DOCUMENTS TO BE PRESENTED WITHIN 15 DAYS AFTER THE DATE OF SHIPMENT, BUT WITHIN THE VALIDITY OF THE CREDIT.

补充资料：

发票号码：76IN-C001　　　　　　　　发票日期：20××年9月8日
提单号码：NSD220055　　　　　　　　提单日期：20××年12月5日
船名：FENGLEI V. 66026H　　　　　　装运港：青岛港
集装箱：2×20' FCL CY/CY　　　　　　出口口岸：青岛海关
　　　　TRIU 1764332 SEAL 05003　　合同号：　HA1101
　　　　KHLU 1766888 SEAL 05004　　SHIPPING MARK（唛头）
出口商：青岛华瑞贸易公司　　　　　　MQ
净重：12.00 KGS/CASE　　　　　　　 HA1101
毛重：14.00 KGS/CASE　　　　　　　 OSAKA
尺码：（20×10×10）CM/CASE　　　　　NOS1-3400

海运提单：

Shipper MARCONO CORPORATION RM1001 STAR BLOG,TOKYO,JAPAN		B/L No. NSD220055 中国外运上海公司 SINOTRANS SHANGHAI COMPANY **OCEAN BILL OF LADING**
Consignee SHANDONG HUARUI CO. NO.35 WUYI ROAD QINGDAO,CHINA		SHIPPED on board in apparent good order and condition（unless otherwise indicated）the goods or packages specified herein and to be discharged at the mentioned port of discharge or as near there to as the vessel may safely get and be always afloat. 　　The weight, measure, marks and numbers, quality, contents and value, being particulars furnished by the Shipper, are not checked by the Carrier on loading. 　　The Shipper. Consignee and the Holder of this Bill of Lading hereby expressly accept and agree to all printed, written or stamped provisions, exceptions and conditions of this Bill of Lading, including those on the back hereof. 　　IN WITNESS where of the number of original Bills of Lading stated below have been signed, one of which being accomplished, the other（s）to be void.
Notify Party SAME ABOVE		
Pre-carriage by	Port of loading CHINESE MAIN PORT	
Vessel FENGLEI V. 66026H	Port of transhipment OSAKA	
Port of discharge TOKYO	Final destination	
Container seal No. or marks & Nos.	Number and kind of packages, Description of goods	Gross weight (kgs)	Measurement (m³)
N/M TRIU 1764332 SEAL 05003 KHLU1766888 SEAL 05004	HALF DRIED PRUNE 2020 CROP 2 400 CASES SAY TWO THOUSAND FOUR HUNDRED WOODEN CASES ONLY	28 800 KGS	4.8 m³
Freight and charges FREIGHT COLLECT		REGARDING TRANSHIPMENT INFORMATION PLEASE CONTACT	
Ex. rate	Prepaid at	Freight payable at	Place and date of issue DEC.15, 20××　QINGDAO
	Total Prepaid	Number of original Bs/L THREE	Signed for or on behalf of the master as Agent

14.3 制单演练

1. 根据14.1部分的合同以及修改后的信用证信息，缮制商业发票、装箱单、海运提单、保险单、汇票。
2. 根据案例信息及信用证通知书内容，缮制合同、商业发票、装箱单和汇票。

我国 ABC TEXTILES IMPORT AND EXPORT CORP., LTD 与加拿大 HIGHMANS (Canada) Ltd. 在 20××年 6 月 1 日签订出口女士针织衫的合同。

案例主要信息为：

商品名称：女士针织衫
商品描述：针织（非起绒），女式套头，80% 棉，20% 尼龙
贸易方式：一般贸易
结算方式：信用证
运输方式：水路运输
成交方式：FOB NANJING

我国 ABC TEXTILES IMPORT AND EXPORT CORP., LTD. 于 20××年 8 月 5 日收到由中国银行发出的信用证通知书。

信用证通知书

致：ABC TEXTILES IMPORT AND EXPORT CORP., LTD.

通知编号：AD0713912004600

日期：20××-08-05

敬启者：

我行收到如下信用证一份。

开证行：BANK OF MONTREAL
开证日：20××-06-08
信用证号：BMTO712198IM
金额：USD 231 846.85

现随附通知。贵公司交单时，请将本通知书及正本信用证一并提示。其他注意事项如下。
本信用证之通知遵循国际商会《跟单信用证统一惯例》第 600 号出版物。
如有任何问题及疑虑，请与中国银行股份有限公司联络。

电话： 传真：

附言：BOFMCAT2×××
　　　BANK OF MONTREAL YORONTO,CANADA

中国银行股份有限公司

Eximbills Enterprise Incoming Swift
Message Type: MT710
Send Bank: BOFMCAT2×××
Recv Bank: BKCHCNBJ940
User Name: JS101037
Print Times: 1
Print Date: 20××-08-05   **MIR:** 120804BOFMCAT2A×××4278195239

27:[Sequence of Total]
1/1
40A:[Form of Documentary Credit]
    IRREVOCABLE
    TRANSFERABLE
20：[Sender's Reference]
    BMT0712198IM
21：[Receiver's Reference]
    NONREF
31C：[Date of Issue]
    ××0608
30：[Date of Amendment]
    ××0703
26E：[Number of Amendment]
    1
40E：[Applicable Rules]
    UCP LATEST VERSION
31D：[Date and Place of Expiry]
    ××0815 in the country of beneficiary
52A：[Issuing Bank]
    YACYJPJT
50：[Applicant]
    highmans（Canada）Ltd
    062 Sanve St.West
    Montreal, Quebec H5L 1Z3 CA
59：[Beneficiary]
    ABC TEXTILES IMP/EXP CORP.,LTD.
    11 NORTH YUNNAN ROAD NANJING
    210009,CHINA
32B：[Currency Code, Amount]
    USD 217 500.00
39A：[Percentage Credit Amount Tolerance]
    05/05
41D：[Available With ... By...]
    ANY BANK IN COUNTRY OF BENEFICIARY BY NEGOTIATION
42C：[Drafts at ...]

At sight
42D: [Drawee]
　BOFMCAT2
43P: [Partial Shipments]
　ALLOWED
43T: [Transhipment]
　ALLOWED
44A: [Place of Taking in Charge /Dispatch from .../place of Receipt]
　SHANGHAI /NANJING　CN
44B: [PLACE OF FINAL DESTINATION/FOR TRANSPORTATION TO.../PLACE OF DELIVERY]
　MONTREAL, QUEBEC, CANADA CA
44C: [Latest Date of Shipment]
　××0731
45A: [Description of Goods and/or Services]
　COVERING 100 PERCENT OF INVOICE VALUE OF GOODS AND/OR SERVICES DESCRIBED AS
　QTY PCS DESCRPTION PONUM LATEST SHIP DATE
　1 105 PCS LADIES KNITTED SWEATER 271390 20××-07-20
　TRANS MODE OCEAN
　1 735 PCS LADIES KNITTED SWEATER 271736 20××-07-24
　TRANS MODE OCEAN
　6 000 PCS LADIES KNITTED SWEATER 272151 20××-07-31
　TRANS MODE OCEAN
　3 900 PCS LADIES KNITTED SWEATER 272163 20××-07-24
　TRANS MODE OCEAN
　900 PCS LADIES KNITTED DRESS 274487 20××-07-20
　TRANS MODE OCEAN
　2 986 PCS LADIES KNITTED SWEARTER 274862 20××-07-20
　TRANS MODE OCEAN
　252 PCS LADIES KNITTED SWEARTER 274863 20××-07-20
　TRANS MODE OCEAN
　2 584 PCS LADIES KNITTED SWEARTER 274867 20××-07-20
　TRANS MODE OCEAN
　288 PCS LADIES KNITTED SWEARTER 274868 20××-07-20
　TRANS MODE OCEAN
　2 000 PCS LADIES KNITTED SWEARTER 274875 20××-07-20
　FOB SHANGHAI /NANJING ,CHINA
46A: [Documents Required]
　+1 COPY COMMERCIAL INVOICE
　+1 COPY PACKING LIST
　+1 COPY TEXTILE LABELLING ACT AND HAZARDOUS PRODUCTS ACT CERTIFICATE

+1 ORIGINAL INSPECTION AND DECLARATION CERTIFICATE ISSUED AND SIGNED BY MR. JAYSON YEH OF REITMANS (CANADA) LIMITED, HONG KONG BRANCH,STATING THAT ONE SET ORIGINAL DOCUMENTS HAVE BEEN RECEIVED BY THE BRANCH OR THE APPOINTED FORWARDER, INCLUDING OILLE ST,NE COPY PCR OR HAWB FOR SEA SHIPMENT OR AIR SHIPMENG RESPECTIVELY.

+1 COPY CANADA CUSTOM INVOICE

+FOR SHIPMENT FROM SHANGHAI

2/3 ORIGINAL FORWARDERS CARGO RECEIPT ISSUED BY RYDDER LOGISTICS (SHANGHAI) CO., LTD FCR CONSIGNED TO REITMANS (CANADA) LIMITED, 5555 HENRI BOURASSA W., VILLE ST.LAURENT, QUEBEC, CANADA H4R 3E6, QUOTING OUR CREDIT NUMBER MARKED FREIGHT COLLECT AND NOTIFY APPLICANT INDICATING SHIPMENT EFFECTED VIA RYDER LOGISTICS (SHANGHAI) CO., LTD

47A: [Additional Conditions]

5 PERCENT PLUS OR MINUS QUANTITY AND AMOUNT IS ALLOWED.

PARTIAL SHIPMENT ALLOWED BY COMPLETE P.O. ONLY.

THIRD PARTY SHIPPER AND DOCUMENTS ARE ACCEPTABLE.

2/3 ORIGINAL FCR MUST INDICATING THAT 1/3 ORIGINAL FCR HAS BEEN SURRENDERED AT CRSA ORIGINAL OFFICE.

+EACH SET OF DOCUMENTS PRESENTED WITH DISCREPANCIES UNDER THIS DOCUMENTARY CREDIT WILL BE SUBJECT TO A DISCREPANCY FEE OF USD 75.00 WHICH WILL BE DEDUCTED FROM THE PROCEEDS.

+NOTICE OF TRANSFER MUST BE SENT TO US AND SHALL INCLUDE THE NAME AND ADDRESS OF THE TRANSFEREE, IF DOCUMENTS PRESENTED BY A PARTY OTHER THAN THE FIRST BENEFICIARY, THE PRESENTING BANK MUST CERTIFY ON THEIR COVERING LETTER THAT SUCH PARTY IS THE SECOND BENEFICIARY AND THAT SUBSTITUTION OF DRAFTS AND INVOICES IS NOT REQUIRED.

+ FORWARDER'S CARGO RECEIPT MUST INDICATE PLACE OF ISSUE DATE OF ISSUE (WHICH WOULD BE TREATED AS THE SHIPMENT DATE), AND TRANSPORTATION DETAILS AS PER L/C TERMS.

TRANS MODE OCEAN (AIR) IN FIELD 45A IS ONLY AN INDICATOR FOR THE BENEFICIARY TO SHIP THE GOODS BY OCEAN (OR BY AIR) AND IS NEO PART OF GOODS DESCRIPTION, IF THIS DESCRIPTION IS MISSING FROM THE SHIPPING DOCUMENT, IT WILL NOT BE CONSIDERED AS A DISCREPANCY.

THIS DOCUMENTARY CREDIT IS TRANSFERABLE. TRANSFER REQUEST(S) IF ANY, MAY ONLY BE EFFECTED BY THE ADVISING BANK OR BANK DESIGNED IN THIS DOCUMENTARY CREDIT.

ALL DOCUMENTS MUST BE ISSUED IN ENGLISH UNLESS OTHERWISE STIPULATED.

IF THE LETTER OF CREDIT CALLS FOR DRAFTS, IN CASE SINGLE PRESENTATION COVERING MULTIPLE SHIPMENTS, COMPLETE SET OF

DOCUMENTS MUST BE ACCOMPANIED BY ITS OWN DRAFT FOR EACH SHIPMENT.

IF WE SEND A NOTICE OF DISCREPANCIES TO THE PRESENTING BANK OR OTHERWISE REFUSE DOCUMENTS PRESENTED TO US, NOTWITHSTANDING THE PROVISIONS OF THE UCP IN EFFECT ON DATE OF ISSUE OF THE CREDIT, UPON OUR RECEIPT OF ACCEPTANCE/PAYMENT FROM APPLICANT FOR ANY WAIVER OF DISCREPANCIES, WE WILL RELEASE DOCUMENTS TO THE APPLICANT WITHOUT FURTHER NOTICE TO THE PRESENT BANK UNLESS PRIOR NOTICE IS RECEIVED BY US TO THE CONTRARY FROM THE PRESENTING BANK.

DRAFTS PRESENTED HEREUNDER MUST STATE THE FOLLOWING'S DRAWN UNDER DOCUMENTARY CREDIT NP. BMT0712198IM DATED JUNE 08, 20×× ISSUED BY BANK OF MONTREAL, TORONTO ON M5T 1T4 CANADA.

71B: [Charges]

ALL BANKING CHARGES OTHER THAN THE ISSUING BANK'S CHARGES ARE FOR ACCOUNT OF BENEFICIARY.

48: [Period for presentation]

Documents must be presented within 15 days after the date of shipment and within the validity of the credit

49: [Confirmation Instructions]

WITHOUT

78: [Instructions to the Paying/Accepting/Negotiating Bank]

ALL DOCUMENTS MUST BE SENT IN ONE LOT BY COURIER TO BANK OF MONTREAL, 234 SIMCOE ST, 3RD FL, TORONTO, ONTARIO, CANADA M5T 1T4 , ACCOMPANIED BY REIMBURSEMENT INSRUCTIONS.

UPON RECEIPT BY US OF DOCUMENTS DRAWN IN CONFORMITY WITH THE TERMS AND CONDITIONS OF THIS CREDIT, WE SHALL PAY THE NEGOTIATION/ PRESENTING BANK IN ACCORDANCE WITH THEIR PAYMENT INSTRUCTIONS TO UCP 600 (2007)

79: [Narrative]

UNDER ADDITIONAL CONDITIONS

ADD:

5 PERCENT PLUS OR MINUS QUANTITY AND AMOUNT IS NOT ALLOWED FOR P.O. 274868

ALL OTHER TERMS AND CONDITIONS REMAIN UNCHANGED.

72: [Sender to Receiver Information]

PLS CONFIRM RECEIPT OF THIS L/C BY YOUR MT730

-} { 5:{ ZMAC :A3F6B3E6 {CHK:OFFCB94E9670}}

附录1　世界重要港口及航线一览表
（按英文字母 A-Z 排序）

港口名称	中译名	所属国家或地区	所属航线
Aarhus	奥胡斯	丹麦	西北欧
Abadan	阿巴丹	伊朗	波斯湾
Abidjan	阿比让	科特迪瓦	西非
Abu Dhabi	阿布扎比	阿联酋	波斯湾
Acajutla	阿卡胡特拉	萨尔瓦多	中南美
Acapulco	阿卡普尔科	墨西哥	中南美
Accra	阿克拉	加纳	西非
Adelaide	阿德莱德	澳大利亚	澳新
Aden	亚丁	也门	红海
Alexandria	亚历山大	埃及	地中海
Algiers	阿尔及尔	阿尔及利亚	地中海
Amsterdam	阿姆斯特丹	荷兰	西北欧
Ancona	安科纳	意大利	地中海
Annaba	安纳巴	阿尔及利亚	地中海
Antofagasta	安托法加斯塔	智利	中南美
Antwerp	安特卫普	比利时	西北欧
Apapa	阿帕帕	尼日利亚	西非
Apia	阿皮亚	西萨摩亚	澳新
Aqaba	亚喀巴	约旦	红海
Arica	阿里卡	智利	中南美
Assab	阿萨布	埃塞俄比亚	红海
Athens	雅典	希腊	地中海
Auckland	奥克兰	新西兰	澳新
Avonmouth	埃文茅斯	英国	西北欧
Bahia Blanca	布兰卡港	阿根廷	中南美
Bahrain	巴林	巴林	波斯湾
Baltimore	巴尔的摩	美国	美国东岸

（爱尔兰有同名港口）

附录1 世界重要港口及航线一览表（按英文字母A-Z排序）

港口名称	中译名	所属国家或地区	所属航线
Banana	巴纳纳	刚果（金）	西非
Bandar Abbas	阿巴斯港	伊朗	波斯湾
Bandar Seri Begawan	斯里巴加湾	文莱	东南亚
Bandar Shahpour	沙赫普尔港	伊朗	波斯湾
Bangkok	曼谷	泰国	暹罗湾
Banjul（Bathurst）	班珠尔	冈比亚	西非
Barcelona	巴塞罗那	西班牙	地中海
Barranquilla	巴兰基利亚	哥伦比亚	中南美
Basrah	巴士拉	伊拉克	波斯湾
Bassein	勃生	缅甸	孟加拉湾
Bata	巴塔	赤道几内亚	西非
Beira	贝拉	莫桑比克	东非
Beirut	贝鲁特	黎巴嫩	地中海
Belfast	贝尔法斯特	英国	西北欧
Belize city	伯利兹	伯利兹	中南美
Benghazi	班加西	利比亚	地中海
Berbera	柏培拉	索马里	东非
Bergen	卑尔根	挪威	西北欧
Bilbao	毕尔巴鄂	西班牙	西北欧
Birkenhead	伯肯黑德	英国	西北欧
Bissau	比绍	几内亚比绍	西非
Bizerta	比塞大	突尼斯	地中海
Boma	博马	刚果（金）	西非
Bombay	孟买	印度	波斯湾
Bordeaux	波尔多	法国	西北欧
Boston, ma（英国有同名港口）	波士顿	美国	美国东岸
Bourgas	布尔加斯	保加利亚	地中海
Bremen	不莱梅	德国	西北欧
Bremerhaven	不莱梅港	德国	西北欧
Brest	布雷斯特	法国	西北欧
Bridgetown	布里奇敦	巴巴多斯	中南美
Brighton（英国有同名港口）	布赖顿	特立尼达和多巴哥	中南美
Brindisi	布林迪西	意大利	地中海
Brisbane	布里斯班	澳大利亚	澳新
Bristol	布里斯托尔	英国	西北欧

港口名称	中译名	所属国家或地区	所属航线
Bandar Seri Begawan	斯里巴加湾	文莱	北加里曼丹
Brussels	布鲁塞尔	比利时	西北欧
Buenaventura	布埃纳文图拉	哥伦比亚	中南美
Buenos Aires	布宜诺斯艾利斯	阿根廷	中南美
Buffalo	布法罗	美国	美国东岸
Bunbury	班伯里	澳大利亚	澳新
Busan	釜山港	韩国	东亚
Bushire	布什尔	伊朗	波斯湾
Butterworth	巴特沃斯	马来西亚	新马
Cabinda	卡宾达	安哥拉	西非
Cadiz（菲律宾有同名港口）	加的斯	西班牙	西北欧
Calcutta	加尔各答	印度	孟加拉湾
Callao	卡亚俄	秘鲁	中南美
Cambridge	坎布里奇	美国	美国东岸
Cirebon	井里汶	印度尼西亚	印度尼西亚
Dhaka	达卡	孟加拉	孟加拉湾
Dakar	达喀尔	塞内加尔	西非
Dammam	达曼	沙特阿拉伯	波斯湾
Da Nang	岘港	越南	越南
Dar es Salaam	达累斯萨拉姆	坦桑尼亚	东非
Darwin	达尔文	澳大利亚	澳新
Detroit, mi	底特律	美国	美国东岸
Djakarta（Jakarta）	雅加达	印度尼西亚	印度尼西亚
Djibouti	吉布提	吉布提	红海
Doha	多哈	卡塔尔	波斯湾
Douala	杜阿拉	喀麦隆	西非
Dover	多佛	英国	西北欧
Dubai	迪拜	阿联酋	波斯湾
Dublin	都柏林	爱尔兰	西北欧
Dunedin	达尼丁	新西兰	澳新
Dunkirk	敦刻尔克	法国	西北欧
Durban	德班	南非	东非
Durres	都拉斯	阿尔巴尼亚	地中海
Dusseldorf	杜塞尔多夫	德国	西北欧
East London	东伦敦	南非	东非
Ensenada	恩塞纳达	墨西哥	中南美

附录1 世界重要港口及航线一览表（按英文字母A–Z排序）

港口名称	中译名	所属国家或地区	所属航线
Felixstowe	费利克斯托	英国	西北欧
Fort de France	法兰西堡	马提尼克岛	中南美
Frankfurt	法兰克福	德国	西北欧
Freeport（美国有同名港口）	弗里波特	巴哈马联邦	中南美
Freetown	弗里敦	塞拉利昂	西非
Fremantle	弗里曼特尔	澳大利亚	澳新
Fukuoka	福冈	日本	日本
Funafuti	富纳富提	图瓦卢	澳新
Funchal	丰沙尔	马德拉群岛	西非
Gdansk	格但斯克	波兰	西北欧
Gdynia	格丁尼亚	波兰	西北欧
Gela	杰拉	意大利	地中海
Genova	热那亚	意大利	地中海
Georgetown（美国、加拿大、圭亚那、马来西亚和格林纳丁斯均有同名港口）	乔治敦	圣文森特	中南美
Ghent	根特	比利时	西北欧
Gibraltar	直布罗陀	直布罗陀	西北欧
Glasgow	格拉斯哥	英国	西北欧
Gothenburg	哥德堡	瑞典	西北欧
Grangemouth	格兰杰莫斯	英国	西北欧
Guayaquil	瓜亚基尔	厄瓜多尔	中南美
Gwadar	瓜达尔	巴基斯坦	波斯湾
Haifa	海法	以色列	地中海
Hai Phong	海防	越南	越南
Hakodate	函馆	日本	日本
Halifax	哈利法克斯	加拿大	加拿大东岸
Halmstad	哈尔姆斯塔德	瑞典	西北欧
Hamburg	汉堡	德国	西北欧
Hamilton（加拿大有同名港口）	哈密尔顿	百慕大群岛	中南美
Haugesund	海于格松	挪威	西北欧
Havana	哈瓦那	古巴	中南美
Helsingborg	赫尔辛堡	瑞典	西北欧
Helsingor	赫尔辛格	丹麦	西北欧
Helsinki	赫尔辛基	芬兰	西北欧
Hiroshima	广岛	日本	日本

港口名称	中译名	所属国家或地区	所属航线
Ho Chi Minh	胡志明	越南	越南
Hobart	霍巴特	澳大利亚	澳新
Hodeidah	荷台达	也门	红海
Hohgay	鸿基	越南	越南
Hong Kong	香港	中国	港澳
Honiara	霍尼亚拉	所罗门群岛	澳新
Honolulu	火奴鲁鲁（檀香山）	美国	美国西岸
Horta	奥尔塔	亚速尔群岛（葡属）	西非
Houston	休斯顿	美国	美国东岸
Hull	赫尔	英国	西北欧
Immillgham	伊明翰	英国	西北欧
Iquique	伊基克	智利	中南美
Iskenderun（Alexandretta）	伊斯肯德伦	土耳其	地中海
Istanbul	伊斯坦布尔	土耳其	地中海
Izmir	伊兹密尔	土耳其	地中海
Jamestown	詹姆斯敦	圣赫勒拿岛	西非
Jiddah（Jeddah）	吉达	沙特阿拉伯	红海
Jogjakarta	日惹	印度尼西亚	印度尼西亚
Johore Bahru	柔佛巴鲁	马来西亚	新马
Kaliningrad	加里宁格勒	俄罗斯	西北欧
Karachi	卡拉奇	巴基斯坦	波斯湾
Kavieng	卡维恩	巴布亚新几内亚	澳新
Kawasaki	川崎	日本	日本
Kholmsk	霍尔姆斯克	俄罗斯	俄罗斯
Khorramshahr	霍拉姆沙赫尔	伊朗	波斯湾
Kiel	基尔	德国	西北欧
Kieta	基埃塔	巴布亚新几内亚	澳新
Kingston	金斯敦	牙买加	中南美
Kingstown	金斯敦	圣文森特和格林纳丁斯	中南美
Kismayu	基斯马尤	索马里	东非
Kobe	神户	日本	日本
Kompong Som	磅逊	柬埔寨	暹罗
Kota Kinabalu	亚庇（哥打基纳巴卢）	马来西亚	北加里曼丹
Kotka	科特卡	芬兰	西北欧
Kuching	古晋	马来西亚	北加里曼丹
Kudat	古达	马来西亚	北加里曼丹
Kure	吴港	日本	日本

附录1 世界重要港口及航线一览表（按英文字母A-Z排序）

港口名称	中译名	所属国家或地区	所属航线
Kuwait	科威特	科威特	波斯湾
Labuan	拉布安（纳闽）	马来西亚	北加里曼丹
Lae	莱城	巴布亚新几内亚	澳新
La Guaira	拉瓜伊拉	委内瑞拉	中南美
Lancaster	兰开斯特	英国	西北欧
Macao	澳门	中国	港澳
Madang	马当	巴布亚新几内亚	澳新
Madras	马德拉斯	印度	孟加拉湾
Mahe, in	马埃	印度	波斯湾
Mahajunga	马哈赞加	马达加斯加	东非
Makassar	望加锡	印度尼西亚	印度尼西亚
Malabo（Santa Isabel）	马拉博	赤道几内亚	西非
Malacca	马六甲	马来西亚	新马
Male	马累	马尔代夫	波斯湾
Malindi	马林迪	肯尼亚	东非
Malmo	玛尔摩	瑞典	西北欧
Malta	马耳他	马耳他	地中海
Manchester	曼彻斯特	英国	西北欧
Manila	马尼拉	菲律宾	菲律宾
Manzanillo（巴拿马、多米尼加有同名港口）	曼萨尼约	墨西哥	中南美
Maracaibo	马拉开波	委内瑞拉	中南美
Nagasaki	长崎	日本	日本
Nagoya	名古屋	日本	日本
Nakhodka	纳霍德卡	俄罗斯	远东线
Nampo	南浦	朝鲜	朝鲜
Nantes	南特	法国	西北欧
Napier	纳皮尔	新西兰	澳新
Naples（Napoli）	那不勒斯（拿坡里）	意大利	地中海
Nassau	拿骚	巴哈马	中南美
Nauru island	瑙鲁岛	瑙鲁	澳新
New Amsterdam	新阿姆斯特丹	圭亚那	中南美
Newcastle（美国、加拿大、澳大利亚有同名港口）	纽卡斯尔	英国	西北欧
New Orleans	新奥尔良	美国	美国东岸
Ningbo	宁波	中国	东亚

港口名称	中译名	所属国家或地区	所属航线
Oakland	奥克兰	美国	美国西岸
Odessa	敖德萨	乌克兰	地中海
Oran	奥兰	阿尔及利亚	地中海
Oranjestad, aruba	奥拉涅斯塔德	阿鲁巴	中南美
Osaka	大阪	日本	日本
Oslo	奥斯陆	挪威	西北欧
Otaru	小樽	日本	日本
Owendo	奥文多	加蓬	西非
Padang	巴东	印度尼西亚	印度尼西亚
Pago Pago	帕果帕果	东萨摩亚（美属）	澳新
Palembang	巨港	印度尼西亚	印度尼西亚
Panama city	巴拿马城	巴拿马	中南美
Papeete	帕皮提	塔希提岛	澳新
Paramaribo	帕拉马里博	苏里南	中南美
Paranagua	巴拉那瓜	巴西	中南美
Penang	槟城	马来西亚	新马
Perth（英国有同名港口）	珀斯	澳大利亚	澳新
Philadelphia, pa	费城	美国	美国东岸
Phnom Penh	金边	柬埔寨	东南亚
Piraeus	比雷埃夫斯	希腊	地中海
Plymouth（英国、新西兰、美国、特立尼达和多巴哥均有同名港口）	普利茅斯	蒙特塞拉特岛	中南美
Pointe-a-Pitre	皮特尔角城	瓜德罗普岛	中南美
Pointe des Galets	加莱角	留尼汪岛	东非
Pointe Noire	黑角	刚果	西非
Ponce	蓬塞	波多黎各	中南美
Pondicherry	本地治里	印度	孟加拉湾
Pontianak	坤甸	印度尼西亚	印度尼西亚
Port-Au-Prince	太子港	海地	中南美
Port-Castries	卡斯特里	圣卢西亚	中南美
Port-Elizabeth	伊丽莎白港	南非	东非
Port-Harcourt	哈科特港	尼日利亚	西非
Port-Kelang	巴生港	马来西亚	新马
Port-Kembla	肯布拉港	澳大利亚	澳新
Portland（Maine）	波特兰（缅因州）	美国	美国东岸
Portland（Oregon）	波特兰（俄勒冈州）	美国	美国西岸

附录1　世界重要港口及航线一览表（按英文字母A–Z排序）

（英国、澳大利亚有同名港口）

港口名称	中译名	所属国家或地区	所属航线
Puerto Limon	利蒙港	哥斯达黎加	中南美
Port Louis	路易港	毛里求斯	东非
Port Moresby	莫尔兹比港	巴布亚新几内亚	澳新
Port of Spain	西班牙港	特立尼达和多巴哥	中南美
Porto Novo	波多诺伏	贝宁	西非
Port Said	塞得港	埃及	地中海
Portsmouth	朴茨茅斯	英国	西北欧

（美国、多米尼克有同名港口）

Port Stanley	斯坦利港	福克兰群岛	中南美
Port Sudan	苏丹港	苏丹	红海
Victoria, sc	维多利亚港	塞舌尔群岛	东非

（港名后加注马希岛）

Port Vila	维拉港	瓦努阿图	澳新
Priolo	普里奥洛	意大利	地中海
Puerto Cabello	卡贝略港	委内瑞拉	中南美
Punta Arenas	彭塔阿雷纳斯	智利	中南美
Puntarenas	彭塔雷纳斯	哥斯达黎加	中南美
Quebec city, qc	魁北克	加拿大	加拿大东岸
Rabat	拉巴特	摩洛哥	西非
Rabaul	拉包尔	巴布亚新几内亚	澳新
Yangon	仰光	缅甸	孟加拉湾
Rarotonga	拉罗汤加	库克群岛	澳新
Recife	累西腓	巴西	中南美
Reykjavik	雷克雅未克	冰岛	西北欧
Riga	里加	拉脱维亚	西北欧
Rijeka	里耶卡	克罗地亚	地中海
Rio de Janeiro	里约热内卢	巴西	中南美
Rio Grande	里奥格兰德	巴西	中南美
Rostock	罗斯托克	德国	西北欧
Rotterdam	鹿特丹	荷兰	西北欧
Sabang	沙璜	印度尼西亚	印度尼西亚
Sandakan	山打根	马来西亚	北加里曼丹
San Diego, ca	圣迭戈	美国	美国西岸
San Fernando, tt	圣费尔南多	特立尼达和多巴哥	中南美

（菲律宾有同名港口）

San Francisco, ca	旧金山	美国	美国西岸

港口名称	中译名	所属国家或地区	所属航线
San Jose	圣何塞	哥斯达黎加	中南美
San Juan	圣胡安	波多黎各	中南美
San Juan del Sur	南圣胡安	尼加拉瓜	中南美
San Lprenzo	圣洛伦索	阿根廷	中南美
Santa Cruz de tenerife	南圣克鲁斯	古巴	中南美
Santa Cruz （大西洋群岛、玻利维亚、阿根廷、美国、菲律宾有同名港口）	圣克鲁斯-德特内里费	加那利群岛	西非
Santiago （古巴有同名港口）	圣地亚哥	智利	南美西
Santo	桑托岛	瓦努阿图	澳新
Santo Domingo	圣多明各	多米尼加	中南美
Santos	桑托斯	巴西	中南美
San Tome	圣多美	圣多美和普林西比	西非
Savannah, ga	萨凡纳	美国	美国东岸
Seattle, wa	西雅图	美国	美国西岸
Semarang	三宝垄	印度尼西亚	印度尼西亚
Sete	塞特	法国	地中海
Shanghai	上海	中国	东亚
Sharjah	沙迦	阿联酋	波斯湾
Shenzhen	深圳	中国	东亚
Sibu	泗务	马来西亚	北加里曼丹
Singapore	新加坡	新加坡	新马
Southampton	南安普敦	英国	西北欧
Split	斯普利特	克罗地亚	地中海
Stavanger	斯塔万格	挪威	西北欧
St. Denis	圣但尼	留尼汪岛	东非
St. Georges	圣乔治	格林纳达	中南美
St. John, ag	圣约翰	加拿大	加拿大东岸
St. Johns （加拿大有同名港口）	圣约翰斯	安提瓜和巴布达	中南美
St.Lawrence, nf	圣劳伦斯	加拿大	加拿大东岸
Stockholm	斯德哥尔摩	瑞典	西北欧
St.Thomas	圣托马斯	维尔京群岛（美属）	中南美
Port Suez	苏伊士港	埃及	红海
Sour （阿曼有同名港口）	苏尔	黎巴嫩	地中海
Surabaya	泗水（苏腊马亚）	印度尼西亚	印度尼西亚

附录1　世界重要港口及航线一览表（按英文字母 A–Z 排序）|

港口名称	中译名	所属国家或地区	所属航线
Suva	苏瓦	斐济	澳新
Swansea	斯旺西	英国	西北欧
Sydney （加拿大有同名港口）	悉尼	澳大利亚	澳新
Szczecin	什切青	波兰	西北欧
Tabaco	塔瓦科	菲律宾	菲律宾
Takoradi	塔科拉迪	加纳	西非
Tallin	塔林	爱沙尼亚	西北欧
Tamatave	塔马塔夫	马达加斯加	东非
Tampico	坦皮科	墨西哥	中南美
Tanjungpriok	丹戎不碌	印度尼西亚	印度尼西亚
Tanga	坦噶	坦桑尼亚	东非
Tangier	丹吉尔	摩洛哥	西非
Tarawa	塔拉瓦岛	基里巴斯	澳新
Tawau	斗湖	马来西亚	北加里曼丹
Tel Aviv	特拉维夫	以色列	地中海
Tema	特马	加纳	西非
Tokyo	东京	日本	日本
Toronto	多伦多	加拿大	加拿大东岸
Toulon	土伦	法国	地中海
Trieste	的里雅斯特	意大利	地中海
Trincomalee	亭可马里	斯里兰卡	斯里兰卡
Tripoli （黎巴嫩有同名港口）	的黎波里	利比亚	地中海
Trujillo	特鲁希略	洪都拉斯	中南美
Tumaco	图马科	哥伦比亚	中南美
Tunis	突尼斯	突尼斯	地中海
Turku	图尔库	芬兰	西北欧
Umm Said	乌姆赛义德	卡塔尔	波斯湾
Valletta	瓦莱塔	马耳他	地中海
Valona	发罗拉	阿尔巴尼亚	阿尔巴尼亚
Valparaiso	瓦尔帕莱索	智利	中南美
Vancouver, bc （美国有同名港口）	温哥华	加拿大	加拿大西岸
Varna	瓦尔纳	保加利亚	地中海
Vasa	瓦沙	芬兰	西北欧
Venice	威尼斯	意大利	地中海

港口名称	中译名	所属国家或地区	所属航线
Victoria, cm (加拿大、巴西、几内亚、塞舌尔群岛均有同名港口)	维多利亚	喀麦隆	西非
Vigo	维哥	西班牙	西北欧
Visby	维斯比	瑞典	西北欧
Vostochny	东方港	俄罗斯	远东线
Walvis Bay	鲸湾港	纳米比亚	西非
Wellington	惠灵顿	新西兰	澳新
Wewak	威瓦克	巴布亚新几内亚	澳新
Willemstad	威廉斯塔德	安的列斯（荷属）	中南美
Wismar	维斯马	德国	西北欧
Yokohama	横滨	日本	日本
Zanzibar	桑给巴尔	坦桑尼亚	东非

附录2　全球基本港口及航线对照表

1. 亚洲航线

东亚航线：

中国基本港：Ningbo（宁波）Shanghai（上海）Tianjin（天津）Shenzhen（深圳）Qingdao（青岛）Hong Kong（香港）Keelung（基隆）Kaohsiung（高雄）Taichung（台中）

日本基本港：Yokohama（横滨）Nagoya（名古屋）Osaka（大阪）Kobe（神户）Tokyo（东京）

韩国基本港：Busan（釜山）Inchon（仁川）Seoul（首尔）

东南亚航线：

新加坡基本港：Singapore（新加坡）

印度尼西亚基本港：Surabaya（泗水）Jakarta（雅加达）Belawan（勿拉湾）Semarang（三宝垄）

越南基本港：Hochiminh（胡志明）Haipong（海防）

马来西亚基本港：Port Kelang（巴生）Penang（槟城）

泰国基本港：Bangkok（曼谷）Laem Chabang（林查班）

缅甸基本港：Yangon/Rangoon（仰光）

菲律宾基本港：Manila（马尼拉）

2. 美加线

美西航线：

美西基本港：Los Angeles（洛杉矶）Long Beach（长滩）Chicago（芝加哥）Oakland（奥克兰）Seattle（西雅图）San Francisco（圣弗朗西斯科/旧金山）

美东航线：

美东基本港：New York（纽约）Boston（波士顿）Baltimore（巴尔的摩）Philadelphia（费城）Miami（迈阿密）

加拿大航线：

加拿大基本港：Vancouver（温哥华）Montreal（蒙特利尔）Toronto（多伦多）

3. 澳新线

澳大利亚航线：

澳大利亚基本港：Sydney（悉尼）Melbourne（墨尔本）Brisbane（布里斯班）Adelaide（阿德莱德）

新西兰航线：

新西兰基本港：Auckland（奥克兰）Lyttelton（利特顿）Wellington（惠灵顿）

4. 欧洲航线

比利时基本港：Antwerp（安特卫普）

德国基本港：Hamburg（汉堡）Bremen（不莱梅）

荷兰基本港：Rotterdam（鹿特丹）Amsterdam（阿姆斯特丹）

法国基本港：Lehavre（勒阿弗尔）

英国基本港：Felixstowe（费利克斯托）Southampton（南安普敦）London（伦敦）Manchester（曼彻斯特）

奥地利基本港：Vienna（维也纳）

爱尔兰基本港：Dublin（都柏林）

匈牙利基本港：Budapest（布达佩斯）

加拿大基本港：Liverpool（利物浦）

波兰基本港：Warsaw（华沙）

捷克斯洛伐克基本港：Praha（Prague）（布拉格）

北欧航线：

丹麦基本港：Aarhus（奥胡斯）Copenhagen（哥本哈根）

瑞典基本港：Gothenburg（哥德堡）Stockholm（斯德哥尔摩）

挪威基本港：Oslo（奥斯陆）

芬兰基本港：Helsinki（赫尔辛基）

葡萄牙航线：

葡萄牙基本港：Lisbon（里斯本）Leizoes（莱肖埃斯）Oporto（波尔图）

5. 南非航线

南非基本港：Durban（德班）Capetown（开普敦）Johannesburg（约翰内斯堡）

肯尼亚基本港：Mombasa（蒙巴萨）Nairobi（内罗毕）

6. 地中海航线

西地中海航线：

意大利基本港：Genova（热那亚）Laspezia（拉斯佩齐亚）Milano（米兰）Livorno（里窝那）Naples（那不勒斯）Trieste（的里雅斯特）Venice（威尼斯）Taranto（塔兰托）Nola（娜拉）

西班牙基本港：Barcelona（巴塞罗那）Valencia（巴伦西亚）Bilbao（毕尔巴鄂）

Madrid（巴德里）
　　法国基本港：Marseilles（马赛）
　　摩洛哥基本港：Casablanca（卡萨布兰卡）
　　突尼斯基本港：Tunis（突尼斯）
　　东地中海航线：
　　土耳其基本港：Istanbul（伊斯坦布尔）Mersin（梅尔辛）Izmir（伊兹密尔）
　　希腊基本港：Pipaeus（比雷埃夫斯）Thessaloniki（塞萨洛尼基）
　　塞浦路斯基本港：Limassol（利马索尔）
　　埃及基本港：Alexandria（亚历山大）Portsaid（赛德港）Cairo（开罗）
　　黎巴嫩基本港：Beirut（贝鲁特）
　　叙利亚基本港：Lattakia（拉塔基亚）

7. 中东航线

中东（以色列）航线：
　　以色列基本港：Ashdod（阿什杜德）Haifa（海法）Tel-aviv（特拉维夫）
中东航线：
　　阿联酋基本港：Dubai（迪拜）Jebelali（阿里山）
　　科威特基本港：Kuwait（科威特）
　　伊朗基本港：Bandar Abbas（阿巴斯港）
　　沙特基本港：Jeddah（吉达）
　　约旦基本港：Aqaba（亚喀巴）

8. 印度洋航线

　　斯里兰卡基本港：Colombo（科伦坡）
　　印度基本港：Mumbay（孟买）Madras（马德拉斯）Kolkate（加尔各答）Newdelhi（新德里）Nhava Sheva（纳瓦叙瓦）
　　巴基斯坦基本港：Karachi（卡拉奇）Lahore（拉合尔）
　　孟加拉国基本港：Chittagong（吉大港）Dhaka（达卡）

9. 南美航线

南美西航线：
　　智利基本港：Valparaiso（瓦尔帕莱索）Arica（阿里卡）
　　巴拿马基本港：Colon Free Zone（科隆自由贸易港）Panama city（巴拿马城）
南美东航线：
　　阿根廷基本港：Buenos Aires（布宜诺斯艾利斯）
　　巴西基本港：Santos（桑托斯）Rio Grande（里奥格兰德）Riode Janeiro（里约热内卢）
　　乌拉圭基本港：Montevideo（蒙得维也的亚）
　　巴拉圭基本港：Asuncion（亚松森）

10. 中南美航线

墨西哥基本港：Manzanillo（曼萨尼略）Veracruz（韦拉克鲁斯）Mexico city（墨西哥城）
委内瑞拉基本港：Laguaira（拉瓜伊拉）
危地马拉基本港：Sanjose（圣何塞）Guatemala city（危地马拉城）
厄瓜多尔基本港：Guayaquil（瓜亚基尔）
秘鲁基本港：Callao（卡亚俄）

11. 西非航线

尼日利亚基本港：Lagos（拉各斯）
加纳基本港：Tema（特马）
贝宁基本港：Cotonou（科托努）
多哥基本港：Lome（洛美）

12. 北非航线

阿尔及利亚基本港：Algiers（阿尔及尔）

13. 黑海航线

乌克兰基本港：Odessa（敖德萨）Illichivsk（伊利阙斯克）
罗马尼亚基本港：Constanza（康斯坦萨）
保加利亚基本港：Varna（瓦尔纳）

附录3　ICC跟单信用证统一惯例（UCP600）

（2006年国际商会修订　2007年7月1日生效）

第一条　UCP的适用范围

《跟单信用证统一惯例——2007年修订本，国际商会第600号出版物》（简称"UCP"）乃一套规则，适用于所有在其文本中明确表明受本惯例约束的跟单信用证（下称信用证）（在其可适用的范围内，包括备用信用证）。除非信用证明确修改或排除，本惯例各条文对信用证所有当事人均具有约束力。

第二条　定义

就本惯例而言：

通知行　指应开证行的要求通知信用证的银行。

申请人　指要求开立信用证的一方。

银行工作日　指银行在其履行受本惯例约束的行为的地点通常开业的一天。

受益人　指接受信用证并享受其利益的一方。

相符交单　指与信用证条款、本惯例的相关适用条款以及国际标准银行实务一致的交单。

保兑　指保兑行在开证行承诺之外做出的承付或议付相符交单的确定承诺。

保兑行　指根据开证行的授权或要求对信用证加具保兑的银行。

信用证　指一项不可撤销的安排，无论其名称或描述如何，该项安排构成开证行对相符交单予以承付的确定承诺。

承付　指：

a. 如果信用证为即期付款信用证，则即期付款。

b. 如果信用证为延期付款信用证，则承诺延期付款并在承诺到期日付款。

c. 如果信用证为承兑信用证，则承兑受益人开出的汇票并在汇票到期日付款。

开证行　指应申请人要求或者代表自己开出信用证的银行。

议付　指指定银行在相符交单下，在其应获偿付的银行工作日当天或之前向受益人预付或者同意预付款项，从而购买汇票（其付款人为指定银行以外的其他银行）及/或单据的行为。

指定银行　指信用证可在其处兑用的银行，如信用证可在任一银行兑用，则任何银行均为指定银行。

交单　指向开证行或指定银行提交信用证项下单据的行为，或指按此方式提交的单据。

交单人　指实施交单行为的受益人、银行或其他人。

第三条　解释

就本惯例而言：

如情形适用，单数词形包含复数含义，复数词形包含单数含义。

信用证是不可撤销的，即使未如此表明。

单据签字可用手签、摹样签字、穿孔签字、印戳、符号或任何其他机械或电子的证实方法为之。

诸如单据须履行法定手续、签证、证明等类似要求，可由单据上任何看似满足该要求的签字、标记、印戳或标签来满足。

一家银行在不同国家的分支机构被视为不同的银行。

用诸如"第一流的""著名的""合格的""独立的""正式的""有资格的"或"本地的"等词语描述单据的出单人时，允许除受益人之外的任何人出具该单据。

除非要求在单据中使用，否则诸如"迅速地""立刻地"或"尽快地"等词语将被不予理会。

"在或大概在（on or about）"或类似用语将被视为规定事件发生在指定日期的前后五个日历日之间，起讫日期计算在内。

"至（to）""直至（until, till）""从……开始（from）"及"在……之间（between）"等词用于确定发运日期时包含提及的日期，使用"在……之前（before）"及"在……之后（after）"时则不包含提及的日期。

"从……开始（from）"及"在……之后（after）"等词用于确定到期日时不包含提及的日期。

"前半月"及"后半月"分别指一个月的第一日到第十五日及第十六日到该月的最后一日，起讫日期计算在内。

一个月的"开始（beginning）""中间（middle）"及"末尾（end）"分别指第一到第十日、第十一日到第二十日及第二十一日到该月的最后一日，起讫日期计算在内。

第四条　信用证与合同

a. 就其性质而言，信用证与可能作为其开立基础的销售合同或其他合同是相互独立的交易，即使信用证中含有对此类合同的任何援引，银行也与该合同无关，且不受其约束。因此，银行关于承付、议付或履行信用证项下其他义务的承诺，不受申请人基于其与开证行或与受益人之间的关系而产生的任何请求或抗辩的影响。

受益人在任何情况下不得利用银行之间或申请人与开证行之间的合同关系。

b. 开证行应劝阻申请人试图将基础合同、形式发票等文件作为信用证组成部分的做法。

第五条 单据与货物、服务或履约行为

银行处理的是单据,而不是单据可能涉及的货物、服务或履约行为。

第六条 兑用方式、截止日和交单地点

a. 信用证必须规定可在其处兑用的银行,或是否可在任一银行兑用。规定在指定银行兑用的信用证同时也可以在开证行兑用。

b. 信用证必须规定其是以即期付款、延期付款、承兑还是议付的方式兑用。

c. 信用证不得开成凭以申请人为付款人的汇票兑用。

d. i. 信用证必须规定一个交单的截止日。规定的承付或议付的截止日将被视为交单的截止日。

ii. 可在其处兑用信用证的银行所在地即为交单地点。可在任一银行兑用的信用证其交单地点为任一银行所在地。除规定的交单地点外,开证行所在地也是交单地点。

e. 除非如第二十九条 a 款规定的情形,否则受益人或者代表受益人的交单应在截止日当天或之前完成。

第七条 开证行责任

a. 只要规定的单据提交给指定银行或开证行,并且构成相符交单,则开证行必须承付,如果信用证为以下情形之一:

i. 信用证规定由开证行即期付款、延期付款或承兑;

ii. 信用证规定由指定银行即期付款但其未付款;

iii. 信用证规定由指定银行延期付款但其未承诺延期付款,或虽已承诺延期付款,但未在到期日付款;

iv. 信用证规定由指定银行承兑,但其未承兑以其为付款人的汇票,或虽承兑了汇票,但未在到期日付款;

v. 信用证规定由指定银行议付但其未议付。

b. 开证行自开立信用证之时起即不可撤销地承担承付责任。

c. 指定银行承付或议付相符交单并将单据转给开证行之后,开证行即承担偿付该指定银行的责任。对承兑或延期付款信用证下相符交单金额的偿付应在到期日办理,无论指定银行是否在到期日之前预付或购买了单据。开证行偿付指定银行的责任独立于开证行对受益人的责任。

第八条 保兑行责任

a. 只要规定的单据提交给保兑行,或提交给其他任何指定银行,并且构成相符交单,保兑行必须:

i. 承付,如果信用证为以下情形之一:

a) 信用证规定由保兑行即期付款、延期付款或承兑;

b) 信用证规定由另一指定银行即期付款,但其未付款;

c) 信用证规定由另一指定银行延期付款,但其未承诺延期付款,或虽已承诺延期付款但未在到期日付款;

d) 信用证规定由另一指定银行承兑,但其未承兑以其为付款人的汇票,或虽

已承兑汇票但未在到期日付款；

  e）信用证规定由另一指定银行议付，但其未议付。

 ⅱ．无追索权地议付，如果信用证规定由保兑行议付。

  b．保兑行自对信用证加具保兑之时起即不可撤销地承担承付或议付的责任。

  c．其他指定银行承付或议付相符交单并将单据转往保兑行之后，保兑行即承担偿付该指定银行的责任。对承兑或延期付款信用证下相符交单金额的偿付应在到期日办理，无论指定银行是否在到期日之前预付或购买了单据。保兑行偿付指定银行的责任独立于保兑行对受益人的责任。

  d．如果开证行授权或要求一银行对信用证加具保兑，而其并不准备照办，则其必须毫不延误地通知开证行，并可通知此信用证而不加保兑。

第九条 信用证及其修改的通知

  a．信用证及其任何修改可以经由通知行通知给受益人。非保兑行的通知行通知信用证及修改时不承担承付或议付的责任。

  b．通知行通知信用证或修改的行为表示其已确信信用证或修改的表面真实性，而且其通知准确地反映了其收到的信用证或修改的条款。

  c．通知行可以通过另一银行（"第二通知行"）向受益人通知信用证及修改。第二通知行通知信用证或修改的行为表明其已确信收到的通知的表面真实性，并且其通知准确地反映了收到的信用证或修改的条款。

  d．经由通知行或第二通知行通知信用证的银行必须经由同一银行通知其后的任何修改。

  e．如一银行被要求通知信用证或修改但其决定不予通知，则应毫不延误地告知自其处收到信用证、修改或通知的银行。

  f．如一银行被要求通知信用证或修改但其不能确信信用证、修改或通知的表面真实性，则应毫不延误地通知看似从其处收到指示的银行。如果通知行或第二通知行决定仍然通知信用证或修改，则应告知受益人或第二通知行其不能确信信用证、修改或通知的表面真实性。

第十条 修改

  a．除第三十八条另有规定者外，未经开证行、保兑行（如有的话）及受益人同意，信用证既不得修改，也不得撤销。

  b．开证行自发出修改之时起，即不可撤销地受其约束。保兑行可将其保兑扩展至修改，并自通知该修改之时，即不可撤销地受其约束。但是，保兑行可以选择将修改通知受益人而不对其加具保兑。若然如此，其必须毫不延误地将此告知开证行，并在其给受益人的通知中告知受益人。

  c．在受益人告知通知修改的银行其接受该修改之前，原信用证（或含有先前被接受的修改的信用证）的条款对受益人仍然有效。受益人应提供接受或拒绝修改的通知。如果受益人未能给予通知，当交单与信用证以及尚未表示接受的修改的要求一致时，即视为受益人已作出接受修改的通知，并且从此时起，该信用证被修改。

d. 通知修改的银行应将任何接受或拒绝的通知转告发出修改的银行。

e. 对同一修改的内容不允许部分接受，部分接受将被视为拒绝修改的通知。

f. 修改中关于除非受益人在某一时间内拒绝修改否则修改生效的规定应被不予理会。

第十一条　电讯传输的和预先通知的信用证和修改

a. 以经证实的电讯方式发出的信用证或信用证修改即被视为有效的信用证或修改文据，任何后续的邮寄确认书应被不予理会。

如电讯声明"详情后告"（或类似用语）或声明以邮寄确认书为有效信用证或修改，则该电讯不被视为有效信用证或修改。开证行必须随即不迟延地开立有效信用证或修改，其条款不得与该电讯矛盾。

b. 开证行只有在准备开立有效信用证或作出有效修改时，才可以发出关于开立或修改信用证的初步通知（预先通知）。开证行作出该预先通知，即不可撤销地保证不迟延地开立或修改信用证，且其条款不能与预先通知相矛盾。

第十二条　指定

a. 除非指定银行为保兑行，对于承付或议付的授权并不赋予指定银行承付或议付的义务，除非该指定银行明确表示同意并且告知受益人。

b. 开证行指定一银行承兑汇票或做出延期付款承诺，即为授权该指定银行预付或购买其已承兑的汇票或已做出的延期付款承诺。

c. 非保兑行的指定银行收到或审核并转递单据的行为并不使其承担承付或议付的责任，也不构成其承付或议付的行为。

第十三条　银行之间的偿付安排

a. 如果信用证规定指定银行（"索偿行"）向另一方（"偿付行"）获取偿付时，必须同时规定该偿付是否按信用证开立时有效的 ICC 银行间偿付规则进行。

b. 如果信用证没有规定偿付遵守 ICC 银行间偿付规则，则按照以下规定：

ⅰ．开证行必须给予偿付行有关偿付的授权，授权应符合信用证关于兑用方式的规定，且不应设定截止日。

ⅱ．开证行不应要求索偿行向偿付行提供与信用证条款相符的证明。

ⅲ．如果偿付行未按信用证条款见索即偿，开证行将承担利息损失以及产生的任何其他费用。

ⅳ．偿付行的费用应由开证行承担。然而，如果此项费用由受益人承担，开证行有责任在信用证及偿付授权中注明。如果偿付行的费用由受益人承担，该费用应在偿付时从付给索偿行的金额中扣取。如果偿付未发生，偿付行的费用仍由开证行负担。

c. 如果偿付行未能见索即偿，开证行不能免除偿付责任。

第十四条　单据审核标准

a. 按指定行事的指定银行、保兑行（如果有的话）及开证行须审核交单，并仅基于单据本身确定其是否在表面上构成相符交单。

b. 按指定行事的指定银行、保兑行（如有的话）及开证行各有从交单次日起的至多五个银行工作日用以确定交单是否相符。这一期限不因在交单日当天或之后信用证截止日或最迟交单日届至而受到缩减或影响。

c. 如果单据中包含一份或多份受第十九、二十、二十一、二十二、二十三、二十四或二十五条规制的正本运输单据，则须由受益人或其代表在不迟于本惯例所指的发运日之后的二十一个日历日内交单，但是在任何情况下都不得迟于信用证的截止日。

d. 单据中的数据，在与信用证、单据本身以及国际标准银行实务参照解读时，无须与该单据本身中的数据、其他要求的单据或信用证中的数据等同一致，但不得矛盾。

e. 除商业发票外，其他单据中的货物、服务或履约行为的描述，如果有的话，可使用与信用证中的描述不矛盾的概括性用语。

f. 如果信用证要求提交运输单据、保险单据或者商业发票之外的单据，却未规定出单人或其数据内容，则只要提交的单据内容看似满足所要求单据的功能，且其他方面符合第十四条 d 款，银行将接受该单据。

g. 提交的非信用证所要求的单据将被不予理会，并可被退还给交单人。

h. 如果信用证含有一项条件，但未规定用以表明该条件得到满足的单据，银行将视为未作规定并不予理会。

i. 单据日期可以早于信用证的开立日期，但不得晚于交单日期。

j. 当受益人和申请人的地址出现在任何规定的单据中时，无须与信用证或其他规定单据中所载相同，但必须与信用证中规定的相应地址同在一国。联络细节（传真、电话、电子邮件及类似细节）作为受益人和申请人地址的一部分时将被不予理会。然而，如果申请人的地址和联络细节为第十九、二十、二十一、二十二、二十三、二十四或二十五条规定的运输单据上的收货人或通知方细节的一部分时，应与信用证规定的相同。

k. 在任何单据中注明的托运人或发货人无须为信用证的受益人。

l. 运输单据可以由任何人出具，无须为承运人、船东、船长或租船人，只要其符合第十九、二十、二十一、二十二、二十三或二十四条的要求。

第十五条　相符交单

a. 当开证行确定交单相符时，必须承付。

b. 当保兑行确定交单相符时，必须承付或者议付并将单据转递给开证行。

c. 当指定银行确定交单相符并承付或议付时，必须将单据转递给保兑行或开证行。

第十六条　不符单据、放弃及通知

a. 当按照指定行事的指定银行、保兑行（如有的话）或者开证行确定交单不符时，可以拒绝承付或议付。

b. 当开证行确定交单不符时，可以自行决定联系申请人放弃不符点。然而这并不能延长第十四条 b 款所指的期限。

c. 当按照指定行事的指定银行、保兑行（如有的话）或开证行决定拒绝承付或议付时，必须给予交单人一份单独的拒付通知。

该通知必须声明：

ⅰ. 银行拒绝承付或议付；及

ⅱ. 银行拒绝承付或者议付所依据的每一个不符点；及

ⅲ. a) 银行留存单据听候交单人的进一步指示；或者

b) 开证行留存单据直到其从申请人处接到放弃不符点的通知并同意接受该放弃，或者其同意接受对不符点的放弃之前从交单人处收到其进一步指示；或者

c) 银行将退回单据；或者

d) 银行将按之前从交单人处获得的指示处理。

d. 第十六条 c 款要求的通知必须以电讯方式，如不可能，则以其他快捷方式，在不迟于自交单之翌日起第五个银行工作日结束前发出。

e. 按照指定行事的指定银行、保兑行（如有的话）或开证行在按照第十六条 c 款ⅲ项 a) 或 b) 发出了通知之后，可以在任何时候将单据退还交单人。

f. 如果开证行或保兑行未能按照本条行事，则无权宣称交单不符。

g. 当开证行拒绝承付或保兑行拒绝承付或者议付，并且按照本条发出了拒付通知后，有权要求返还已偿付的款项及利息。

第十七条　正本单据及副本

a. 信用证规定的每一种单据须至少提交一份正本。

b. 银行应将任何带有看似出单人的原始签名、标记、印戳或标签的单据视为正本单据，除非单据本身表明其非正本。

c. 除非单据本身另有说明，在以下情况下，银行也将其视为正本单据：

ⅰ. 单据看似由出单人手写、打字、穿孔或盖章；或者

ⅱ. 单据看似使用出单人的原始信纸出具；或者

ⅲ. 单据声明其为正本单据，除非该声明看似不适用于提交的单据。

d. 如果信用证要求提交单据的副本，提交正本或副本均可。

e. 如果信用证使用诸如"一式两份（in duplicate）""两份（in two fold）""两套（in two copras）"等用语要求提交多份单据，则提交至少一份正本，其余使用副本即可满足要求，除非单据本身另有说明。

第十八条　商业发票

a. 商业发票：

ⅰ. 必须看似由受益人出具（第三十八条规定的情形除外）；

ⅱ. 必须出具成以申请人为抬头（第三十八条 g 款规定的情形除外）；

ⅲ. 必须与信用证的货币相同；且

ⅳ. 无须签名。

b. 按指定行事的指定银行、保兑行（如有的话）或开证行可以接受金额大于信用证允许金额的商业发票，其决定对有关各方均有约束力，只要该银行对超过信用证允许金额的部分未作承付或者议付。

c. 商业发票上的货物、服务或履约行为的描述应该与信用证中的描述一致。

第十九条　涵盖至少两种不同运输方式的运输单据

　　a. 涵盖至少两种不同运输方式的运输单据（多式或联合运输单据），无论名称如何，必须看似：

　　ⅰ. 表明承运人名称并由以下人员签署：

　　＊承运人或其具名代理人，或

　　＊船长或其具名代理人。

　　承运人、船长或代理人的任何签字，必须标明其承运人、船长或代理人的身份。

　　代理人签字必须标明其系代表承运人还是船长签字。

　　ⅱ. 通过以下方式表明货物已经在信用证规定的地点发送、接管或已装运。

　　＊事先印就的文字；或者

　　＊表明货物已经被发送、接管或装运日期的印戳或批注。

　　运输单据的出具日期将被视为发送、接管或装运的日期，也即发运的日期。然而如单据以印戳或批注的方式表明了发送、接管或装运日期，该日期将被视为发运日期。

　　ⅲ. 表明信用证规定的发送、接管或发运地点，以及最终目的地，即使：

　　a) 该运输单据另外还载明了一个不同的发送、接管或发运地点或最终目的地；或者，

　　b) 该运输单据载有"预期的"或类似的关于船只、装货港或卸货港的限定语。

　　ⅳ. 为唯一的正本运输单据，或者，如果出具为多份正本，则为运输单据中表明的全套单据。

　　ⅴ. 载有承运条款和条件，或提示承运条款和条件参见别处（简式/背面空白的运输单据）。银行将不审核承运条款和条件的内容。

　　ⅵ. 未表明受租船合同约束。

　　b. 就本条而言，转运指在从信用证规定的发送、接管或者发运地点至最终目的地的运输过程中从某一运输工具上卸下货物并装上另一运输工具的行为（无论其是否为不同的运输方式）。

　　c. ⅰ. 运输单据可以表明货物将要或可能被转运，只要全程运输由同一运输单据涵盖。

　　ⅱ. 即使信用证禁止转运，注明将要或者可能发生转运的运输单据仍可接受。

第二十条　提单

　　a. 提单，无论名称如何，必须看似：

　　ⅰ. 表明承运人名称，并由下列人员签署：

　　＊承运人或其具名代理人，或者

　　＊船长或其具名代理人。

　　承运人、船长或代理人的任何签字必须表明其承运人、船长或代理人的身份。

　　代理人的任何签字必须标明其系代表承运人还是船长签字。

ⅱ. 通过以下方式表明货物已在信用证规定的装货港装上具名船只：

*预先印就的文字，或

*已装船批注注明货物的装运日期。

提单的出具日期将被视为发运日期，除非提单载有表明发运日期的已装船批注，此时已装船批注中显示的日期将被视为发运日期。

如果提单载有"预期船只"或类似的关于船名的限定语，则需以已装船批注明确发运日期以及实际船名。

ⅲ. 表明货物从信用证规定的装货港发运至卸货港。

如果提单没有表明信用证规定的装货港为装货港，或者其载有"预期的"或类似的关于装货港的限定语，则需以已装船批注表明信用证规定的装货港、发运日期以及实际船名。即使提单以事先印就的文字表明了货物已装载或装运于具名船只，本规定仍适用。

ⅳ. 为唯一的正本提单，或如果以多份正本出具，为提单中表明的全套正本。

ⅴ. 载有承运条款和条件，或提示承运条款和条件参见别处（简式/背面空白的提单）。银行将不审核承运条款和条件的内容。

ⅵ. 未表明受租船合同约束。

b. 就本条而言，转运系指在信用证规定的装货港到卸货港之间的运输过程中，将货物从一船卸下并再装上另一船的行为。

c. ⅰ. 提单可以表明货物将要或可能被转运，只要全程运输由同一提单涵盖。

ⅱ即使信用证禁止转运，注明将要或可能发生转运的提单仍可接受，只要其表明货物由集装箱、拖车或子船运输。

d. 提单中声明承运人保留转运权利的条款将被不予理会。

第二十一条 不可转让的海运单

a. 不可转让的海运单，无论名称如何，必须看似：

ⅰ. 表明承运人名称并由下列人员签署：

*承运人或其具名代理人，或者

*船长或其具名代理人。

承运人、船长或代理人的任何签字必须标明其承运人、船长或代理人的身份。

代理人签字必须标明其系代表承运人还是船长签字。

ⅱ. 通过以下方式表明货物已在信用证规定的装货港装上具名船只：

*预先印就的文字，或者

*已装船批注表明货物的装运日期。

不可转让海运单的出具日期将被视为发运日期，除非其上带有已装船批注注明发运日期，此时已装船批注注明的日期将被视为发运日期。

如果不可转让海运单载有"预期船只"或类似的关于船名的限定语，则需要以已装船批注表明发运日期和实际船名。

ⅲ. 表明货物从信用证规定的装货港发运至卸货港。

如果不可转让海运单未以信用证规定的装货港为装货港，或者如果其载有"预期的"或类似的关于装货港的限定语，则需要以已装船批注表明信用证规定的装货港、发运日期和船名。即使不可转让海运单以预先印就的文字表明货物已由具名船只装载或装运，本规定也适用。

　　ⅳ. 为唯一的正本不可转让海运单，或如果以多份正本出具，为海运单上注明的全套正本。

　　ⅴ. 载有承运条款和条件，或提示承运条款和条件参见别处（简式/背面空白的海运单）。银行将不审核承运条款和条件的内容。

　　ⅵ. 未注明受租船合同约束。

　　b. 就本条而言，转运系指在信用证规定的装货港到卸货港之间的运输过程中，将货物从一船卸下并装上另一船的行为。

　　c. ⅰ. 不可转让海运单可以注明货物将要或可能被转运，只要全程运输由同一海运单涵盖。

　　ⅱ. 即使信用证禁止转运，注明转运将要或可能发生的不可转让的海运单仍可接受，只要其表明货物装于集装箱、拖船或子船中运输。

　　d. 不可转让的海运单中声明承运人保留转运权利的条款将被不予理会。

第二十二条　租船合同提单

　　a. 表明其受租船合同约束的提单（租船合同提单），无论名称如何，必须看似：

　　ⅰ. 由以下人员签署：

＊船长或其具名代理人，或

＊船东或其具名代理人，或

＊租船人或其具名代理人。

船长、船东、租船人或代理人的任何签字必须标明其船长、船东、租船人或代理人的身份。

代理人签字必须表明其系代表船长、船东还是租船人签字。

代理人代表船东或租船人签字时必须注明船东或租船人的名称。

　　ⅱ. 通过以下方式表明货物已在信用证规定的装货港装上具名船只：

＊预先印就的文字，或者

＊已装船批注注明货物的装运日期。

租船合同提单的出具日期将被视为发运日期，除非租船合同提单载有已装船批注注明发运日期，此时已装船批注上注明的日期将被视为发运日期。

　　ⅲ. 表明货物从信用证规定的装货港发运至卸货港。卸货港也可显示为信用证规定的港口范围或地理区域。

　　ⅳ. 为唯一的正本租船合同提单，或如以多份正本出具，为租船合同提单注明的全套正本。

　　b. 银行将不审核租船合同，即使信用证要求提交租船合同。

第二十三条　空运单据

　　a. 空运单据，无论名称如何，必须看似：

ⅰ. 表明承运人名称，并由以下人员签署：

＊承运人，或

＊承运人的具名代理人。

承运人或其代理人的任何签字必须标明其承运人或代理人的身份。

代理人签字必须表明其系代表承运人签字。

ⅱ. 表明货物已被收妥待运。

ⅲ. 表明出具日期。该日期将被视为发运日期，除非空运单据载有专门批注注明实际发运日期，此时批注中的日期将被视为发运日期。

空运单据中其他与航班号和航班日期相关的信息将不被用来确定发运日期。

ⅳ. 表明信用证规定的起飞机场和目的地机场。

ⅴ. 为开给发货人或托运人的正本，即使信用证规定提交全套正本。

ⅵ. 载有承运条款和条件，或提示条款和条件参见别处。银行将不审核承运条款和条件的内容。

b. 就本条而言，转运是指在信用证规定的起飞机场到目的地机场的运输过程中，将货物从一飞机卸下再装上另一飞机的行为。

c. ⅰ. 空运单据可以注明货物将要或可能转运，只要全程运输由同一空运单据涵盖。

ⅱ. 即使信用证禁止转运，注明将要或可能发生转运的空运单据仍可接受。

第二十四条 公路、铁路或内陆水运单据

a. 公路、铁路或内陆水运单据，无论名称如何，必须看似：

ⅰ. 表明承运人名称，并且

＊由承运人或其具名代理人签署，或者

＊由承运人或其具名代理人以签字、印戳或批注表明货物收讫。

承运人或其具名代理人的收货签字、印戳或批注必须标明其承运人或代理人的身份。

代理人的收货签字、印戳或批注必须标明代理人系代表承运人签字或行事。

如果铁路运输单据没有指明承运人，可以接受铁路运输公司的任何签字或印戳作为承运人签署单据的证据。

ⅱ. 表明货物在信用证规定地点的发运日期，或者收讫待运或待发送的日期。运输单据的出具日期将被视为发运日期，除非运输单据上盖有带日期的收货印戳，或注明了收货日期或发运日期。

ⅲ. 表明信用证规定的发运地及目的地。

b. ⅰ. 公路运输单据必须看似为开给发货人或托运人的正本，或没有任何标记表明单据开给何人。

ⅱ. 注明"第二联"的铁路运输单据将被作为正本接受。

ⅲ. 无论是否注明正本字样，铁路或内陆水运单据都被作为正本接受。

c. 如运输单据上未注明出具的正本数量，提交的份数即视为全套正本。

d. 就本条而言，转运是指在信用证规定的发运、发送或运送的地点到目的地之间的运输过程中，在同一运输方式中从一运输工具卸下再装上另一运输工具的行为。

ⅰ. 只要全程运输由同一运输单据涵盖，公路、铁路或内陆水运单据可以注明货物将要或可能被转运。

ⅱ. 即使信用证禁止转运，注明将要或可能发生转运的公路、铁路或内陆水运单据仍可接受。

第二十五条 快递收据、邮政收据或投邮证明

a. 证明货物收讫待运的快递收据，无论名称如何，必须看似：

ⅰ. 表明快递机构的名称，并在信用证规定的货物发运地点由该具名快递机构盖章或签字；并且

ⅱ. 表明取件或收件的日期或类似词语。该日期将被视为发运日期。

b. 如果要求显示快递费用付讫或预付，快递机构出具的表明快递费由收货人以外的一方支付的运输单据可以满足该项要求。

c. 证明货物收讫待运的邮政收据或投邮证明，无论名称如何，必须看似在信用证规定的货物发运地点盖章或签署并注明日期。该日期将被视为发运日期。

第二十六条 "货装舱面""托运人装载和计数""内容据托运人报称"及运费之外的费用

a. 运输单据不得表明货物装于或者将装于舱面。声明货物可能被装于舱面的运输单据条款可以接受。

b. 载有诸如"托运人装载和计数"或"内容据托运人报称"条款的运输单据可以接受。

c. 运输单据上可以以印戳或其他方式提及运费之外的费用。

第二十七条 清洁运输单据

银行只接受清洁运输单据。清洁运输单据指未载有明确宣称货物或包装有缺陷的条款或批注的运输单据。"清洁"一词并不需要在运输单据上出现，即使信用证要求运输单据为"清洁已装船"的。

第二十八条 保险单据及保险范围

a. 保险单据，例如保险单或预约保险项下的保险证明书或者声明书，必须看似由保险公司或承保人或其代理人或代表出具并签署。

代理人或代表的签字必须表明其系代表保险公司或承保人签字。

b. 如果保险单据表明其以多份正本出具，所有正本均须提交。

c. 暂保单将不被接受。

d. 可以接受保险单代替预约保险项下的保险证明书或声明书。

e. 保险单据日期不得晚于发运日期，除非保险单据表明保险责任不迟于发运日生效。

f. ⅰ. 保险单据必须表明投保金额并以与信用证相同的货币表示。

ⅱ. 信用证对于投保金额为货物价值、发票金额或类似金额的某一比例的要求，将被视为对最低保额的要求。

如果信用证对投保金额未做规定，投保金额须至少为货物的 CIF 或 CIP 价格的百分之一百一十。

如果从单据中不能确定 CIF 或者 CIP 价格，投保金额必须基于要求承付或议付的金额，或者基于发票上显示的货物总值来计算，两者之中取金额较高者。

iii. 保险单据须表明承保的风险区间至少涵盖从信用证规定的货物接管地或发运地开始到卸货地或最终目的地为止。

g. 信用证应规定所需投保的险别及附加险（如有的话）。如果信用证使用诸如"通常风险"或"惯常风险"等含义不确切的用语，则无论是否有漏保之风险，保险单据将被照样接受。

h. 当信用证规定投保"一切险"时，如保险单据载有任何"一切险"批注或条款，无论是否有"一切险"标题，均将被接受，即使其声明任何风险除外。

i. 保险单据可以援引任何除外条款。

j. 保险单据可以注明受免赔率或免赔额（减除额）约束。

第二十九条 截止日或最迟交单日的顺延

a. 如果信用证的截止日或最迟交单日适逢接受交单的银行非因第三十六条所述原因而歇业，则截止日或最迟交单日，视何者适用，将顺延至其重新开业的第一个银行工作日。

b. 如果在顺延后的第一个银行工作日交单，指定银行必须在其致开证行或保兑行的面函中声明交单是在根据第二十九条 a 款顺延的期限内提交的。

c. 最迟发运日不因第二十九条 a 款规定的原因而顺延。

第三十条 信用证金额、数量与单价的伸缩度

a. "约"或"大约"用于信用证金额或信用证规定的数量或单价时，应解释为允许有关金额或数量或单价有不超过百分之十的增减幅度。

b. 在信用证未以包装单位件数或货物自身件数的方式规定货物数量时，货物数量允许有百分之五的增减幅度，只要总支取金额不超过信用证金额。

c. 如果信用证规定了货物数量，而该数量已全部发运，及如果信用证规定了单价，而该单价又未降低，或当第三十条 b 款不适用时，则即使不允许部分装运，也允许支取的金额有百分之五的减幅。若信用证规定有特定的增减幅度或使用第三十条 a 款提到的用语限定数量，则该减幅不适用。

第三十一条 部分支款或部分发运

a. 允许部分支款或部分发运。

b. 表明使用同一运输工具并经由同次航程运输的数套运输单据在同一次提交时，只要显示相同目的地，将不视为部分发运，即使运输单据上表明的发运日期不同或装货港、接管地或发送地点不同。如果交单由数套运输单据构成，其中最晚的一个发运日将被视为发运日。

含有一套或数套运输单据的交单，如果表明在同一种运输方式下经由数件运输工具运输，即使运输工具在同一天出发运往同一目的地，仍将被视为部分发运。

c. 含有一份以上快递收据、邮政收据或投邮证明的交单，如果单据看似由同

一快递或邮政机构在同一地点和日期加盖印戳或签字并且表明同一目的地,将不视为部分发运。

第三十二条　分期支款或分期发运

如信用证规定在指定的时间段内分期支款或分期发运,任何一期未按信用证规定期限支取或发运时,信用证对该期及以后各期均告失效。

第三十三条　交单时间

银行在其营业时间外无接受交单的义务。

第三十四条　关于单据有效性的免责

银行对任何单据的形式、充分性、准确性、内容真实性、虚假性或法律效力,或对单据中规定或添加的一般或特殊条件,概不负责;银行对任何单据所代表的货物、服务或其他履约行为的描述、数量、重量、品质、状况、包装、交付、价值或其存在与否,或对发货人、承运人、货运代理人、收货人、货物的保险人或其他任何人的诚信与否、作为或不作为、清偿能力、履约或资信状况,也概不负责。

第三十五条　关于信息传递和翻译的免责

当报文、信件或单据按照信用证的要求传输或发送时,或当信用证未作指示,银行自行选择传送服务时,银行对报文传输或信件或单据的递送过程中发生的延误、中途遗失、残缺或其他错误产生的后果,概不负责。

如果指定银行确定交单相符并将单据发往开证行或保兑行,无论指定银行是否已经承付或议付,开证行或保兑行必须承付或议付,或偿付指定银行,即使单据在指定银行送往开证行或保兑行的途中,或保兑行送往开证行的途中丢失。

银行对技术术语的翻译或解释上的错误,不负责任,并可不加翻译地传送信用证条款。

第三十六条　不可抗力

银行对由于天灾、暴动、骚乱、叛乱、战争、恐怖主义行为或任何罢工、停工或其无法控制的任何其他原因导致的营业中断的后果,概不负责。

银行恢复营业时,对于在营业中断期间已逾期的信用证,不再进行承付或议付。

第三十七条　关于被指示方行为的免责

a. 为了执行申请人的指示,银行利用其他银行的服务,其费用和风险由申请人承担。

b. 即使银行自行选择了其他银行,如果发出的指示未被执行,开证行或通知行对此亦不负责。

c. 指示另一银行提供服务的银行有责任负担被指示方因执行指示而发生的任何佣金、手续费、成本或开支("费用")。

如果信用证规定费用由受益人负担,而该费用未能收取或从信用证款项中扣除,开证行依然承担支付此费用的责任。信用证或其修改不应规定向受益人的通知以通知行或第二通知行收到其费用为条件。

d. 外国法律和惯例加诸银行的一切义务和责任,申请人应受其约束,并就此对银行负补偿之责。

第三十八条　可转让信用证

a. 银行无办理信用证转让的义务,除非其明确同意。

b. 就本条而言:

可转让信用证系指特别注明"可转让(transferable)"字样的信用证。可转让信用证可应受益人(第一受益人)的要求转为全部或部分由另一受益人(第二受益人)兑用。

转让行系指办理信用证转让的指定银行,或当信用证规定可在任一银行兑用时,指开证行特别如此授权并实际办理转让的银行。开证行也可担任转让行。

已转让信用证指已由转让行转为可由第二受益人兑用的信用证。

c. 除非转让时另有约定,有关转让的所有费用(诸如佣金、手续费、成本或开支)须由第一受益人支付。

d. 只要信用证允许部分支款或部分发运,信用证可以分部分地转让给数名第二受益人。

已转让信用证不得应第二受益人的要求转让给任何其后受益人。第一受益人不视为其后受益人。

e. 任何转让要求须说明是否允许及在何条件下允许将修改通知第二受益人。已转让信用证须明确说明该项条件。

f. 如果信用证转让给数名第二受益人,其中一名或多名第二受益人对信用证修改的拒绝并不影响其他第二受益人接受修改。对接受者而言该已转让信用证即被相应修改,而对拒绝修改的第二受益人而言,该信用证未被修改。

g. 已转让信用证须准确转载原证条款,包括保兑(如果有的话),但下列项目除外:

—信用证金额,

—规定的任何单价,

—截止日,

—交单期限,或

—最迟发运日或发运期间。

以上任何一项或全部均可减少或缩短。

必须投保的保险比例可以增加,以达到原信用证或本惯例规定的保险金额。

可用第一受益人的名称替换原证中的开证申请人名称。

如果原证特别要求开证申请人名称应在除发票以外的任何单据中出现时,已转让信用证必须反映该项要求。

h. 第一受益人有权以自己的发票和汇票(如有的话)替换第二受益人的发票和汇票,其金额不得超过原信用证的金额。经过替换后,第一受益人可在原信用证项下支取自己发票与第二受益人发票间的差价(如有的话)。

i. 如果第一受益人应提交其自己的发票和汇票(如有的话),但未能在第一次要求时照办,或第一受益人提交的发票导致了第二受益人的交单中本不存在的不符点,而其未能在第一次要求时修正,转让行有权将从第二受益人处收到的单据照交开证行,并不再对第一受益人承担责任。

j. 在要求转让时,第一受益人可以要求在信用证转让后的兑用地点,在原信用证的截止日之前(包括截止日),对第二受益人承付或议付。本规定并不损害第一受益人在第三十八条 h 款下的权利。

k. 第二受益人或代表第二受益人的交单必须交给转让行。

第三十九条　款项让渡

信用证未注明可转让,并不影响受益人根据所适用的法律规定,将该信用证项下其可能有权或可能将成为有权获得的款项让渡给他人的权利。本条只涉及款项的让渡,而不涉及在信用证项下进行履行行为的权利让渡。

附录4 单据案例

单据案例一：瓷砖出口单据案例
瓷砖出口基本信息及单据清单

案例名称		出口目的国：印度
产品类别	建材-瓷砖	
资料序号	单据名称	备注
1	形式发票	贸易实际中：形式发票和商业发票有时会不完全一样
2	商业发票（报关用）	
3	装箱单（报关用）	
4-1	海运提单1	
4-2	海运提单2	
5	熏蒸证明书	
6	保险单	
7	亚太贸易协定原产地证书（FORM B）	注意：产地证类别

INDUSTRY CO., LTD
                                                    Y, GUANGDONG, CH
        Tel : 0757-8271   Fax : 0757-8272
                        Proforma Invoice
TO:KOLAGHAT RESORT PVT.,LTD
14 RADHA BAZAR STREET KOLKOTTA,WEST BENGAL,INDIA
Contract No: EXP2507-1

2.Packing   : Packing with carton . Standard seaworthy
              Strong Carton in Wooden Pallet.
3. With 5% more or less both in amount and quantity allowed at the Sellers' options
4. Price terms: The price is EX.W; FREIGHT PAID BY US AT
5.Insurance: Covered by buyer
6.PORT OF DISCHARGE: ANY PORT IN INDIA
7.Price terms: The price is EXW

Description of goods	Size (cm*cm)	ITEM NO.	Quantity		CTRN	Unit Price	Total Amount		
			SQM	CTN		USD/SQM			
PORCELAIN TILES	80*80	8WLP0005CM	821.76	428		5.58	US$4,585.42		20
	80*80	8QP009CM	535.68	279		7.34	US$3,929.21		26.85
	60*60	6WJP6630CM	545.76	379		5.27	US$2,876.16		10.8
	60*60	6FI0173M	1500.48	1042		6.56	US$9,844.65		
	15*90	15-90FMW2020M	395.28	366	4	13.76	US$5,439.45		
	60*90	FMW6065QN	170.10	105		11.97	US$2,036.10		
	60*90	FMW2001M	81.00	50		11.97	US$969.57		
	80*80	8WRMP0004M	165.12	86		6.30	US$1,040.26		22
	80*80	WP109M	165.12	86		7.20	US$1,188.86		
TOTAL EXW PRICE			4380.30	2821			US$31,909.67		

Payment terms:
1. The total amount is USD 31909.67 settled by T/T
2. Please arrange payment in favor of the following:
  (1) BENEFICIARY: O., LTD
  (2) BANK NAME:
  (3) BANK ADDRESS: SHOP 01--14/15, NANHAI SHEN GUO
  (4) A/C NO:
  (5) SWIFT NO.:   ZH

INDUSTRY CO.,LTD.
JIANGWAN FIRST ROAD,CITY GUANGDONG PROVINCE,P.R.CHINA

COMMERCIAL INVOICE

TO: KOLAGHAT RESORT PRIVATE LIMITED

NO.EXP2507-1
DATE:APR 25,2014
P/I NO.:

GOODS ARE PRODUCED BY M/S, GUANDONG ONLSA CERAMICS CO. LTD., P. R. CHINA
AND EXPORTED BY M/S. ONALSA INDUSTRY CO. LTD., P. R. OF CHINA
HAVING BEEN AUTHORISED IN ACCORCANCE WITH THE CUSTOMS TARIFF (DETERMINATION OF ORIGIN OF GOODS UNDER ASIA-PACIFIC
TRADE AGREEMENT ISSUED BY GUANGDONG
ENTRY-EXIT INSPECTION AND QUARANTINE BUREAU).THE UNDERSIGNED CERTIFIES THAT THE GOODA DESCRIBED IN THIS INVOICE
HAVE BEEN WHOLLY PRODUCED/MANUFACTURED WITHIN
THE TERRITORY OF THE PEOPLE'SREPUBLIC OF CHINA.
AS PER PROFORMA INVOICE CONT, EXP2507-1
MARKS:140421 VITRIFIED PORCELAIN TILES OF KOLAGHAT FOOD CHINA. LEI

MARKS: N/M

DESCRIPTION OF GOODS	TYPE OF GOODS	SIZE (CM)	VOLUME			UNIT PRICE (USE/SQM)	AMOUNT (USD)
			CARTONS	(PCS)	(SQM)		
VITRIFIED PORCELAIN TILES	8WLP0006CM	80*80	428		821.76	6.0000	4930.56
	8QP009CM	80*80	279		535.68	6.0000	3214.08
	6WJP6630CM	60*60	379		545.76	5.0000	2728.80
	6F10173M	15*90	1042		1500.48	5.0000	7502.40
	15-90FMW2020M	60*90	366		395.28	6.6001	2608.90
	FMW6065QN	60*90	105		170.10	6.4800	1102.25
	FMW2001M	80*80	50		81.00	6.5000	526.50
	8WPMP0004M	80*80	86		165.12	6.0000	990.72
	QP109M	80*80	86		165.12	6.0000	990.72
	INVOICE VALUE: USD24594.93 FOB NANSHA						
TOTAL:			2821		4380.30		24594.93
TOTAL INVOICE							
DEDUCT BY T/T							
TOTAL AMOUNT (COVER BY L/C)							

装柜清单

采购合同号：EXP2304-1 EXP2507-1
日期：2014-4-25
合同号： (KJ)
电话：

柜号/封号	编号		规格	色号	箱数	单价/箱	托数	片数	单价/片	平方数	毛重	净重	金额（元）	装托明细
MSKU2301610/C N1605179	8WLP0006CM	8WLP0006CM	800*800	15	428	60.00	16	1284		821.76	24160	23800	¥ .00	15托X28箱 1托X8箱
	6WLP0006CM	6WLP0006CM	600*600	CM1	200	43.20	5	800		288			¥ .00	7托X28箱 1托X4箱
MSKU3540250/C N1605180	6WLP0006CM	6WLP0006CM	600*600	CM1	179	43.20	5	716		257.76	5370	5010	¥ .80	6托X28箱 1托X11箱
总数合计：					807		26	2800		1367.52	24160	23800	¥ .80	

制表人：

　　　　　　　　　　　　　　　　　　　　　　　　　　　　　　　　　　　　副　本
　　　　　　　　　　　　　　　　　　　　　　务有限公司　　　　　　　　COPY
　　　　　　　　　　　　　　　　　　　　MIGATION SERVICE CO.,LTD

熏蒸／消毒证明
FUMIGATION/DISINFECTION CERTIFICATE

编号 No.: 201401218

发货人名称及地址
Name and Address of Consignor
GUANGDONG PROVINCE, P.R.CHINA

收货人名称及地址
Name and Address of Consignee
R STREET, 1 ST FLOOR, KOLKOTTA,
PERSON: MR DEEPAK KAPOOR

品名 Description of Goods	WOODEN PALLET	数量 Quantity Declared	- 77-PCS
启运地 Place of Despatch	NANSHA, CHINA	到达口岸 Port of Destination	KOLKATA, INDIA
产地 Place of Origin	CHINA	运输工具 Means of Conveyance	VESSEL

标记及号码
Mark & No.

熏蒸/消毒处理
FUMIGATION/DISINFECTION TREATMENT

日期 Date	21.APR.,2014	处理时间及温度 Duration & Temperature	24HRS AT 33℃
处理方法 Treatment	FUMIGATION	药剂及浓度 Chemical & Concentration	48g/M³ METHYL BROMIDE

附加声明 ADDITIONAL DECLARATION

THE CARGO DESCRIPTION: VITRIFIED PORCELAIN TILES
CONTAINER NO.: MSKU2301610, MSKU3540250, MSKU5830536, CRSU1253680,　4X20'
　　　　　　　　********

签发地点 Place of Issue	GAOMING	日期 Date of Issue	25 APR.,2014
授权签字人 Authorized Officer	ZHANGHUIFANG	签名 Signature	

中国人民财产保险股份有限公司
PICC PROPERTY AND CASUALTY COMPANY LIMITED

总公司设于北京 Head Office Beijing 一九四九年创立 Established in 1949 保险单号(POLICY NO.) PYIE201444031608E01122

货物运输保险 保险单 CARGO TRANSPORTATION INSURANCE POLICY

发票号(INVOICE NO.)
合同号(CONTRACT NO.)
提单号(B/L NO.) 951564542
信用证号(L/C NO.)

被保险人(THE INSURED):

中国人民财产保险股份有限公司(以下简称本公司)根据被保险人要求,以被保险人向本公司缴付约定的保险费为对价,按照本保险单列明条款承保下述货物运输保险,特订立本保险单。
THIS POLICY OF INSURANCE WITNESSES THAT PICC PROPERTY AND CASUALTY COMPANY LIMITED (HEREINAFTER CALLED "THE COMPANY") AT THE REQUEST OF THE INSURED AND IN CONSIDERATION OF THE AGREED PREMIUM PAID TO THE COMPANY BY THE INSURED, UNDERTAKES TO INSURE THE UNDERMENTIONED GOODS IN TRANSPORTATION SUBJECT TO THE CONDITIONS OF THIS POLICY AS PER THE CLAUSES PRINTED OVERLEAF.

标记(MARKS & NOS.)	包装及数量(PACKAGE&QUANTITY)	保险货物项目(GOODS)	保险金额(AMOUNT INSURED)
140421VITRIFIED PORCELAIN TILES OF KOLAGHAT FOOD-CHINA.LEI(INT'L) CONTAINER NO.: MSKU2301610/MSKU 3540250 MSKU5830536/CRSU 1253680 B/L NO.: 951564542	2821 CARTONS	VITRIFIED PORCELAIN TILES AS PER PROFORMA INVOICE NO.: EXP2507-1 IMPORT UNDER NON-NEGATIVE LIST OF FOREIGN TRADE POLICY 2009-2014	USD27,054.42

总保险金额(TOTAL AMOUNT INSURED): (USD) TWENTY SEVEN THOUSAND AND FIFTY FOUR AND CENTS FORTY TWO ONLY
保险费(PREMIUM): AS ARRANGED 启运日期(DATE OF COMMENCEMENT): May 13, 2014
装载运输工具(PER CONVEYANCE): MAERSK GATESHEAD/1406
自(FROM): NANSHA, CHINA 经(VIA): 至(TO): CALCUTTA, INDIA
承保险别(CONDITIONS):
COVERING ALL RISKS AS PER OCEAN MARINE CARGO CLAUSES (2009) OF THE PICC PROPERTY AND CASUALTY COMPANY LIMITED.
EXCESS 5% OUT OF SUM INSURED OR 10% OF LOSS, WHICH IS THE GREATER
FROM PORT TO PORT

所保货物如发生保险单项下可能引起索赔的损失,应立即通知本公司或下述代理人查勘,如有索赔,应向本公司提交正本保险单(本保险单共有 壹 份正本)及有关文件。如一份正本已用于索赔,其余正本自动失效。
IN THE EVENT OF LOSS OR DAMAGE WHICH MAY RESULT IN A CLAIM UNDER THIS POLICY IMMEDIATE NOTICE MUST BE GIVEN TO THE COMPANY OR AGENT AS MENTIONED. CLAIMS, IF ANY, ONE OF THE ORIGINAL POLICIES WHICH HAS BEEN ISSUED IN ONE ORIGINAL(S) TOGETHER WITH THE RELEVANT DOCUMENTS SHALL BE SURRENDERED TO THE COMPANY IF ONE OF THE ORIGINAL POLICIES HAS BEEN ACCOMPLISHED, THE OTHERS TO BE VOID.

保险服务请联系:中国人民财产保险股份有限
CONTACT INFORMATION OF INSURANCE SERVICE:
PICC Property and Casualty Company Limited, SHENZHEN Branch
电话(TEL): 86-0755-25175888
传真(FAX): 86 755 25175188
EMAIL:
地址(ADD):

赔款偿付地点(CLAIM PAYABLE AT): CALCUTTA, INDIA IN USD
签单日期(ISSUING DATE): May 13, 2014

PICC PROPERTY AND CASUALTY COMPANY LIMITED
保险人: PICC PROPERTY AND CASUALTY COMPANY
UNDERWRITER:

LI ZHI JUN GENERAL MANAGER

网址(WEBSITE): www.piccnet.com.cn 单证识别码(POLICY ID CODE) AEYIIA2012Z00 流水号(SERIAL NO.) 44031300034796

COPY

CERTIFICATE OF ORIGIN
Asia-Pacific Trade Agreement
(Combined Declaration and Certificate)

Issued in the People's Republic of China
(Country)

Reference No. 0114111630000366

1. Goods consigned from: (Exporter's business name, address, country)
GUANGDONG PROVINCE, P. R. CHINA

2. Goods consigned to: (Consignee's name, address, country)
KAPOOR CONTACT PHONE:

3. For Official use

4. Means of transport and route:
FROM NANSHA, CHINA TO KOLKATA (EX CALCUTTA), INDIA (INCCU) BY SEA

5. Tariff item number	6. Marks and number of Packages	7. Number and kind of packages/description of goods	8. Origin criterion (see notes overleaf)	9. Gross weight or other quantity	10. Number and date of invoices
6907		TWO THOUSAND EIGHT HUNDRED AND TWENTY ONE (2821) CARTONS OF VITRIFIED PORCELAIN TILES AS PER PROFORMA INVOICE NO.: EXP2507-1 IMPORT UNDER NON-NEGATIVE LIST OF FOREIGN TRADE POLICY 2009-2014 ISSUED AS PER ANNEXURE A OF CUSTOM NOTIFICATION NO. 94/2006(NT) DATED 31.08.2006 UNDER THE ASIA PACIFIC TRADE AGREEMENT, FORMERLY KNOWN AS THE BANGKOK AGREEMENT RULES, 2006. THE UNDERSIGNED CERTIFIES THAT THE GOODS DESCRIBED IN THE INVOICE/CERTIFICATE HAVE BEEN WHOLLY PRODUCED/MANUFACTURED WITHIN THE TERRITORY OF PEOPLE'S REPUBLIC OF CHINA. THE NAME OF THE PRODUCER AS M/S GUANGDONG MONALISA CERAMIC CO. LTD. P. R. CHINA. WE HEREBY CERTIFY THAT THE GOODS ARE OF CHINA ORIGIN. *** 140421VITRIFIED PORCELAIN TILES OF KOLAGHAT FOOD-CHINA.LEI(INT'L)	A	104336 KGS	EXP2507-1 APR. 25, 2014

11. Declaration by the exporter:
The undersigned hereby declares that the above details and statements are correct: that all the goods were produced in
CHINA
and that they co_____ specified for these goods in the Asi_____ is exported to

NANHAI   APR. 25, 2014

12. Certificate
It is hereby certified on the basis of control carried out, that the declaration by the exporter is correct.

NANHAI   APR. 25, 2014

单据案例二：户外健身器材出口单据案例
户外健身器材出口基本信息及单据清单

案例名称	户外健身器材出口/美国	出口目的国：美国
产品类别	运动户外用品-户外运动	
案例概述	商品名称：户外运动用品 贸易方式：一般贸易 成交方式：FOB XINGANG 结汇方式：T/T 运输方式：水路运输 启运港：XINGANG　　抵运港：LOS ANGELES,USA	

资料序号	单据名称	备注
1	报关合同	
2	出口货物报关单	
3	商业发票（结汇）	
4	装箱单（结汇）	
5	形式发票	
6	下单通知	
7	商业发票（报关用）	
8	装箱单（报关用）	

Beijing ◼︎◼︎◼︎ing Goods Co., Ltd.
北京◼︎◼︎◼︎用品有限公司
Add: No. ◼︎◼︎◼︎, Economic Development Area, Huairou Distric, Beijing

SALES CONTRACT
销售合同

S/C NO.: 销售合同号:	OS1412003US
DATE: 签约日期:	Mar.10,2015
SIGN AT: 签约地点:	BEIJING

THE SELLERS: Beijing ◼︎◼︎◼︎ng Goods Co., Ltd.
卖方:

THE BUYERS: ◼︎◼︎◼︎,Inc.
买方:

COMMODITY 商品名称	QUANTITY 数量	UNIT PRICE & TERMS 单价及价格条款	AMOUNT 金额
户外运动用品 1品名:太极推揉器; 2用途:健身; 3种类:户外健身器材; 4品牌:无牌; 5型号: OB-T01	80 PCS	FOB XINGANG	
		TOTAL AMOUNT 金额合计: USD	

TOTAL: SAY U.S.DOLLARS:

PAYMENT: D/P
付款条款:

SHIPMENT: Xingang,CHINA   DESTINATION: Los Angeles,USA
装运港: 目的港:

SHIPMENT DATE: MAR 12,2015
装运日期:

SHIPMENT DATE: TO BE EFFECTED BY THE BUYERS
保险:

CLAIMS: IN CASE THE QUALITY AND/OR QUANTITY/WEIGHT ARE FOUND BY THE BUYERS TO BE NOT IN CONFORMITY WI-
赔偿: -TH THE CONTRACT AFTER ARRIVAL OF THE GOODS AT THE PORT OF DESTINATION,THE BUYERS MAY LODGE CLAIM WITH THE SELLERS SUPPORTED BY SURVEY REPORT ISSUED BY AN INSPECTION ORGANISTION AGREED UPON BY BOTH PARTIES, WITH THE EXCEPTION,HOWEVER,OF THOSE CLAIMS,FOR WHICH THE INSURANCE COMPANY AND/OR THE SHIPPING COMPANY ARE TO BE HELD RESPONSIBLE.CLAIM FOR QUALITY DISCREPANCCY SHOULD BE FILED BY THE BUYERS WITHIN 30 DAYS AFTER ARRIVAL OF THE GOODS AT THE PORT OF DESTINATION WHILE FOR QUANTITY/WEIGHT DISCREPANCY CLAIM SHOULD BE FILED BY THE BUYERS WITHIN 15 DAYS AFTER ARRIVAL OF THE GOODS AT THE PORT OF DESTINATION. THE SELLERS SHALL WITHIN 30 DAYS AFTER RECEIPT OF THE NOTIFICATION OF THE CLAIM, SEND REPLY TO THE BUYERS.

ARBITRATION: ANY DISPUTE ARISING FROM THE EXECUTION OF/OR IN CONNECTION WITH THIS CONTRACT SHOULD BE
仲裁: SETTLED THROUGH NEGOTIATION. IN CASE OF SETTLEMENT CAN BE REACHED, THE CASE SHALL THEN BE SUBMI- -TTED TO THE FOREIGH TRADE ARBITRATION COMMISSION OF THE CHINA COUNCIL FOR THE PROMOTION OF INTENA -TIONAL TRADE, BEIJING, FOR SETTLEMENT BY ARBITRATION IN ACCORDANCE WITH COMMISSION'S POVISIONAL RULES OF PRODUCE. THE AWARD REDERED BY THE COMMISSION SHALL BE FINAL AND BINDING ON BOTH PARTIES.

THE BUYERS: ◼︎◼︎◼︎,Inc.   THE SELLERS: Beijing ◼︎◼︎◼︎ Co., Ltd.
买方: 卖方:

中华人民共和国海关出口货物报关单

预录入编号： 　　　　　　海关编号：

出口口岸 新港████0202	备案号	出口日期 20150315	申报日期 20150315
经营单位 北京████用品有限公司	运输方式 水路运输	运输工具名称	提运单号
发货单位 北京奥体用品有限公司	贸易方式 一般贸易（0110）	征免性质 一般征税（101）	结汇方式 付款交单
许可证号	运抵国（地区） 美国	指运港 洛杉矶	境内货源地 北京其他
批准文号	成交方式 FOB	运费	保费	杂费
合同协议号	件数 80	包装种类 木箱	毛重（公斤） 7960	净重（公斤） 7720
集装箱号	随附单据		生产厂家

标记唛码及备注
N/M

项号	商品编号	商品名称、规格型号	数量及单位	最终目的国（地区）	单价	总价	币制	征免
1	9506919000	户外运动用品太极推揉器/健身/户外健身器材/无牌/OB-T01	7720千克 80件	美国	397.0000	31760.000	美元（502）	照章征税

税费征收情况

录入员　　　录入单位

兹声明以上申报无讹并承担法律责任

报关员

单位地址

邮编　　　电话　　　填制日期

申报单位（签章）

海关审单批注及放行日期(签章)

审单　　　审价

征税　　　统计

查验　　　放行

INVOICE

TO: Outdoor-Fitness, Inc.
P.O. Box 1470
Monument, CO 80132 USA

Invoice No. OS1412003US
S/C No.
Date: 2015-3-2

From	Xin'Gang Port, TianJin	To	Los Angeles, USA	Via	
L/C No.		Issued by:			

Marks & Nos.	Quantities & Descriptions			Amount
				FOB XINGANG
N/M	OB-T01 TaiChi Spinner Dimension: 960x1110x1285(mm) Color: Red RAL3020, Yellow RAL 1018 Material: galvanized steel	40pcs	$314.00	$12,560.00
	OB-Z01B Leg Press (Quadruple) Dimension: 2260x2460x2450 (mm) Color: Blue RAL5002, Yellow RAL1018 Material: galvanized steel	40pcs	$480.00	$19,200.00
	TOTAL:	80PCS		$31,760.00

**SAY U.S.DOLLARS: THIRTY ONE THOUSAND SEVEN HUNDRED AND SIXTY ONLY.

Beijing ██████ Goods Co., Ltd.
北京██████用品有限公司
Add: No. 16, Beisan Street, Yanqi Economic Development Area, Huairou Distric, Beijing

PACKING LIST

TO: Outdoor-Fitness,Inc.
P.O. Box 1470
Monument,CO 80132 USA

Invoice No. OS1412003US
S/C No.
Date: 2015-3-2

From: Xin'Gang Port, TianJin　　To: Los Angeles,USA　　Via:

L/C No.　　　　Issued by:

Marks & Nos.	Descriptions	Qty (pc)	G.W (kg)	N.W (kg)	Meas. (cbm)
N/M	OB-T01 TaiChi Spinner Dimension: 960x1110x1285(mm) Color: Red RAL3020, Yellow RAL 1018 Material: galvanized steel	40pcs	1840kgs	1640kgs	
	OB-Z01B Leg Press (Quadruple) Dimension: 2260x2460x2450 (mm) Color: Blue RAL5002, Yellow RAL1018 Material: galvanized steel	40pcs	7890kgs	6080kgs	
	TOTAL:	80PCS	9730KGS	7720KGS	

Beijing ████████ rting Goods Co., Ltd.
北京██████用品有限公司
Add: No. ████████ Street, ████ Economic Development Area, Huairou Distric, Beijing
Tel: +86 010-6166█-███   E-mail: sales@████████ss.com

PROFORMA INVOICE

SOLD TO: ██████ss,Inc.
P.O. Box 1███
Monument, CO █████2 USA
P: 1.877.517.████   F:+1.866-778-████
Email: info@████████ss.com

P/I NO. : OS1412003US
DATE   : 1-Dec-14

SHIPPED: BY SEA   FROM: Xin'Gang Port, TianJin   TO: Los Angeles, USA   W/T Freight Collect

No.	ITEM NO.	PICTURE	DESCRIPTION & SIZE	QUANTITY	UNIT- FOB XINGANG	AMOUNT
1	OB-T01		TaiChi Spinner Dimension: 960x1110x1285(mm) Color: Red RAL3020, Yellow RAL 1018 Material: galvanized steel	40pcs	$314.00	$12,560.00
2	OB-Z01B		Leg Press (Quadruple) Dimension: 2260x2460x2450 (mm) Color: Blue RAL5002, Yellow RAL1018 Material: galvanized steel	40pcs	$480.00	$19,200.00
TOTAL:			1*40'HQ			$31,760.00
TOTAL:						

**SAY U.S.DOLLARS: THIRTY ONE THOUSAND SEVEN HUNDRED AND SIXTY ONLY

REMARK: 10% MORE OR LESS IN TOTAL QUANTITY OR VALUE ACCEPTABLE.

5 years warranty for main parts;1 year warranty for spare parts, such as top hat, screw bolt, screw nut.

Package: Bubble wrap + knitting strap wrapping

PAYMENT: 15%Deposit; 85% T/T before shipment
SHIPMENT: Latest first week of Mar.2015
ADDITIONAL:
INSURANCE: TO BE EFFECTED BY THE BUYERS

保险:
INSURANCE: TO BE EFFECTED BY THE BUYERS
保险:
CLAIMS: IN CASE THE QUALITY AND/OR QUANTITY/WEIGHT ARE FOUND BY THE BUYERS TO BE NOT IN CONFORMITY WITH THE CONTRACT AFTER ARRIVAL OF THE
索赔   GOODS AT THE PORT OF DESTINATION, THE BUYERS MAY LODGE CLAIM WITH THE SELLERS SUPPORTED BY SURVEY REPORT ISSUED BY AN INSPECTION
        ORGANISTION AGREED UPON BY BOTH PARTIES, WITH THE EXCEPTION, HOWEVER, OF THOSE CLAIMS, FOR WHICH THE INSURANCE COMPANY AND/OR
        SHIPPING COMPANY ARE TO BE HELD RESPONSIBLE. CLAIM FOR QUALITY DISCREPANCCY SHOULD BE FILED BY THE BUYERS WITHIN 30 DAYS AFTER ARRIVAL OF
        THE GOODS AT THE PORT OF DESTINATION WHILE FOR QUANTITY/WEIGHT DISCREPANCY CLAIM SHOULD BE FILED BY THE BUYERS WITHIN 15 DAYS AFTER
        ARRIVAL OF THE GOODS AT THE PORT OF DESTINATION. THE SELLERS SHALL WITHIN 30 DAYS AFTER RECEIPT OF THE NOTIFICATION OF THE CLAIM, SEND
        REPLY TO THE BUYERS.

ARBITRATION ANY DISPUTE ARISING FROM THE EXECUTION OF/OR IN CONNECTION WITH THIS CONTRACT SHOULD BE SETTLED THROUGH NEGOTIATION. IN CASE OF
仲裁   SETTLEMENT CAN BE REACHED, THE CASE SHALL THEN BE SUBMITTED TO THE FOREIGH TRADE ARBITRATION COMMISSION OF THE CHINA COUNCIL FOR THE
         PROMOTION OF INTENATIONAL TRADE, BEIJING, FOR SETTLEMENT BY ARBITRATION IN ACCORDANCE WITH COMMISSION'S POVISIONAL RULES OF PRODUCE.
         THE AWARD REDERED BY THE COMMISSION SHALL BE FINAL AND BINDING ON BOTH PARTIES.

下单通知

采购方：（甲方）	北京　　　　用品有限公司 Attn:Judy	合同编号：	OSN120311
售卖方：（乙方）	器材设备厂 Attn:	签定日期：	2014-12-05
		签约地点：	北京(BEIJING)

经双方商定，按以下条款由采购方出售，通知方安排购进下列货物。条款如下：
一、产品名称、规格、数量、金额

产品货号	产品生产要求	数量	单价	金额
YN283452	太极推揉器 外观尺寸：96×111×128.5cm 颜色：RAL3020, RAL 1018 材质：主立柱直径：φ114mm×3mm及以上镀锌钢管，塑钢盖帽； 支撑管直径φ50mm×3mm及以上镀锌钢管；连接件选用防盗防松不锈钢螺丝； 圈直径：φ32mm×3mm；表面静电粉末喷涂处理。 毛重/净重：kgs/41kgs	40件		
YN283331	四人蹬力器 外观尺寸：226×246×245cm 颜色：RAL5002, RAL1018 材质：主立柱直径：φ114mm×3mm及以上镀锌钢管，塑钢盖帽； 横梁直径：φ42mm×3mm及以上镀锌钢管；蹬力管：φ50mm×3mm； 连接件选用防盗防松不锈钢螺丝；表面静电粉末喷涂处理。 毛重/净重：kgs/152kgs	40件		
数量合计：		1×40HQ	80件	
金额总计：	人民币元整			RMB

二、交货时间和地点：2015-03-10 工厂交货
三、其他：
1. 品质：售卖方保证按本订单所出售的货品品质良好，符合采购方品质及规格要求。无论是在出货前的检验过程中还是在出货后产品在国外市场流通中发现品质问题，工厂都必须负责。该产品不得使用对人体有害的材料，在正常情况下不得造成人身伤害，否则，由工厂负责。
2. 包装
3. 唛头
4. 交货：工厂（特别指定除外）
5. 付款：　　出货后采购方凭售卖方所开的增值税发票及微款书后安排30个工作日内一次性付清货款。
6. 约定事项：
   1) 工厂需严格按照合同要求的品质准时交货，如因工厂延期交货或不履行合同而导致最终客人所产生的一切经济损失由工厂承担。
   2) 工厂应严格执行本单中产品描述的所有要求，任何与本单中所列尺寸/材质/规格/颜色不符之处，应及时通知对方解决并需取得书面确认。否则由此引起的一切损失由工厂承担。
   3) 工厂在接到装柜通知书时，应准时装柜，工厂必须负责检查货柜没有破漏、积水、变形、生锈及被化学物污染等现象，装柜时要在柜底加上防潮的纸皮（纸板）或PE布等。工厂装货后且于4小时以内，第一时间将有关实际装货数量、车牌号码及货柜号码传真通知甲方。如因未传真准确资料而引起的一切争议及责任由卖方承担。出货前每个产品须按客人要求提供船头板。

Beijing ▮▮▮▮▮▮ Goods Co., Ltd.
北京 ▮▮▮▮▮ 用品有限公司
Add: No.▮▮▮, Beisan Street, Yanqi Economic Development Area, Huairou Distric, Beijing

INVOICE

TO: Outdoor-Fitness,Inc.
P.O. Box 1470
Monument, CO 80132 USA

Invoice No. OS1412003US
S/C No.
Date: 2015-3-2

From: Xin'Gang Port, TianJin   To: Los Angeles, USA   Via:

L/C No.   Issued by:

Marks & Nos.	Quantities & Descriptions			Amount
N/M	OUTDOOR FITNESS EQUIPMENT 户外运动用品	80PCS	FOB XINGANG $397.00	$31,760.00
	申报要素: 1品名:太极推揉器; 2用途: 健身; 3种类:户外健身器材; 4品牌: 无牌; 5型号: OB-T01			
	TOTAL G.W.: 9730KGS N.W.: 7720KGS			

SAY U.S.DOLLARS: THIRTY ONE THOUSAND SEVEN HUNDRED AND SIXTY ONLY.

Beijing ▇▇▇▇ Goods Co., Ltd.
北京▇▇▇▇用品有限公司
Add: No. ▇▇, Beisan Street, Yanqi Economic Development Area, Huairou Distric, Beijing

PACKING LIST

TO: Outdoor-Fitness,Inc.
P.O. Box 1470
Monument, CO 80132 USA

Invoice No. OS1412003US
S/C No.
Date: 2015-3-2

From: Xin'Gang Port, TianJin To: Los Angeles, USA Via:

L/C No. Issued by:

Marks & Nos.	Descriptions	Qty (pc)	G.W (kg)	N.W (kg)	Meas. (cbm)
N/M	OUTDOOR FITNESS EQUIPMENT 户外运动用品	80PCS	9730KGS	7720KGS	

参考文献

1. 姚大伟. 国际商务单证理论与实务（修订本）[M]. 4版. 北京：中国商务出版社，2021.
2. 全国外经贸单证专业培训考试办公室. 国际商务单证理论与实务[M]. 北京：中国商务出版社，2017.
3. 李嘉倩. 外贸单证实务[M]. 北京：北京理工大学出版，2018.
4. 王群飞，苏定东. 外贸单证实务[M]. 3版. 北京：北京大学出版社，2021.
5. 林榕，吕亚君. 外贸单证实务（微课版）[M]. 北京：人民邮电出版社，2018.